Kohlhammer

Rotraud Coriand

Allgemeine Didaktik

Ein erziehungstheoretischer Umriss

Verlag W. Kohlhammer

1. Auflage 2015

Alle Rechte vorbehalten
© W. Kohlhammer GmbH, Stuttgart
Gesamtherstellung: W. Kohlhammer GmbH, Stuttgart

Print:
ISBN 978-3-17-030171-9

E-Book-Formate:
pdf: ISBN 978-3-17-030172-6
epub: ISBN 978-3-17-030173-3
mobi: ISBN 978-3-17-030174-0

Inhalt

»Erziehung geschieht, aber muss gewollt sein,
der Normativität entkommt man nicht.«
(Michael Winkler 2006, S. 7)

Einleitende Vorbemerkung

Die Idee zu diesem Versuch, die Allgemeine Didaktik systematisch zu umreißen, entstand vor allem vor dem Hintergrund der regelmäßig durch-
zuführenden Pflichtvorlesung »Einführung in die Allgemeine Didaktik«.
Eine solche Überblicksvorlesung halten zu dürfen, bietet den Vorzug, vom
persönlichen Spezialgebiet der Forschung aufzusehen, um fachlich wieder
großräumiger zu denken. Die jedes Universitätsfach überhaupt erst konsti-
tuierende und unaufhörliche systematische Arbeit insbesondere an den
Fachbegriffen und der Fachstruktur rückt wieder ins Blickfeld. Das führt
natürlich nicht immer nur zu mehr Klarheit, sondern eher zum Gewahrwerden der unübersehbaren Weite und Vielschichtigkeit des didaktischen
Lehr- und Forschungsgebietes und der damit verbundenen persönlichen
Stolperstellen und Ungereimtheiten bezüglich des Systems der Erziehungswissenschaft. Dennoch stellt das eine gute Gelegenheit dar, den eigenen Zugang zu den inhaltlichen Zusammenhängen und systematischen
Strukturen des zu vertretenden Faches für sich und den Dialog mit anderen festzuhalten – vor allem aber für die Orientierung der Studierenden
im Fach. Dafür ist eine Einführungsvorlesung da, und das vorliegende
Buch wurde durchaus als Begleitlektüre geschrieben, obgleich nicht im Stil

eines Lehrbuchs. Auch wenn ein Lehrbuch dem tieferen Verständnis der besuchten Veranstaltung dienen kann, so verleitet es schnell dazu, es als »das« Lehrbuch zur Vorlesung zu betrachten. Sobald aber Bücher davon abhalten, Publikationen und Positionen anderer Wissenschaftler und Fachleute zu konsultieren, gehören sie in die Kategorie der »Leitfäden zu geistiger Trägheit« (Stoy 1847, S. 19). Es entfällt die für ein universitäres Studium charakteristische Mühe, sich mit unterschiedlichen Theorien und Behauptungen auseinanderzusetzen. Aktuelle Veröffentlichungen werden nicht mehr wahrgenommen, was aber wichtig wäre, denn mit dem Erscheinen eines (Lehr-)Buches beginnt sein Verfallsdatum. Der fortwährende Diskurs bleibt im Dunkeln, und das für die pädagogische Praxis so notwendige pädagogische Denken wird kaum geschult. Aus dem Grund habe ich mich entschieden, lediglich Konturen einer Allgemeinen Didaktik zu umreißen; die konzentrierte, auf Schärfe gestellte Aufnahme benötigt die ergänzende Lektüre. Außerdem repräsentiert ein Umriss auch nichts Fertiges, sondern nur einen Status quo, der sich ergänzen und korrigieren lässt.

Nach einer Einführung in den Gegenstand, die Wissenschaftsgeschichte und den systematischen Ort der Allgemeinen Didaktik geschieht der Umriss *erziehungs*theoretisch eingebettet: Ausgehend von der Erziehungstatsache wird der systematische Zusammenhang von Erziehung und Unterricht herausgearbeitet, um in dieser Perspektive wesentliche Grundfragen einer Allgemeinen Didaktik abzuleiten. Die Antworten auf die zentralen allgemeindidaktischen Fragen sind unendlich vielgestaltig und u. a. davon abhängig, wie nahe der Antwortende der pädagogischen Praxis ist: Der Unterrichtspraktiker muss ständig antworten, indem er handelt, denn jede pädagogische Situation erfordert von ihm Entscheidungen, die sich in pädagogischen Handlungen ausdrücken. Er ist also in seinen Antworten außerordentlich stark auf seine Erfahrungen angewiesen, die der ständigen Reflexion bedürfen. Anders der wissenschaftlich arbeitende Didaktiker, der – in deutlichem Abstand zur pädagogischen Tätigkeit – auf einer Metaebene die Unterrichtspraxis beobachtet und versucht, mittels des gewählten methodologischen Zugangs – sei es der vorwiegend logische, empirische, geisteswissenschaftliche, kritisch-konstruktive, phänomenologische, konstruktivistische und/oder bildungstheoretische, erziehungstheoretische, erkenntnistheoretische usw. – diese Praxis in einem Theoriegebäude abzubilden. Es entstehen miteinander konkurrierende wissenschaftliche Theorien, die den unterschiedlich ausgeprägten Anspruch verfolgen, brauchbare Reflexionsinstanz für diejenigen zu sein, die Unterricht und Unterrichtsforschung verantworten. Demgemäß gibt der Umriss zunächst einen Überblick über die angesprochenen Theorieebenen und führt lediglich exemplarisch in wenige, bestimmte Denkrichtungen repräsentierende Theorien ein. Die Unterscheidung von praktischen und wissenschaftlichen Theorien mündet in das abschließende Kapitel, in dem es um das Grundproblem der Erziehungswissenschaft geht, nämlich das Verhältnis von pädagogischer – hier konkret didaktischer – Theorie und Praxis.

Grundsätzlich folgen die Darstellungen – wie noch gezeigt wird – einem weit gefassten Unterrichtsbegriff, weil das Feld der Allgemeinen Didaktik nicht auf den schulischen Lehr-Lern-Prozess beschränkt ist, sondern ebenso den vor-, nach- und außerschulischen Bereich betrifft. Zudem entspricht es dem Darstellungsprinzip, sich den didaktischen Problemkreisen sowohl aus historischer wie gegenwartsbezogener Perspektive zu nähern und sich dabei zugleich der Dialektik von Erziehung und Bildung zu vergewissern. Auch wenn in den derzeitigen Debatten ein wie auch immer aufgeladener Bildungsbegriff omnipräsent gegenüber Erziehung zu sein scheint, bleibt es hier bei der *erziehungs*theoretischen Grundlegung der Allgemeinen Didaktik. Denn: »Bildung ist nicht voraussetzungslos möglich.« (Winkler 2006, S. 270).

> »Gleich, ob die große, philosophisch begründete Bildung oder die banale, scholare, längst curricular zurechtgestutzte Instruktionspädagogik gemeint ist, immer ist Erziehung vorausgesetzt, in der sie auszeichnenden Spannung, Vermittlung zur Aneignung zu ermöglichen, die Autonomie des Subjektes gegenüber den Vereinnahmungen zu verteidigen, welchen es sich aussetzen muss.« (Ebd.)

Insgesamt sollen sich die Leser durch die Form »Umriss« eingeladen fühlen, den Weg der Entwicklung eines systematischen Gedankengebäudes mitzugehen, um es mit praktischer oder wissenschaftlicher Ambition um-, weiter- oder neuzubauen. Die Studierenden im Besonderen sollen angeregt werden, das sich in unser Fach Erziehungswissenschaft/Didaktik ab und an einschleichende Schwarz-Weiß-Denken nicht einfach hinzunehmen, sondern ihm mit gesundem Misstrauen zu begegnen. Gemeint sind solche – von mir zugegebenermaßen wahllos aufgezählte und platt formulierte, aber gern in die Einleitung von Hausarbeiten übernommene – Pauschalurteile wie: Vor PISA war aller Unterricht der Bundesrepublik Deutschland qualitativ nur mäßig entwickelt, seit PISA wissen wir, was »guten Unterricht« ausmacht und wie er »gut« funktioniert; Frontalunterricht ist pädagogisch unbrauchbar, kooperatives Lernen die Lösung; im Herbartianismus sind Unterricht und Schule erstarrt, Reformpädagogik ist kinderfreundlich; Erziehung ist schwarze Pädagogik, Bildung salonfähig usw.

11

.

I

Einführung in die Allgemeine Didaktik

1   Die Lehren-Lernen-Korrelation als Gegenstandsfeld

Den für die Didaktik-Definition maßgebenden Zusammenhang von Lehren und Lernen stellt Otto Willmann – ein Klassiker der Didaktik sowie Erforscher ihrer Geschichte – her. Er führt uns über die Sprachgeschichte zum ursprünglichen Zusammenhang von Lehren und Lernen (vgl. Willmann [2]1906): Beide Worte besitzen eine gemeinsame Wurzel, die im gotischen »lais«, »ich weiß«, enthalten ist und ursprünglich besagte, »ich habe erwandert, erfahren« (ebd., S. 411). Daran anknüpfend leitet er in seinen etymologischen Untersuchungen sowohl die Grundbedeutung von »lernen« als »wissend werden durch Erfahren oder Erwandern« als auch von »lehren« als »Erfahrung und Fertigkeit erwerben machen« her (vgl. ebd.).

Lehren und lernen sind Korrelate, aber unterschiedlichen Umfangs. Als »Kausativum« umfasst lehren in der Bedeutung von »lernen-machen« sehr viel weniger als lernen, denn nicht jedes Lernen wird durch Lehren ausgelöst und begleitet. Lernen in der Bedeutung des Erwanderns ist Selbsttätigkeit, die nicht durch Lehre bewirkt wurde. Eine Beziehung zum Lehren lässt sich in dem Fall nur im übertragenen Sinn herstellen: »[B]eim Lernen als Erfahren belehrt man sich selbst« (ebd.). Das Lehren ist somit durch den Zweck, dass gelernt werden soll, nur mit einem Teil des menschlichen Lernens befasst und eng an diesen Teil gebunden. Lehren ohne lernen macht wenig Sinn. Das von Lehre unabhängige Lernen hingegen ist allgegenwärtig und unumgänglich.

Beide Begriffe verbindet Willmann im bekannten Spruch »durch Lehren lernen wir«, wobei das Anspruchsvolle des Zusammenhangs darin liegt, dass er für beide Tätigkeiten dasselbe Subjekt vorsieht: Natürlich können wir durch die Belehrung seitens anderer lernen. Aber wir lernen eben auch und besonders dann, wenn wir lehren, denn indem wir das Wissen und Können anderer vermitteln, wird uns das eigene geläufiger. Die Griechen der Antike, denen der Didaktik-Begriff entlehnt wurde, gingen in ihren Positionen zum Verhältnis von Lehren und Lehren sogar so weit, dass sie erst im Lehren einen Abschluss des Lernens sahen. Nach ihnen erhielt der Spruch »Docendo discimus« – »Durch Lehren lernen wir« – eine neue Qualität in der Formulierung »Docturi discimus« – »Wir lernen, um das Gelernte lehren zu können« (ebd.). Die individuelle Zielperspektive wird um die sozial folgenreichere erweitert. Willmann verweist hier auf Platons Aussage: »Keinen schöneren Beweis ihres Wissens können die Wissenden geben, als wenn sie andre wissend zu machen vermögen« (zit. n. ebd.). Aristoteles, Schüler Platons, habe das Lehren-Können zur Probe des Wissens erklärt. So gedacht erhält das Lehren, das ursprünglich das lernende Erwandern nur zu ergänzen hatte, eine neue Wertigkeit und gewissermaßen sogar Vorrang gegenüber dem Lernen; »in ihm [dem Lehren, R. C.] reift das Wissen aus, es ist geistiges Zeugen und Überleiten des Geistigen« (ebd., S. 412). Diese Aufwertung des Lehrens, auch das zeigt Willmann in seinen etymologischen Analysen, ist bereits in dem griechischen Ausdruck zu finden, aus dem der heutige Begriff der Didaktik hervorgegangen ist: διδασχειν (didaskein) (vgl. ebd.).

Damit ist der Gegenstand der Didaktik umrissen. Derjenige, der sich mit Didaktik befasst, interessiert sich in erster Linie für die Prozesse des Lehrens und Lernens in ihrem wechselseitigen Bezug aufeinander. Deshalb wird hier Didaktik als Theorie über das *Verhältnis* von Lehren und Lernen definiert, wobei didaktische Theorien je nach praktischem oder wissenschaftlichem Interesse auf unterschiedlichen Ebenen entstehen, die beispielsweise Erich Weniger in Abhängigkeit von ihrem Abstand zur

Praxis als Theorien ersten, zweiten und dritten Grades (vgl. Weniger 1929/1990) bezeichnete. Die Ebenen der didaktischen Theoriebildung sind strukturbestimmend für das vorliegende Buch und determinieren das Mehrebenenmodell zur Kennzeichnung des didaktischen Gegenstandsfeldes.

2 Zur Wissenschaftsgeschichte der Didaktik

2.1 Das Jahr 1648

Bekanntermaßen ist die Erziehungswissenschaft und mit ihr die Didaktik im Vergleich zu den ursprünglichen, traditionellen Universitätsfakultäten bzw. Wissenschaftsdisziplinen Theologie, Jurisprudenz, Medizin und Philosophie ein junges akademisches Fach. Die Anfänge im deutschsprachigen Raum lassen sich im 18. und beginnenden 19. Jahrhundert verorten. Erinnert sei in dem Zusammenhang an den ersten deutschen Lehrstuhl für Pädagogik, der an der Hallenser Universität 1779 eingerichtet, jedoch nur kurz von Ernst Christian Trapp bis 1783 ausgefüllt wurde. Die Etablierung weiterer ordentlicher Professuren lässt sich in Deutschland erst wieder Anfang des 20. Jahrhunderts ausmachen. Österreich hingegen errichtete bereits 1805 an seinen Hochschulen Lehrkanzeln für Pädagogik (vgl. Brezinka 2003a, S. 147). Allerdings kam es im Zuge der Reform des österreichischen Studienwesens um 1848 wieder zu deren Abschaffung. Erst gegen Ende des 19. Jahrhunderts wurden hier erneut vereinzelt Lehrstühle für Pädagogik geschaffen bzw. beförderte man Professoren für Pädagogik zu ordentlichen Professoren (vgl. Brezinka 2000, S. Vff.). Bis dahin fand die Pädagogik an den Universitäten eine eher randständige Vertretung durch Philosophen oder Theologen.

Die wissenschaftstheoretische Selbstreflexion der Erziehungswissenschaft bzw. ihrer Kerndisziplin Didaktik setzte weit früher ein als die institutionelle Folge in Gestalt von Ordinariaten, die als sichtbare Anerkennung der Eigenständigkeit einer Wissenschaft gelten. Wolfgang Sünkel (vgl. 2007, S. 13ff.) wartet überraschend mit einem konkreten Zeitpunkt auf, nämlich dem Jahr 1648. Dieses Jahr erfüllt seinen Untersuchungen zufolge drei notwendige Merkmale zugleich: »1) die *Absicht*, einen pädagogischen Sachverhalt der wissenschaftlichen Bearbeitung zu unterziehen, muss expressiv gemacht sein; 2) es muss das *Verfahren*, das

15

dabei angewandt werden soll, kenntlich gemacht und als wissenschaftliches Verfahren behauptet sein; und es muss 3) eine Realisierung geben, also einen *Text*, der so verfährt« (ebd., S. 14, Hervorh. i. Orig.). Alle drei Kriterien weist er in dem Buch von Johannes Amos Comenius (1592–1670) nach, das den Titel »Methodus linguarum novissima« (»Neueste Sprachlehrmethode«) trägt und 1648 in Lissa erschien. Anders als die berühmte Didactica Magna, die die Didaktik als Lehrkunst beschreibt, wende sich diese Schrift nicht an ein allgemeines Publikum, um es für das Reformprogramm von Comenius zu gewinnen, sondern explizit an Lehrpersonen, die für ihre Unterrichtstätigkeit qualifiziert werden sollten. Insbesondere das zehnte Kapitel, »Methodi Linguarum Novissimae fundamentum, Ars DIDACTICA«, das eine Allgemeine Didaktik biete, zähle als »frühester Versuch einer wissenschaftlichen Behandlung des Unterrichts als solchen« (ebd., S. 14). Noch im neunten Kapitel stelle Comenius fest, dass sich die Didaktik auf feste und unveränderliche Grundlagen stützen müsse, »wenn sie zu einer Handlungswissenschaft (›Ars‹) ausgebaut werden soll« (ebd.). Sünkel übersetzt den zum zehnten Kapitel, das in der Literatur als die »Kleine« oder »Analytische Didaktik« bezeichnet wird (vgl. ebd.), überleitenden Satz, der für ihn entscheidend für die Zuordnung des Textes zur Wissenschaftsreflexion ist, aus dem Lateinischen wie folgt:

> »In der Großen Didaktik haben wir die Geheimnisse dieser ›Ars‹ auf *synkritische* Weise untersucht, durch vergleichende Beobachtung mit Naturvorgängen und Handwerksverfahren. Hier nun wird auf analytische Weise vorgegangen, indem man die ›Ars‹ direkt definiert, sie in ihre notwendigen Bestandteile – die Ziele, die Mittel und die Handlungsweisen – zergliedert und so auf szientifische – wissenschaftliche – Weise Lehrsätze aufstellt.« (Comenius zit. n. ebd., S. 15, Hervorh. i. Orig.)

Anhand der gegensätzlichen Erkenntnismethoden (synkritisch – analytisch-wissenschaftlich) stellt Sünkel fest: »[D]ie Große Didaktik ist ein rhetorischer, die Kleine ein wissenschaftlicher Text« (ebd.). Auf die von ihm in der Kleinen Didaktik gestellten erkenntnisleitenden Frage »Quid est?« (übersetzt n. ebd.: »Was ist das?«) definiert Comenius: »Didactica est benè docendi ars« (übersetzt n. ebd.: »Didaktik ist die Wissenschaft vom guten Lehren«). Daran anschließend beschreibe Comenius vermutlich als erster das didaktische Dreieck in theoretischen Begriffen (vgl. ebd., S. 16f.). 2011 stellt Wolfgang Sünkel diese für das später so genannte didaktische Dreieck bedeutsame Textstelle und ihre Übersetzung aus »Methodus linguarum novissima« zur Verfügung: »Ecce hîc Docens, Discens, Doctrina. Docens est, qvi scientiam tradit: Discens, qvi accipit:

Doctrina, ipsa Scientiae traditio, & a Docente in Discentem transitus«[1] (Comenius zit. n. Sünkel 2011, S. 50).

Bereits Comenius unterscheidet also in Bezug auf die Didaktik in seinem Gesamtwerk sowohl zwischen praktischer (Didaktik als »Lehrkunst«) als auch wissenschaftlicher Theorie (Didaktik als »Wissenschaft vom guten Lehren«).

2.2 Didaktik als Wissenschaft in den Systematiken Herbarts und seiner Nachfolger

Das disziplinäre Verständnis der Erziehungswissenschaft und der Didaktik wurde nachhaltig beeinflusst durch das systematische Denken Johann Friedrich Herbarts (1776–1841) sowie den insbesondere unter den Herbartianern ausgetragenen Diskurs um begriffliche Klarheit in systematischen Gedankengebäuden, der zur Generierung von Teildisziplinen der Erziehungswissenschaft führte.

Herbarts Forderung, die Pädagogik möge sich »so genau als möglich auf ihre *einheimischen Begriffe* besinnen und ein *selbständiges* Denken mehr kultivieren« (1806a/²1982, S. 21, Hervorh. i. Orig.), symbolisiert sein Bestreben, die Pädagogik zu einem anerkannten, eigenständigen akademischen Fach zu etablieren. Dazu bedurfte es einer eindeutigen Fachsprache sowie der logischen Bestimmung der Stellung von Begriffen in einem Begriffssystem, aus dem dann die pädagogischen Theorien erwachsen können. Mit der »Allgemeine[n] Pädagogik aus dem Zweck der Erziehung abgeleitet« (Herbart 1806a/²1982) lieferte Herbart ein bis heute die erziehungswissenschaftliche Diskussion anregendes Exempel für die von ihm geforderte Präzision der Begrifflichkeit. Ein Ergebnis seiner systematischen Betrachtungen stellt die Ableitung zweier erziehungswissenschaftlicher Teilgebiete dar: »Didaktik« und »Lehre von der sittlichen Charakterbildung« (vgl. Herbart 1814/²1982, S. 263).

Das Urteil über Herbarts System der »einheimischen Begriffe« reichte von »Dunkelheit« (Willmann 1873) über »Undeutlichkeit« (Ziller 1873, S. 246) bis hin zu »großer gothischer Bau« (Stoy 1873, S. 301), womit eine für die erziehungswissenschaftliche Disziplinentwicklung konstruktive

---

1 Übersetzung durch Sünkel 2011, S. 50: »Hier haben wir einen Lehrenden, einen Lernenden, eine Lehre. Lehrender ist, wer ein Wissen vermittelt, Lernender, wer es aneignet; Lehre ist die Vermittlung des Wissens selbst und sein Übergang vom Lehrenden zum Lernenden.«

Auseinandersetzung ausgelöst wurde. Das Kontroverse der Debatte soll im Folgenden am Beispiel der unterschiedlichen Positionen zur systematischen Verortung und Ausdifferenzierung der Didaktik gezeigt werden, die von Karl Volkmar Stoy (1815–1885) und Otto Willmann (1839–1920) – zwei originären Systematikern der wissenschaftlichen Schule Herbarts – vertreten wurden: Stoy knüpft unmittelbar an seinen akademischen Lehrer Johann Friedrich Herbart an und entwickelt eine *erziehungs*theoretisch begründete Didaktik. Willmann dagegen entwirft in Abgrenzung zu Herbart ein grundlegend anderes Modell, indem er die »Hoheitsrechte der Pädagogik« (Willmann 1882/²1894, S. 85) gegenüber der Didaktik entkräftet und die Didaktik – systematisch (!) betrachtet – als *bildungs*wissenschaftliche Disziplin autonom neben die Pädagogik als *Erziehungs*wissenschaft stellt.

Stoy: Allgemeine und besondere Didaktik im erziehungswissenschaftlichen Theoriegebäude

Karl Volkmar Stoy, der bei Herbart in Göttingen studierte, setzte sich Zeit seines Lebens für die Pädagogische Bildung angehender Gymnasiallehrer an den Universitäten ein (vgl. Coriand 2000). Am Gedanken der pädagogischen Freiheit orientiert (vgl. Stoy 1882), sollten die Studierenden neben einem gründlichen wissenschaftlichen Fachstudium auch Veranstaltungen besuchen, die sowohl der »[p]ädagogischen Einsicht« durch die »Einführung in ein geordnetes Ganze wohl begründeter Sätze und ihre Folgerungen« als auch der »Aneignung einer von Selbstbeobachtung und Beurtheilung durchdrungenen Praxis« dienten (vgl. Stoy 1876, S. 200). Dafür gründete er 1844 in Jena ein pädagogisches Universitätsseminar, das er mit einer Übungsschule verband, und realisierte hier über drei Jahrzehnte hinweg (1844–1866 u. 1874–1885) unter freiwilliger, aber verantwortlicher Mitwirkung der Seminaristen seine Pädagogik des Schullebens. Der Reflexion der praktisch-pädagogischen Tätigkeit der Studenten an der Universitätsschule diente die fachsystematische Ordnung pädagogischen Wissens, die Stoy später als methodologische Enzyklopädie veröffentlichte (vgl. Stoy 1861/²1878) und in der alle Fragen, die den lehrenden Erzieher bewegen, ihren logischen Platz finden sollten. So gesehen fungierte die Universitätsschule als systematisch arrangierter Erfahrungsraum, in dem die künftigen Gymnasiallehrer lernten, ihre pädagogischen Erfahrungen im systematischen Nachdenken über Erziehung zu beurteilen. Und: Die Schüler der ärmsten Bevölkerung Jenas besuchten eine Schule, die völlig nach pädagogischen und diätetischen Ansprüchen Stoys umgestaltet wurde und ihnen aus heutiger Sicht eine moderne Schulbildung ermöglichte.

18

Stoy teilt das deduktive Wissenschaftsverständnis seines akademischen Lehrers und lehnt sich in der »Encyklopädie, Methodologie und Literatur der Pädagogik« (Stoy 1861/²1878) an dessen begrifflichem Gerüst an. In der Analyse der Erziehungstatsache folgt er Herbart zunächst in den erkenntnisleitenden Fragen nach dem Erziehungszweck und den Erziehungsmitteln, allerdings geht er über ihn hinaus, indem Stoy nach Antworten aus wissenschaftlich unterschiedlichen Perspektiven sucht:

> »Die vorhandene Erziehung kann angesehen werden als etwas einfach Gegebenes oder als ein Gewordenes. In beide Betrachtungen theilt sich die *historische Pädagogik*. Andrentheils kann die Betrachtung der Erziehung wie sie sein soll angestellt werden theils absolut d. h. ohne Rücksicht auf gegebene Lebensverhältnisse – das ist die Aufgabe der *philosophischen Pädagogik* – theils relativ d. h. mit Rücksicht auf die empirischen Verhältnisse – damit beschäftigt sich die *praktische Pädagogik*.« (Ebd., S. 20, Hervorh. R. C.)

Auf die Weise eröffnet Stoy im Unterschied zu Herbart eine weitere Systemebene und leitet drei voneinander abhängige pädagogische Hauptdisziplinen ab. Die aus seiner Sicht abhängigste Disziplin sei die Praktische und die freieste die Philosophische Pädagogik. Diese Abhängigkeitsgrade veranlassen ihn zu folgender Struktur der Enzyklopädie der Pädagogik: »Nach ihrer gegenseitigen Stellung erweist sich die Reihenfolge als die natürlichste, dass die philosophische Pädagogik an die Spitze, die praktische am Schluss, die historische in der Mitte ihre Stelle erhält« (ebd.).

Die Didaktik bekommt ihren systematischen Ort im Feld der Philosophischen Pädagogik, die Stoy als »ein geschlossenes Ganzes wohl bearbeiteter Begriffe« (ebd., S. 12) definiert, in dessen Rahmen die Ideale der Erziehung frei von idealistischen Übertreibungen sowie Raum lassend für die feinsten Bewegungen des Lebens (vgl. ebd., S. 14f.) gezeichnet werden. Die Philosophische Pädagogik untergliedert er weiter in die pädagogische Teleologie bzw. »Lehre vom Zweck der Erziehung« und in die pädagogische Methodologie bzw. Lehre von den Erziehungsmitteln (vgl. ebd., S. 30). Didaktik und Hodegetik wenden sich den eigentlichen Erziehungsmitteln »Unterricht« und »Führung«[2] zu. Die Diätetik, die Stoy ebenfalls innerhalb der pädagogischen Methodologie behandelt, befasst sich genau genommen nicht mit den Erziehungsmethoden. Sie sei eher eine »Lehre von den *Vorbedingungen* der Erziehung« (ebd., S. 42, Hervorh. i. Orig.), da sie diejenigen wissenschaftlich begründeten Anweisungen zur Pflege und Aus-

---

2 »Führung« ist dem Herbartschen Begriff der Zucht gleichbedeutend (vgl. Stoy 1861/²1878, S. 40).

bildung des menschlichen Körpers enthält, die für die erfolgreiche Unterrichtung und Führung unerlässlich seien (vgl. ebd., S. 40). Führung und Unterricht sowie die Körperertüchtigung und -pflege stehen in unmittelbarer Abhängigkeit zum Zweck der Erziehung, der, wie schon bei Herbart, auf den Zögling selbst zurückweist: Erziehung »solle den Zweck verfolgen, welchen der Zögling, wenn er mündig wäre, selbst verfolgen würde« (ebd., S. 33). Der Erwachsene – so das Ideal – wählt dann seine besonderen, individuellen Lebenszwecke in Abstimmung mit der von ihm erkannten und anerkannten »Gesammtheit der sittlichen Lebenszwecke« (ebd., S. 32).

Unterricht, das Feld der Didaktik, hat wie die Führung dieser doppelten Aufgabe nach Verknüpfung von »notwendigen« (sprich sittlichen) und »bloß möglichen« Zwecken (vgl. Herbart 1806a/[2]1982, S. 41) zu genügen, indem er für die »ethische und religiöse wie theoretische« (Stoy 1861/[2]1878, S. 57) Bildung des Gedankenkreises Sorge trägt. Dafür sind geeignete Inhalte auszuwählen, fachlogisch wie pädagogisch zu strukturieren und zu vermitteln. Dementsprechend bestimmt Stoy die Grundfragen der Allgemeinen Didaktik: Sie befasst sich mit den Fragen nach der »Materie« (ebd., S. 63), der »Disposition« (ebd., S. 67) und der »Methode und Technik« (ebd., S. 71) des Unterrichts.

Bei der didaktischen Grundfrage nach der Stoffauswahl geht es Stoy darum, die »Materie« des Unterrichts hinsichtlich ihrer pädagogischen Bedeutung zu prüfen. Nur der in den einzelnen Wissenschaften hinterlegte Gedankenstoff, der zur ethischen, religiösen und theoretischen Bildung beiträgt, soll zum Unterrichtsgegenstand werden. Die Gewichtung im Lehrplan folgt – angeregt durch die Anforderungen der Teleologie – einer Relativität der pädagogischen Bedeutung des Stoffes: Das sei keine Frage von »Realismus und Humanismus« (ebd., S. 65). Vielmehr erhalten die Inhalte derjenigen Wissenschaften Vorrang, welche der ethischen, religiösen und theoretischen Lebensanschauung unmittelbar dienen. Nachgeordnet sind die »Wissenschaften von Formen und Zeichen, wie Mathematik und Grammatik, sie haben ja für die Bildung nur den Werth von Werkzeugen« (ebd., S. 66).

Die zweite Grundfrage der Allgemeinen Didaktik, die Frage nach der »Disposition« bzw. nach der geeigneten Unterrichtsanordnung, wendet sich dem pädagogischen Prinzip zu, dass »die mitgetheilten Gedanken in gehöriger Wechselwirkung zu einander stehen« (ebd., S. 67). Hierher gehören die didaktischen Überlegungen zum Nebeneinander der Lehrstoffe (»Statik«), um einseitige Betrachtungen zu vermeiden, zum an Bekanntes anknüpfenden Nacheinander (»Propädeutik«) sowie zur Verbindung der Aneignungsgegenstände (»Concentration«[3]) (vgl. ebd., S. 67–71).

Schließlich bündelt Stoy die Vermittlungsweise in die Frage nach der »Methode und Technik des Unterrichts« (ebd., S. 71). In der Sonderung von Methode und Technik folgt er der Herbartschen Differenzierung nach dem »Gang des Unterrichts« (Herbart 1806a/²1982, S. 72) und den »Manieren des Unterrichts« (ebd., S. 71). Demnach erklärt Stoy den Gang des Unterrichts zur Methode. Je nach Richtung der geistigen Tätigkeit (regressiv oder progressiv) und entsprechend der wechselseitigen Bedingtheit von Analyse und Synthese unterscheidet er zwischen analytischer, synthetischer und – mit Verweis auf Karl Mager – genetischer Methode (vgl. Stoy 1861/²1878, S. 74f.). Unter den Begriff der »didaktischen Technik« (ebd., S. 74) hingegen falle der »Stil des Unterrichts« (ebd., 74), das persönliche Geschick des Lehrenden,

> »die verschiedenen Thätigkeiten während des Unterrichtes, das Aufnehmen und das Wiedergeben u. a. m. in bestimmte Reihenfolge zu bringen, bald die stetige Vertiefung des zusammenhängenden Vortrags durch katechetischen Verkehr zu unterbrechen, bald runde und gedehnte Sprache an die Stelle der accentuirten Kürze treten zu lassen, die Hülfe der bildlichen und übrigen Anschauungsmittel bald in den Vordergrund, bald zurückzustellen.« (Ebd., S. 78)

Stoy konkretisiert – wiederum über Herbarts allgemeine Perspektive hinausgehend – die in der Allgemeinen Didaktik angesprochenen Problemkreise, indem er eine Aufgaben- und Feldbestimmung der »besonderen Didaktik« (ebd., S. 81) anschließt. Die allgemeindidaktischen Grundsätze werden durch die Aspekte, die sich aus der Natur der Lehrobjekte, dem Alter und dem Geschlecht der Lernenden ergeben, in die »objektive, progressive und sexuelle Didaktik« (ebd.) modifiziert. Die objektive Didaktik, die der heutigen Fachdidaktik entspricht, lässt die Wissenschaften zu »Schulwissenschaften« (ebd.) werden und führt diese durch den fachlichen Zuschnitt der allgemeindidaktischen Prinzipien für Auswahl, Anordnung und Bearbeitung der Lehrstoffe im Lehrplan zusammen. Zur Maxime der Lehrplankonstruktion erhebt Stoy, »dass die Mitarbeit des Schülers am Bau als ein Unentbehrliches vorausgesetzt, die individuelle freie Bewegung des Lehrers innerhalb der einzelnen Räume, heissen sie nun Stufen oder Lektionen, möglich gemacht ist« (ebd., S. 82). In engem Bezug zur objektiven Di-

---

3 In Abgrenzung zu Tuiskon Zillers Idee der Konzentration um einen Gesinnungsstoff stellt Stoy die didaktische Konzentration bzw. den Gedanken, das zusammenhanglose Nebeneinander der Fachgebiete aufzulösen, unter das Bild einer »Symphonie« der Fächer (vgl. Stoy 1861/²1878, S. 71).

daktik steht die progressive, die sich mit der altersgemäßen Unterrichtung der Aneignungsgegenstände auseinandersetzt. Schließlich wendet sich die sexuelle Didaktik den geschlechtsspezifischen, genaugenommen den weiblichen,[4] Eigenarten bei der Initiierung von Lernprozessen zu. Die Didaktik, die insbesondere die spezifisch weiblichen Aneignungsbesonderheiten zu bedenken hat, gehört für Stoy noch zu den wenig erforschten Gebieten und deshalb stelle die spezielle Didaktik der Psychologie die Frage, »worin denn die grössere Innigkeit der weiblichen Natur, der schnellere Rhythmus der Gedanken, die Abneigung gegen Abstraktionen, und die übrigen unzweideutigen Licht- und Schattenseiten der weiblichen Natur ihren Grund und ihre Grenzen haben« (ebd., S. 85). Ohne eine solche wissenschaftliche Aufklärung blieben alle Lehrpläne, die vorgäben, der weiblichen Natur Rechnung tragen zu wollen, »nur flüchtige, willkürliche Zeichnungen« (ebd.).

Der systematische Gedankenkreis Stoys schließt sich jedoch erst durch die logische Einbettung der Didaktik in eine Erziehungstheorie, denn es fehlen der Didaktik noch die Erkenntnisse darüber, wie man den Wert des ausgewählten, strukturierten und vermittelten Unterrichtsgegenstands durch adäquates Handeln der Schülerinnen und Schüler bereits in der Schule erfahrbar machen kann. Damit beschäftigt sich im weitesten Sinne die Hodegetik. Während die Didaktik sich der Bildung des Gedankenkreises zuwendet, thematisiert die Hodegetik den Umgang miteinander als Anwendung des theoretisch, ethisch und religiös Geprüften. In der Lehre von der Führung entwickelt Stoy den pädagogischen Maßstab für die von ihm in der Universitätsübungsschule sowie in der Schule seiner privaten Erziehungsanstalt realisierte Pädagogik des Schullebens, die auch wesentliche, über die Didaktik hinausgehende Grundsätze der Unterrichts-»Führung« enthält. Solche Elemente des Schullebens wie Schulunterricht, Schulreisen, Schulfeiern, Gartenarbeit, Turnen, Spielen, Wandern, Werkstattarbeit, Theaterabende, Studientage sowie Formen von Schülermitbestimmung und -mitverwaltung wurden durch den hodegetischen Begründungszusammenhang zu pädagogischen Situationen (vgl. Coriand 2000, S. 117–175).

---

4 Stoy 1861/²1878, S. 84: »Die Wissenschaft fasst die männliche Natur als diejenige, an welcher *caeteris paribus* (übersetzt nach ebd., S. 435: »bei sonst gleichen Umständen«, R.C.) die Anlage der allgemeinen Didaktik realisirt werden könne, und das weibliche Geschlecht als dasjenige, welches in Folge physiologischer, psychologischer, socialer Einwirkungen in der Erziehung zwar nicht bloß Beschränkungen in der allgemeinen Anlage und Durchführung, sondern auch wegen eigenthümlicher, günstiger Dispositionen Schutz und Pflege von ganz besondrer Art nothwendig mache.«

Zusammenfassend lässt sich konstatieren: Durch die systematische Einbettung der Didaktik in eine Erziehungstheorie, die Erziehung als Vorgang zwischen Erwachsenen und Heranwachsenden definiert, sowie unter Hinzunahme seiner Positionen aus der Praktischen Pädagogik bleibt die Didaktik Stoys auf den schulischen Unterricht begrenzt; sie ist streng genommen eine Schuldidaktik.

Willmann: Die Didaktik als Bildungswissenschaft[5]

Pädagogisch prägend waren für Otto Willmann vor allem seine Jahre in Leipzig. Hier trat er, nachdem er in Berlin promoviert und das Examen für das höhere Lehramt erworben hatte, in das von Tuiskon Ziller geleitete Universitätsseminar ein, unterrichtete in der Seminarübungsschule, betreute die Unterrichtsübungen der Praktikanten und übernahm parallel dazu den Gymnasialunterricht an der privaten Erziehungsschule des Herbartianers Ernst Barth. 1868 berief ihn der Wiener Gemeinderat zum »Ordinarius und Muster- bzw. Oberlehrer am Wiener Pädagogium« (vgl. Beyer 1899, S. 805; Brezinka 2003b, S. 23f.). 1872 erhielt Otto Willmann eine außerordentliche Professur für Philosophie und Pädagogik an der deutschen Karl-Ferdinands-Universität in Prag, die 1877 in eine ordentliche Professur für Philosophie und Pädagogik umgewandelt wurde (vgl. Brezinka 2003b, S. 27ff., 33f.).

Eine Frage, die in Willmanns Schriften immer wieder aufscheint, ist die nach der Bedeutung des Kriteriums der Wahrheit für die »moralischen Wissenschaften« (Willmann 1882/^{2}1894, S. 65) im Vergleich zu den Naturwissenschaften. Bei der Auseinandersetzung mit diesem wissenschaftstheoretischen Problem geht es Willmann insbesondere um das Aufzeigen der Bedingungen, unter welchen Pädagogik und Didaktik dem Anspruch der Wissenschaftlichkeit genügen können. Damit befasst er sich bereits in der frühen Prager Vorlesung »Enzyklopädie der Erziehungswissenschaft« und gelangt zur Unterscheidung von Erziehungswissenschaft und Kunstlehre (vgl. Willmann 1874/1971, S. 452). Angesichts einer solchen Differenzierung wirft der Titel des Jahre später erschienenen zweibändigen, international beachteten Werks »Didaktik als Bildungslehre« (1882/^{2}1894 u. 1889/^{2}1895)[6] die Frage auf, ob hier von Didaktik als Wissenschaft oder

---

5 Vgl. ausführlich bei Coriand 2013, S. 45–59.

6 Es wurde ins Englische, Spanische, Portugiesische, Italienische, Ungarische, Flämische und Niederländische übersetzt (vgl. Brezinka 2003b, S. 22) und erfuhr acht Auflagen (vgl. ebd., S. 36).

von Didaktik als Kunstlehre die Rede ist. Antwort gibt die fast 100 Seiten umfassende Einleitung, mit der er den ersten Band eröffnet und sein Wissenschaftsverständnis kennzeichnet. Demnach befassen sich beide Bände mit der Didaktik als Bildungs*wissenschaft*:

> »Die vorstehenden Erörterungen suchten die Leitlinien aufzuzeigen, von deren Einhaltung gehofft werden kann, daß die Erziehungs- und Bildungslehre eine wissenschaftliche Gestaltung gewinnen und ebenbürtig neben die älteren verwandten Disciplinen, welche die anderen Sphären der menschlichen Bethätigung behandeln, treten möge.« (Willmann 1882/²1894, S. 74f.)

Wie bereits angekündigt, zielen die disziplintheoretischen Überlegungen Willmanns vor allem auf eine gegenüber der Pädagogik autonome Didaktik[7]. In dem Zusammenhang problematisiert er außerdem das Verhältnis von Allgemeiner Didaktik zur Fachwissenschaft sowie zur Fachdidaktik.

Die Unabhängigkeit der Didaktik zur Pädagogik ergibt sich aus seiner – nicht ganz widerspruchsfreien – Unterscheidung der Begriffe Bildung und Erziehung. Erziehung, von ihm als ein »sittliches und darum ein bewußtes Thun« bestimmt, gehe von »der Persönlichkeit aus, in eine andere, eine werdende Persönlichkeit hinein« (ebd., S. 18). Bildung hingegen sei »inneres geistiges Gestalten« (ebd., S. 21) und darum »Arbeit« des sich bildenden Subjekts sowie derer, die Bildung ermöglichen (vgl. ebd., S. 22). Erziehung »ist in erster Linie auf die Strebungen und den Willen, diese [die Bildung, R. C.] auf die geistige Thätigkeit gerichtet; jene ist sittliche, diese geistige Assimilation; jene ist auf Autorität und Gehorsam gestellt, diese verlangt zwar ebenfalls die Unterordnung des Subjekts unter höhere Einsicht, zugleich aber dessen freithätige Mitwirkung« (ebd., S. 24). Dementsprechend grenzt Willmann Erziehung und Bildung in dreierlei Hinsicht voneinander ab:

- Einerseits schreibt er die sittliche Absicht, die sich im adäquaten *Handeln* des Adressaten widerspiegeln soll, der Erziehung zu; demgegenüber stellt er die Bildung als eine besondere *geistige* Anstrengung dar, die »über den bloßen Kenntnis- und Fertigkeitserwerb« (ebd., S. 22) hinausgeht.

---

7 Autonomie der Didaktik meint in dem Zusammenhang nicht ihre fachliche Isolation, sondern konstruktive Abgrenzung von, aber auch gleichzeitiges Aufspüren notwendiger Beziehungen zu den Nachbardisziplinen wie Pädagogik, Fachdidaktik, Psychologie und Philosophie.

- Andererseits befindet sich der Zögling bei Erziehung nach Willmann in einer Art Objekt*position*. Damit ist gemeint, dass die Initiative nicht beim Zögling liegt; sondern bei Erziehung wird etwas zweckgebunden an ihn herangetragen und erwartet, dass er sich entsprechend verhält. Anders bei Bildung: Da befindet sich die gleiche Person in einer Subjekt*position*; sie bildet *sich*. Oder wie es Willmann ausdrückt – sie arbeitet (vgl. ebd.).
- Ein weiteres Unterscheidungsmerkmal sieht er in der Lebenszeit: Erziehung findet seiner Definition (vgl. Willmann 1876/1980, S. 282f.) nach zwischen der erwachsenen und der nachwachsenden Generation statt. Damit ist das »Erziehung*werk*« zeitlich begrenzt und schließt mit dem »Reifen der Vernunft« ab. Die »Bildungs*arbeit*« überschreitet Erziehung und »kann das ganze Leben erfüllen« (vgl. ebd., S. 24, Hervorh. i. Orig.).

Aus dieser Differenz bestimmt Willmann die Gegenstandsfelder der Pädagogik und der Didaktik: Die Pädagogik beschäftigt sich mit der »Erziehung der Jugend« und die Didaktik mit der »Bildung der Menschen« (vgl. ebd., S. 27).[8] Durchaus nachvollziehbar wird die Begründung von Didaktik und Pädagogik als autonome Disziplinen über das Unterscheidungskriterium der Lebenszeit sowie darüber, dass sich das Feld der Didaktik auf die geistige Arbeit bezieht, die die Voraussetzung für das durch Erziehung antizipierte sittliches Handeln darstellt:

> »[D]as Erziehungswesen erscheint bestimmt durch das Ethos und die Formen des häuslichen und des öffentlichen Lebens, durch die sociale Gliederung und Sitte der Gesellschaft; das Bildungswesen hängt in erster Linie ab von der geistigen Thätigkeit, wie sie in Sprache und Sprachkunst, Glauben und Wissen, Kunstschaffen und Forschung sich äußert.« (Ebd., S. 24)

Die Didaktik muss sich – so betrachtet – nicht über die Pädagogik definieren; sie kann als eine von ihr unabhängige Wissenschaft gestaltet werden. Aber der Argumentation Willmanns fehlt, dass der Umkehrschluss nicht gilt: Obwohl er den Zusammenhang von Erziehung und Bildung skizziert (vgl. ebd., S. 23ff.; vgl. auch S. 18), lässt er die daraus resultierende Abhän-

---

8 Willmann 1882/²1894, S. 41, Hervorh. i. Orig.: »[D]ie Didaktik ist die Lehre vom Bildungserwerb, wie er *auf* Grund und *als* Grund des Bildungswesens von Individuen vollzogen und vermittelt wird; und analog wäre die Pädagogik als die Lehre von der fürsorgenden, auf die sittliche Angleichung der Jugend gerichteten Thätigkeit, wie sie *auf* Grund und *als* Grund des Erziehungswesens von und auf Individuen ausgeübt wird, zu bezeichnen.«

gigkeit der Pädagogik von der Didaktik offen: Die Pädagogik nämlich benötigt ihre »Schwesterdisciplin« (ebd., S. 28) als Kernelement, wenn sich Erziehung nicht im inhaltsleeren Übergriff auf Kinder und Jugendliche erschöpfen soll.

Die Didaktik hat sich im Verständnis Willmanns aber nicht nur gegenüber den »Hoheitsrechte[n] der Pädagogik« (ebd., S. 85) zu behaupten. Es liegt im Wesen des didaktischen Forschungsobjektes, dass es seinen Inhalt aus solchen Bereichen des Wissens und Könnens schöpft, die an sich schon eigenständige Wissenschaften oder besondere Sphären der Lehrkunst darstellen. Er meint das Verhältnis der Fachwissenschaft zur Allgemeinen Didaktik sowie die Stellung von Fachdidaktik und Allgemeiner Didaktik zueinander. Die »Erhebung der Didaktik zu einem besonderen, in sich geschlossenen Untersuchungsgebiete« (ebd.) sei als Abgrenzung von der Fachwissenschaft schon deshalb wichtig, weil die Allgemeine Didaktik sich sonst den berechtigten Vorwurf der Oberflächlichkeit und Trivialität gefallen lassen müsste. Aus dem universellen Charakter der Bildung kann nicht die unlösbare Forderung an die Allgemeine Didaktik gefolgert werden, »in so disparaten Gebieten bis zu fachlicher Sachkenntnis und Meisterschaft vorzudringen« (ebd.). Den Bestrebungen, die Allgemeine Didaktik zugunsten der Fachdidaktik aufzugeben, da nur die Nähe zur Fachwissenschaft den didaktischen Aussagen Gültigkeit verleihen würden, hält er entgegen:

> »[D]ie Teile in der Hand zu behalten und auf das geistige Band zu verzichten, ist kaum irgendwo unzulässiger als bei den Aufgaben der Bildung und der Bildungslehre. Hier kann keine Specialarbeit von der Anwendung genereller Bestimmungen absehen [...]. Eine Kollektivarbeit ohne gemeinsame leitende Grundsätze wäre ein dem Endzwecke wenig entsprechendes Aggregat; solche Grundsätze aber sind nicht anders als durch eigens darauf gerichtete und weitgreifende Reflexion festzustellen.« (Ebd., S. 88)

Mit den methodologischen Positionen zum wissenschaftlichen Charakter und Forschungsgegenstand der Allgemeinen Didaktik einerseits sowie ihrer Eigenständigkeit im Verhältnis zu den sie tangierenden Gebieten Pädagogik, Fachwissenschaft und Fachdidaktik andererseits hat Otto Willmann die wissenschaftstheoretische Basis für die Entfaltung der Didaktik als selbständige, in sich geschlossene Bildungswissenschaft gelegt. Ihre Grundstruktur, wie er sie in der zweibändigen »Didaktik als Bildungslehre« (1882/[2]1894 und 1889/[2]1895) systematisch entfaltet, ist in der Abbildung 1 dargestellt.

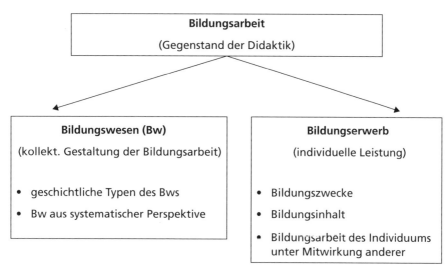

Abb. 1: Zum strukturellen Aufbau der »Didaktik als Bildungslehre« (aus: Coriand 2013, S. 54)

Die Gegenstandsbestimmung erfolgt unter Berücksichtigung des für »moralische Wissenschaften« (Willmann 1882/²1894, S. 65) von ihm postulierten »methodologische[n] Princip[s]« der Verschränkung von individualistischer und sozialer Betrachtungsweise (vgl. ebd., S. 43). Die Bildungsarbeit als komplexen Gegenstand der Didaktik unterteilt er, um einerseits ihrer »kollektiven Gestaltung« und andererseits ihren »individuellen Erscheinungen« Rechnung zu tragen, in das »Bildungswesen« und den »Bildungserwerb«, »wie er durch den Einzelnen geschieht« (vgl. ebd., S. 96). Dabei denkt er Bildungswesen als »Komplex von Anstalten, Veranstaltungen und Mitteln, welche dem Individuum zur Aneignung gewisser grundlegender, gemeingültiger Fertigkeiten, Kenntnisse und Einsichten als frei verfügbarer und befruchtender Elemente des geistigen Lebens und damit zur Erreichung bestimmter Stufen geistig-sittlicher Befähigung verhelfen« (ebd., S. 25).

Die Reihenfolge der Behandlung beider Aspekte der Bildungsarbeit wird ebenfalls von »der die individuelle und die sociale Ansicht verknüpfenden Methode« (ebd., S. 43) determiniert, weil Bildungswesen und Bildungserwerb nur in ihrer Wechselbeziehung verstanden werden können. Somit entfaltet Willmann die Themen »Bildungswesen« und »Bildungserwerb« nicht einfach nacheinander, sondern umrahmt die Lehre vom Bildungserwerb mit den Ausführungen zum Bildungswesen (vgl. ebd.), wobei er zugleich die – von ihm als grundlegend erachtete (vgl. ebd., S. 53) – historische Dimension berücksichtigt: Dem historischen Teil zum Bildungswesen ist der gesamte erste Band der »Didaktik als Bildungslehre« gewidmet. Hier

27

bespricht er »[d]ie geschichtlichen Typen des Bildungswesens« (1882/ ²1894), die er mit dem Kapitel »Die Bildung in ihrem Verhältnisse zur Kultur, Civilisation, Gesittung« (vgl. ebd., S. 101–117) einleitet. Er erläutert die morgenländische, griechische, römische Bildung, die christliche Bildung auf römischem Boden, mittelalterliche Bildung, Bildung in der Renaissance, der Aufklärung bis hin zur modernen Bildung in ihren Bezügen zur Vergangenheit sowie in international vergleichender Perspektive. Am Schluss des zweiten Bandes bzw. im fünften Abschnitt analysiert Willmann das Bildungswesen nochmals, nun systematisch betrachtet aus der Sicht des Individuums und der Gesellschaft sowie sich dem Aspekt der Schulkunde einschließlich der Lehrerbildung zuwendend.

Zwischen der historischen und systematischen Darstellung des Bildungswesens erstreckt sich die Lehre vom Bildungserwerb gemäß seines Bearbeitungsplans (vgl. ebd., S. 95ff.) über die Abschnitte »Die Bildungszwecke«, »Der Bildungsinhalt« und »Die Bildungsarbeit« (vgl. Willmann 1889/²1895). Da der Bildungserwerb nach Willmann ein »bewußtes und darum freies Thun« (1882/²1894, S. 96) darstellt, muss dieser vordergründig aus den Motiven und Zielen der Bildung heraus gedeutet werden. Den Bildungszwecken nähert sich Willmann differenziert, indem er zunächst die in der Bildungsarbeit zugrunde liegenden Motive und Interessen einer teleologischen Analyse unterzieht. Er setzt sich mit dem sittlichen und dem sozialethischen Prinzip als Wertmaßstab für Bildungszwecke auseinander, prüft Voraussetzungen und Grundsätze von Idealen der Bildung und unterscheidet schließlich materiale und formale Bildung. Im Abschnitt zum Bildungsinhalt werden die Gebiete aufgezeigt und systematisch geordnet,[9] denen die stofflichen Elemente zu entlehnen sind. Außerdem prüft er hier die herausgearbeiteten Inhaltsbereiche der Bildung hinsichtlich ihres Bildungsgehalts. Das vierte Kapitel, das er irritierend zum Gesamtgegenstand der Didaktik ebenfalls mit »Die Bildungsarbeit« betitelt, wendet sich, nachdem der soziale Aspekt den Teilen zum Bildungswesen vorbehalten ist, genau betrachtet nur noch dem »Erwerb der Bildung durch das Individuum unter der Mitarbeit anderer Individuen« (Willmann 1889/²1895, S. 189) zu. Die individuelle Bildungsarbeit erstreckt sich nicht über alle Formen des Bildungserwerbs. Die auf den »Bildungserwerb gerichtete Arbeit« unterscheidet er vom »freien Bildungserwerb« (ebd., S. 191), der durch die »frei[e] Stellung des Subjektes zu dem Inhalte« charakterisiert ist. Durch diese freie Stellung werden in der Regel

---

9 Vgl. hierzu das zusammenfassende Schema in: Willmann 1889/²1895, S. 83.

nur gewisse, interessierende Momente des Inhalts berührt, »während die Bildungsarbeit sich an ihren Inhalt bindet, um ihn nach Möglichkeit vollständig und gründlich zu bewältigen« (ebd.). Zwar geschieht der freie Bildungserwerb genauso nicht ohne die Mitwirkung anderer Menschen, allerdings ist diese Mitwirkung eher zufälliger und unbeabsichtigter Natur. Im Gegensatz dazu ist der Bildungserwerb, wie er im Rahmen von Bildungsarbeit passiert, von außen bewusst beeinflusst. Die Arbeit kann auf einer persönlichen Beziehung basieren, beispielsweise zu einem Lehrenden, aber auch auf einer unpersönlichen, z. B. zu einem Schriftsteller eines schulischen oder wissenschaftlichen Lehrbuchs. Willmann erklärt den Begriff des Lehrens in der Form des Unterrichtens und der universitären Lehre zu einem zentralen Begriff der Didaktik (vgl. ebd., S. 191ff.). Lehrende und Unterrichtende haben die Inhalte »zum Zwecke der Aneignung durch die Lernenden *zu gestalten*« (ebd., S. 193, Hervorh. i. Orig.), was zu den didaktischen Grundfragen im engeren Sinne führt: Das sind die Fragen nach den Prinzipien der Inhaltsauswahl und der Verbindung der daraus resultierenden Lehrgänge in einer höheren Ordnung, nach der sachlogischen Strukturierung des Lehr-Lern-Prozesses sowie die Frage nach der Art und Weise der Vermittlung. Der ausgewählte Lehrstoff ist der Fachlogik entsprechend in eine bestimmte Form zu bringen, so dass die »Abfolge eines Lehrganges« (ebd., S. 194) möglich wird. Verschiedene »Bildungsdisziplinen« (ebd.) wiederum ziehen verschiedene »Wege der didaktischen Formgebung« (ebd.) bzw. einzelne, scheinbar unverbundene Lehrgänge nach sich, die durch den Lehrplan – Otto Willmann spricht auch von der »Organisation des Bildungsinhaltes« (ebd.) – in eine »höhere Ordnung« (ebd.) gebracht und somit aufeinander bezogen werden. Die verbindende Maxime fordere, »daß alles Einzelne in dem *Gesamtwachstum* seine rechte Stelle einnehme und in der *Förderung der ganzen geistigen Kraft* seinen Beziehungspunkt suche, die seinerseits auf den *sittlichen* als den endgütigen hinweist« (ebd., S. 195, Hervorh. i. Orig.). Damit sind die Voraussetzungen für das »Lehrverfahren, als der von dem Lehrenden oder Unterrichtenden ausgehenden gestaltenden Thätigkeit« (ebd., S. 194), gegeben. Diese drei Phasen nennt Willmann »Stufen der didaktischen Vermittelung« und fasst sie in die Begriffe »Formgebung«, »Organisation« und »Technik« – bzw. von ihm umformuliert: »Lehrgang«, »Lehrplan« und »Lehrverfahren« (vgl. ebd., S. 193f.).

Wer sich darüber hinaus in Willmanns Bildungslehre informieren will, den erwarten fachdidaktische Konkretisierungen der Grundfragen sowie Antworten bzw. eine Belebung des systematischen Gerüsts vom katholischen Standpunkt aus. Einschlägige Fachkollegen und Zeitgenossen Willmanns, die einer anderen Konfession angehörten als er, bestätigten ihm übrigens eine gelungene Verknüpfung der beiden Theorieebenen Wissenschaft und Kunstlehre. Exemplarisch sei das Urteil Wilhelm Reins angeführt: Bei der Überführung der theoretischen Grundlagen in die Praxis der Übungsschule sei Willmanns Werk »Didaktik als Bildungslehre« von großem Nutzen gewesen.

> »Vor allem aber insofern, als wir es mehrfach im Pädagogischen Universitäts-Seminar durchgearbeitet haben, um die Studierenden der Pädagogik in die Grundprobleme der Erziehung und des Unterrichts einzuführen [...]. Und gerade dies, daß der katholische Standort des Verfassers der Mehrheit der Mitglieder des Seminars fern lag, war geeignet, die Höhe einer objektiven wissenschaftlichen Beurteilung jenseits der konfessionellen Gegensätze in helles Licht zu rücken und die Vorzüge einer vornehmen Toleranz, die weite Gebiete gemeinsamer Arbeit für Andersgläubige eröffnet, um nur vor den grundlegenden Unterschieden in der Auffassung der Kirche Halt zu machen, hervorzuheben.« (Rein 1913, S. 473f.)

Insgesamt betrachtet, eröffnet die autonome Perspektive, die Willmann für die Didaktik beansprucht, den Weg aus der schulpädagogischen Engführung hin zu einer Allgemeinen Didaktik im eigentlichen Sinn. Gleichzeitig liefern das historische Prinzip und das methodologische Prinzip der Verschränkung von individualer und sozialer Betrachtungsweise für die Pädagogik und Didaktik Ansatzpunkte für eine Kritische Erziehungswissenschaft.

In dem Aufsatz »Der Anspruch der Pädagogik auf akademisches Bürgerrecht« (1913) weist Willmann ein Anwendungsfeld auf, das die Relevanz der Didaktik für die Unterrichtung Erwachsener betrifft: den Lehrbetrieb einer Hochschule. Die Befürworter einer »Hochschuldidaktik« (ebd., S. 13) kritisierten nämlich »daß viele akademische Lehrer bei ihren Vorträgen lediglich die Sache im Auge haben, aber nicht die Bedürfnisse der Hörer« (ebd., S. 12f.). Aber Lehre und Forschung könnten seiner Ansicht nach nur dann eine sinnvolle Verbindung eingehen, wenn die Lehrenden in ihren Vorträgen sowohl »eine Methode der Forschung einhalten« als auch eine »Methode des rationellen Lehrverfahrens« (ebd., S. 13). Als Beispiel führt er den Naturwissenschaftler Helmholtz an, der bekannt dafür gewesen sei, dass er seine Vorträge »wiederholt umarbeitete, bis er die durchsichtigste Form gefunden hatte« (ebd.). Vermutlich würde man gegen die Forderung nach einer Hochschuldidaktik immer wieder einwenden, dass dem Lehrenden einer Universität nicht vorgeschrieben werden könne, wie er seinen Vortrag zu gestalten habe. Trotzdem macht Willmann eine Instanz geltend, die für alle Lehrenden maßgebend sein sollte: »die Logik« der »auf den Unterricht angewandte[n] Methodenlehre«

(ebd.). An die solle sich derjenige besonders halten, der »denken lehren will« (ebd.). »Kenntnis der Logik und [...] Schulung darin sollte ein alle Kategorien des Lehrstandes vereinigendes Band sein« (ebd.).

Eine besondere hochschuldidaktische Funktion schreibt Willmann den Universitätsschulen, für deren Einrichtung er sich beständig als wichtiges Element der universitären Lehrerbildung einsetzte,[10] zu. In den Analysen über »Die Vorbildung für das höhere Lehramt in Deutschland und Österreich« (vgl. 1881/1980) zeigt er auf, dass hier die Studierenden, die später an den Universitäten verbleiben und dort möglicherweise Lehrer bilden werden, pädagogisch-didaktische Kompetenzen erwerben können, um selbst ein gutes Beispiel von Lehre zu geben (vgl. ebd., S. 626).

Wie aktuell das von ihm angesprochene Problem ist, zeigt die noch immer anzutreffende Situation, dass Doktorandinnen als wissenschaftliche Mitarbeiter Lehre zu erteilen haben, obwohl ihnen hierzu die didaktische Berufsvorbereitung fehlt. Bezogen auf die Berufsanforderungen der Lehre begnügt sich die Universität bis heute mit vielen »unstudirten Laien« (Stoy 1872, S. 49).

3 Didaktik im disziplinären Strukturgefüge der Erziehungswissenschaft

Im 20. Jahrhundert entwickelte sich die Erziehungswissenschaft zu einem akademischen Fach von beträchtlichem Ausmaß. Die damit einhergehende Ausdifferenzierung der Disziplin zog ein Fächerspektrum nach sich, das sowohl grundlagenorientierte Teildisziplinen[11] wie Allgemeine Pädagogik,

---

10 Seine volle Zustimmung fand Stoys Pädagogisches Universitätsseminar mit Übungsschule (vgl. Willmann 1872/1969, S. 504).

11 In Anlehnung an Bernhards (vgl. 2011, S. 13f.) disziplinärer Auffassung stehen die grundlagenorientierten Teildisziplinen weder in einem »präskriptiven noch in einem additiven Verhältnis« zu den spezifisch ausgerichteten. Vielmehr besteht die Aufgabe der Grundlagenfächer darin, den »spezialistischen« Zerfall der Disziplin zu verhindern, indem sie an einem gesamtdisziplinär bestimmten Reflexionsrahmen forschen, in welchem die Frage- und Problemstellungen der Teildisziplinen vergleichend zusammengeführt werden können.

Allgemeine Didaktik[12], Historische Pädagogik und Vergleichende Pädagogik als auch stärker berufsfeld- und anwendungsbezogene Bereiche wie Sozialpädagogik, Schulpädagogik, Erwachsenenbildung, Religionspädagogik, Sonderpädagogik oder Berufs- und Wirtschaftspädagogik hervorbrachte. Diese Fächerung führte schließlich zur Einführung eigener Fachstudiengänge außerhalb des Lehramts.

Das Verständnis der Allgemeinen Didaktik als erziehungswissenschaftliche Grundlagendisziplin folgt dabei keineswegs einem fachinternen Konsens. Weil die Didaktik einen unverzichtbaren Bestandteil der Lehrerbildung darstellt, sind in Publikationen von Erziehungswissenschaftlern solche Thesen präsent wie: »Die Allgemeine Didaktik *ist* ein Element, ein Teilbereich der Schulpädagogik« (Rothland 2008, S. 178, Hervorh. i. Orig.). Dabei wird umgangen, dass die zentralen Fragen der Didaktik, nämlich die nach den Prinzipien der Stoffauswahl, der Artikulation sowie nach der Art und Weise der Vermittlung (vgl. Kap. II/2) von grundlegender Natur sind, d. h. die Antworten eben auch in der Theorie und Praxis der außerschulischen Lehr- und Lernbereiche, z. B. in der Erwachsenenbildung, strukturbestimmend sind. Die Manifestierung der schulpädagogischen Verengung zeigt sich ebenfalls in den Denominationen von ausgeschriebenen Professuren. In der Regel wird die Allgemeine Didaktik als Schwerpunkt der Schulpädagogik und eher selten als Subdisziplin der Erziehungswissenschaft annonciert.

Dass sich die systematische Verortung der Didaktik im Disziplingefüge nicht widerspruchsfrei gestalten lässt, wird insbesondere an ihren fachdidaktischen Spezialbereichen sowie der Hochschuldidaktik deutlich: Die Fachdidaktiken, die im Lehramtsstudium eine erhebliche Rolle spielen und die sich mit den besonderen Lehr- und Aneignungsweisen des jeweiligen Faches bzw. mit der Lehrbarkeit von Fachwissenschaften im schulischen Kon-

---

12 Die Allgemeine Didaktik ist in doppeltem Sinn eine Grundlagendisziplin: einerseits natürlich innerhalb der Erziehungswissenschaft aufgrund ihres Gegenstandes »Lehre« bzw. »Unterricht«, der in den anwendungsbezogenen Teilbereichen wiederkehrt und zu einem verbindenden Element wird. Andererseits hat die Allgemeine Didaktik über die Erziehungswissenschaft hinausgehend – systematisch betrachtet – eine vermittelnde Funktion zwischen den Fachdidaktiken zu erfüllen. Die zunehmende Distanzierung der Fachdidaktiken von der Allgemeinen Didaktik macht schon deshalb wenig Sinn, da es den verschiedenen Fachdidaktiken – wie Reusser (vgl. 2008, S. 222f.) feststellt – immer noch an einer gemeinsamen Fachsprache fehlt, was natürlich wissenschaftliche Kommunikation umständlicher werden lässt – ganz abgesehen davon, dass durch solche künstlich erzeugten Fachautonomien für Lehramtsstudenten, die in der Regel Allgemeine Didaktik und mehrere Fachdidaktiken studieren, Orientierungsbarrieren aufgebaut werden.

text beschäftigen, sind in der Regel an den Universitäten den entsprechenden Fachwissenschaften angegliedert. Dennoch bleibt das Problem, dass ihr hauptsächlicher Forschungsgegenstand von (schul-)pädagogischer Natur ist. So untersucht der Fachdidaktiker für Mathematik beispielsweise die Frage nach dem Bildungsgehalt von Potenzfunktionen oder Körperberechnungen, um zugleich den Fragen nachzugehen, weshalb diese unverzichtbare Elemente des Mathematiklehrplans sind oder welche Bedeutung sie für die Lebensgestaltung der Heranwachsenden im Besonderen sowie die Kulturentwicklung im Allgemeinen haben. Den Physikdidaktiker wiederum könnte die Wirksamkeit der experimentellen Methode des Physikunterrichts im Fokus des allgemeindidaktischen Prinzips der Anschaulichkeit interessieren. Er möchte möglicherweise herausfinden, inwieweit es für Verstehensprozesse im Physikunterricht förderlich ist, konkrete physikalische Sachverhalte experimentell zu veranschaulichen oder den für die physikalische Wissenschaft typischen induktiven Gang der Erkenntnisgewinnung erlebbar zu machen. Bezogen auf die Konstruktion von Lehrplänen wiederum haben sich die Fachdidaktiker permanent mit der allgemeindidaktischen Frage auseinanderzusetzen, welche Bedeutung ihr Fach in seinen Facetten im Gleichklang mit den anderen Fächern besitzt. Diese fächerübergreifenden Überlegungen machen insofern pädagogisch Sinn, da uns die natürliche, kulturelle und gesellschaftliche Umwelt nicht rein mathematisch oder rein physikalisch oder rein literarisch entgegentritt, sondern komplex verwoben. Außerdem folgt das Zusammentreffen der Fächer im Lehrplan einer Ordnung, die sich aus einem bestimmten Erziehungs- oder Bildungsverständnis ergibt. Solch pädagogisches Denken rückt die Fachdidaktiker in die Nähe der Erziehungswissenschaft.[13]

Die Hochschuldidaktik hingegen hat sich an den Universitäten vorwiegend zu einem autonomen Bereich entwickelt; d. h. es ist derzeit auf dem

---

13 Peterßen ([6]2001, S. 29f., Hervorh. i. Orig.) formuliert diesen Zusammenhang sehr viel verbindlicher: Fachdidaktik sei »eine *didaktische* und somit auch eine *erziehungswissenschaftliche* Disziplin«. »Sie kann nicht als wurmfortsatzähnlicher Anhang etablierter Fachwissenschaften (wie sie in der Universität organisiert sind) verstanden werden und lediglich die Funktion haben, das Problem der Lehr- und Lernbarkeit der von den Fachwissenschaften längst vorentschiedenen Inhalte zu lösen. Fachdidaktik ist in die Didaktik schlechthin integriert und nimmt deren Aufgaben unter ihrem besonderen, dem fachlichen Aspekt wahr. Ähnlich formuliert Kerstiens (1972, S. 42): ›Sie ist eine Theorie des Lehrens und Lernens in einem bestimmten Bereich, nicht eine Theorie des Gegenstandsbereichs, über den etwas gelehrt werden soll.‹«

Sektor der Hochschulen[14] eher unüblich, besondere Didaktiken für die universitäre Lehre in besonderen Wissenschaften wie z. B. in Germanistik, Psychologie oder Pädagogik zu etablieren, noch ist die Hochschuldidaktik an die Erziehungswissenschaft gekoppelt. Sie besitzt eine eigene Fachgesellschaft – die Deutsche Gesellschaft für Hochschuldidaktik (dghd). Aber genau genommen bewegt sich die Hochschuldidaktik ähnlich den Fachdidaktiken in einem Schnittfeld von Fachwissenschaften und Erziehungswissenschaft. Hochschuldidaktik braucht die gegenstandsspezifische Konkretisierung (Fachdidaktik) der allgemeindidaktischen Grundfragen im institutionellen (Universität/Hochschule) und gesellschaftlichen (z. B. Demokratie) Bedingungsgefüge. Systematisch betrachtet ist deshalb die Etablierung einer solchen speziellen »allgemeinen« Didaktik wie der Hochschuldidaktik ohne die gleichzeitige disziplinäre Entwicklung entsprechender Fachdidaktiken zumindest hinterfragenswürdig. Oder ist es vielleicht doch so, dass die allgemeine Perspektive (Allgemeine Didaktik, Hochschuldidaktik, Didaktik der Erwachsenenbildung, Schuldidaktik) gepaart mit der konkreten Fachkompetenz die Fachdidaktiken überflüssig macht? In jedem Fall nutzen die Vertreter der Hochschuldidaktik die didaktisch sinnvolle Chance, die Vertreter der universitären Lehrgebiete aus der disziplinären Lehr-Isolation zu holen, denn die hochschuldidaktischen Veranstaltungen sind in der Regel interdisziplinär besucht.

In einer Reihe von didaktischen Lehrbüchern werden neben Allgemeiner Didaktik und Fachdidaktik weitere didaktische Disziplinen aufgezeigt. Friedrich W. Kron (vgl. [5]2008, S. 27) beispielsweise ergänzt die Schulartendidaktik, Schulstufendidaktik, Bereichsdidaktik, fachübergreifenden bzw. integrierten Didaktiken sowie die aufgabenbezogenen Didaktiken. Wolfgang Klafki (vgl. [2]1997, S. 47ff.) differenziert in die drei Problemebenen:

- Allgemeine Didaktik,
- Fachdidaktiken,
- Bereichsdidaktiken.

Die Ebene der Bereichsdidaktiken siedelt Klafki zwischen der Allgemeinen Didaktik und den Fachdidaktiken an, insofern er den Begriff der Bereichs-

---

14 Auch im Bereich der Erwachsenenbildung erfährt die Fachdidaktik eine recht eingeschränkte Aufmerksamkeit (vgl. Brandt 2011).

didaktik für den Zusammenschluss mehrerer, einander verwandter Fächer z. B. im Bereich der exakt-naturwissenschaftlichen oder in den der künstlerischen Disziplinen anwendet. Er nutzt ihn auch für fächerübergreifende Unterrichtsgebiete wie Gesellschaftslehre, Gemeinschaftskunde oder Arbeitslehre sowie für den so genannten »vorfachlichen Unterricht« (ebd., S. 48) wie den Sach- und Sozialunterricht der Grundschule.

Ich belasse es hier entsprechend der Unterscheidung von »allgemein« und »besonders« bei der Differenzierung zwischen Allgemeiner Didaktik und besonderen Didaktiken: Die Allgemeine Didaktik wendet sich den Fragen des Lehren und Lernens auf den unterschiedlichen Theorieebenen zu, die für die Vermittlung jedweder Gegenstandsbereiche und Zielgruppen wesentlich sind und deshalb immer auch gegenstands- und adressatenbezogen beantwortet werden – spätestens bei den konkreten unterrichtspraktischen Umsetzungen.

II

Erziehung – Unterricht – Allgemeine Didaktik

1   Zum Zusammenhang von Erziehung und Unterricht

Die Untersuchung des systematischen Zusammenhangs von Unterricht und Erziehung drängt sich zunächst aus praktisch-pädagogischer Perspektive auf, nämlich dann, wenn es beispielsweise in den immer wieder neu geführten Diskussionen um die Hauptaufgabe von Lehrerinnen und Lehrern – »Unterrichten oder Erziehen?« – geht. Diese Frage entwickelt sich nicht selten zu einer Entscheidungsfrage, indem entweder die Wahl ganz selbstverständlich auf den Unterricht fällt und Erziehung eher als Angelegenheit der Eltern betrachtet wird. Oder es wird hinsichtlich des beruflichen Selbstverständnisses von Lehrerinnen und Lehrern die Erziehung als Additiv zum Unterricht hinzu gefordert, um z. B. Unsicherheiten und Überforderungen der Eltern hinsichtlich geltender Normen und Werte zu kompensieren, oder weil das Auftreten von Gewalt an Schulen ein ernst zu nehmendes Problem darstellt, dem nicht allein durch Unterricht zu begegnen ist. Der Fach*unterricht* hat nach solchem Verständnis die Funktion zu erfüllen, Inhalte und Methoden weiterzugeben, die aus einer Fachlogik resultieren und im Lehrplan verankert sind. *Erziehung* hingegen sei weniger an die Vermittlung von Inhalten gebunden und diene stärker der Gesamtformung der Persönlichkeit entsprechend gültiger Werte- und Normvorstellungen (vgl. Helsper/Keuffer [2]1996, S. 82).

Theorien, die dem folgen, modellieren die Begriffe »Erziehung« und »Unterricht« als disjunkte Begriffe, d.h. sie operieren mit der *These*, dass Erziehung und Unterricht gegensätzliche Begriffe auf einer Abstraktionsebene sind, die nur in den Merkmalen übereinstimmen, die sie eindeutig als einem Gattungsbegriff, der z.B. »Grundformen professionellen Handelns von Lehrerinnen und Lehrern« (Kiper 2001, S. 5) oder »Grundform[en] institutionalisierten pädagogischen Handelns« (Helsper/Keuffer [2]1996, S. 82) lauten könnte, zugehörig ausweisen (Abb. 2).

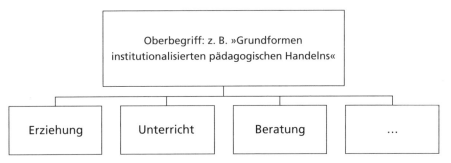

Abb. 2: Veranschaulichung der These: Erziehung und Unterricht sind disjunkte Begriffe

Dieser Gattungs- bzw. Oberbegriff wird in einem der oben genannten Beispiele nach Zuständigkeit ausdifferenziert, indem gefragt wird, für welche Formen pädagogischen Handelns die Lehrer und für welche die Eltern (bzw. Sozialpädagogen, Erwachsenenbildnerinnen usw.) zuständig sind. Im anderen Beispiel ergibt sich der Teilungsgrund aus der Frage nach der Funktion von Erziehung und Unterricht.

Ob auf diese Weise (Abb. 2) der Oberbegriff eindeutig in eine Reihe ihm untergeordneter Begriffe geteilt wird und ob die gefundenen Unterbegriffe »Erziehung«, »Unterricht«, »Beratung« usw. dann auch tatsächlich der begriffslogischen Grundforderung nach reinem Gegensatz ihrer Glieder folgen und nicht einfach nur Ergebnis einer populären Unterscheidung sind, hängt von den zugrunde liegenden Begriffsbestimmungen ab, denen hier nicht weiter nachgegangen werden soll.

Es gibt aber auch Theorien, die Unterricht und Erziehung nicht auf einer Abstraktionsebene miteinander vergleichen. So kommt Johann Friedrich Herbart zu dem Schluss: »[D]ie Bildung des Gedankenkreises ist der wesentlichste Teil der Erziehung« (1806a/²1982, S. 114). Und Klaus Prange (vgl. 2005) arbeitet das Zeigen als Grundform des Erziehens heraus. Die solchen Theorien innewohnende Aussage verhält sich wie eine *Anti-These* zur vorherigen, indem nun behauptet wird, dass Unterricht, z. B. in Gestalt des Schulunterrichts, eine besondere Form von Erziehung darstelle und deshalb der Erziehung strukturlogisch untergeordnet sei (Abb. 3).

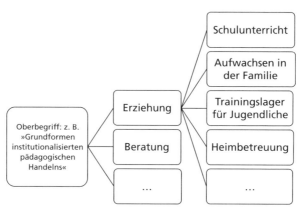

Abb. 3: Veranschaulichung der Anti-These: Schulunterricht ist eine Erscheinungsform von Erziehung und deshalb der Erziehung strukturlogisch untergeordnet

Welche der beiden Thesen für das vorliegende Buch erkenntnisleitend ist, soll nachfolgend entschieden und erläutert werden. Dabei kommen wir nicht umhin, eine begriffliche Basis beginnend mit dem Erziehungsbegriff zu schaffen, wenngleich in der Beschäftigung mit Bestimmungsversuchen einschlägiger Erziehungswissenschaftler und Pädagogen aus Geschichte und Gegenwart sehr schnell klar wird, dass es »den« Begriff der Erziehung nicht gibt:

♦ *Johann Friedrich Herbart* (1804/³1884, S. 187, Hervorh. i. Orig.):
»*Machen, daß der Zögling sich selbst finde, als wählend das Gute, als verwerfend das Böse*: dies, oder nichts, ist Charakterbildung! Diese Erhebung zur selbstbewußten Persönlichkeit soll ohne Zweifel im Gemüt des Zöglings selbst vorgehen, und durch dessen eigne Thätigkeit vollzogen werden; [...]: das ist es, was sich der Erzieher als möglich denken, was zu erreichen, zu treffen, zu ergründen, herbeizuführen, fortzuleiten, als die große Aufgabe seiner Versuche ansehen muß.«

♦ *Otto Willmann* (1876/1980, S. 282f., Hervorh. i. Orig.):
»Die Erziehung [...] besteht in derjenigen fürsorgenden und stellvertretenden Tätig-

keit des erwachsenen Geschlechtes, durch welche es das nachwachsende instand setzt und dazu anhält, sich die Grundlagen der Zivilisation und Kultur, welche die Gesellschaft besitzt, zu eigen zu machen. [...] Die Erziehung ist einesteils die Propagation der Kultur und Gesittung auf das nachwachsende Geschlecht. [...] Anderenteils aber ist es doch die Fürsorge für den Nachwuchs, welche das Treibende bildet. Seine Förderung erscheint als Zweck und jene Güter nunmehr als *Mittel*. [...] Beide Seiten sind untrennbar verbunden: materiale und formale Seite. *An*bildung – *Aus*bildung. Die materiale allein: *Abrichten*. So auch das doppelte *Motiv* der Erziehung: Liebe zur Nachkommenschaft (natürliche, erziehende Liebe gleichsam eine elementare Kraft) – das Interesse an der Gesellschaft, deren Lebensordnung und ihren Kulturinhalten (das soziale Bewußtsein, das Bewußtsein der sozialen Pflichten).«

- *Ellen Key* (1900/1992, S. 76f.):
  »Goethe zeigt schon im ›Werther‹ den klaren Blick für die Bedeutung einer individualistischen und psychologischen Erziehung, den Blick, der das ›Jahrhundert des Kindes‹ auszeichnen wird. [...] Ruhig und langsam die Natur sich selbst helfen lassen und nur sehen, dass die umgebenden Verhältnisse die Arbeit der Natur unterstützen, das ist Erziehung.«

- *Wolfgang Brezinka* ([3]1995, S. 161f.):
  »Unter Erziehung werden Handlungen verstanden, durch die Menschen versuchen, das Gefüge der psychischen Dispositionen anderer Menschen in irgend einer Hinsicht dauerhaft zu verbessern oder seine als wertvoll beurteilten Bestandteile zu erhalten oder die Entstehung von Dispositionen, die als schlecht bewertet werden, zu verhüten. [...] Was zu erreichen bezweckt wird, kann eine relativ einfache Eigenschaft sein (wie z. B. die Fähigkeit, sich selbst die Schuhriemen zu binden) oder ein komplexes Eigenschaftsgefüge (wie z. B. die Beherrschung einer Fremdsprache, eines Handwerks usw.) oder eine bestimmte Verfassung der Gesamtpersönlichkeit (wie z. B. die christliche oder die humanistische Persönlichkeit, der mündige Bürger usw.).«

- *Michael Winkler* (2003, S. 49):
  »Erziehung ist mithin der Versuch, Bedingungen zu organisieren, in welchen sich die Subjekte selbst zu ihrer Subjektivität bilden, auf ihrem eigenen Weg, in ihrer eigenen Zeit.«

- *Wolfgang Schulz* ([12]2006, S. 56):
  »Erziehung definiere ich heute als Bezeichnung für alle jene Interaktionen, mit denen Menschen, Mitglieder einer Gesellschaft, das entwicklungsbedingte Informations-, Verhaltens- und Wertungsgefälle untereinander dauerhaft abbauen wollen, nicht primär, um unmittelbar Aufgaben in Natur und Gesellschaft zu lösen, vielmehr, um insbesondere die jüngeren, orientierungs-, einstellungs- und handlungsunsicheren Interaktionspartner zu befähigen, sich selbst als über sich verfügende Personen hervorzubringen oder wiederzugewinnen, in Auseinandersetzung mit den ökonomischen, gesellschaftlichen und kulturellen Ordnungen, die kritisch aufzunehmen wie mitbestimmen zu lehren und zu lernen gleichermaßen das Ziel ist: Bildung.«

◆ *Ralf Koerrenz* (2010, S. 27):
»Erziehung ist ein intentionales Handeln – ein intentionales Handeln mit einer ganz bestimmten Vorstellung vom Erwachsen-Sein, d. h. von der Teilhabe des Individuums an der Kultur.«

◆ *Armin Bernhard* (2011, S. 155f., Hervorh. i. Orig.):
»Erziehung kennzeichnet vielmehr genau dasjenige Scharnier, über das Natur und Gesellschaft, Entwicklung und Sozialisation, Anlage und Umwelt *intentional* miteinander in Verbindung gebracht werden, um eine Subjektwerdung des Menschen zu ermöglichen, die nicht dem chaotischen Einfluss von Vergesellschaftungsprozessen ausgeliefert ist. Erziehung ist Mediatorin zwischen gesellschaftlichen Reproduktionsanforderungen und kindlichen Entwicklungsbedürfnissen. [...] Es geht um die Gestaltung der Entwicklung des Kindes in Abstimmung mit den spezifischen Zwängen und Anforderungen der Gesellschaft mit dem Zweck der Herausführung aus Abhängigkeit.«

◆ *Klaus Prange* (2012, S. 81ff.):
»Worin besteht nun das eigentümlich pädagogische Verhalten, sozusagen die ›einheimische Operation‹ des Erziehens [...]? Es ist, [...], das Zeigen [...]. Das ist in der Tat die herkömmliche und keineswegs überholte Vorstellung dessen, worum es in der Erziehung geht: Darstellung der Welt [...], um sich in ihr einigermaßen selbständig behaupten zu können. [...] Fehlt das Darstellen und das Zeigen, dann keine Erziehung. [...] Zeigen ist ein Prädikat mit drei Leerstellen (wer, was, wem), anders als das Lernen. Lernen ist primär ein zweistelliges Prädikat. ›Ich lerne etwas‹. [...] Das Erziehen [...] bemächtigt sich des Lernens, um es zu beschleunigen, zu kontrollieren und vor allem auch: um es zu begrenzen. Für diese Operation gibt es ein Subjekt des Zeigens (wer), ein Thema (was) und einen Adressaten (wem).«

Die Reihe der Definitionen ließe sich weiter vervollständigen. Wesentliche Unterschiede treten jedoch bereits bei dieser Auswahl zu Tage: Beispielsweise spiegelt sich das unterschiedliche Wissenschaftsverständnis der Autoren in der Einbindung von normativen bis ideologiekritischen Orientierungen in die Begriffsbestimmung auf der einen Seite sowie in der Absicht, wertneutral[15] zu definieren, auf der anderen Seite wider. Damit geht die Ungleichheit hinsichtlich der Kennzeichnung der beteiligten Akteure einher: Ein Teil der Definitionen beschränkt sich auf das Generationenverhältnis; d. h. Erwachsene erziehen, Kinder und Jugendliche werden erzogen. Andere Autoren formulieren offener, sprechen von »Menschen«

---

15 Dazu Prange 2012, S. 79: »Was meinen wir, wenn wir von ›Erziehung‹ sprechen? Und zwar vernünftiger- und richtigerweise, nicht dann, wenn wir uns ein Ideal ausdenken und von Verhältnissen schwärmen, die sein sollten, aber leider nicht sind? Die leitende Frage ist, wie die Erziehung überhaupt funktioniert, woran man sie erkennt, aus welchen Operationen sie besteht.«

(Brezinka) oder dem »Subjekt des Zeigens«/»Adressaten« (Prange), was u. a. bedeutet, dass Erwachsene ebenfalls erzogen werden können – übrigens auch von Kindern. Eine weitere Differenz betrifft die Gewichtung von sozialer und individualistischer Betrachtungsweise des erzieherischen Verhältnisses. Wird einseitig individualistisch argumentiert und damit unterschätzt, dass Individuen für ihre physische und psychische Entwicklung der menschlichen Gemeinschaft bedürfen und umgekehrt? Oder überwiegt – ähnlich verengend – das Interesse am Erhalt von Lebensordnungen und Kulturinhalten einer Gesellschaft, z. B. in Gestalt einer Staatspädagogik? Oder wird der Zu-Erziehende als gesellschaftliches Mitglied mit eigenen Ansprüchen und persönlichem Gestaltungswillen betrachtet – regen also die Definitionen an, individualistische und soziale Aspekte des Phänomens Erziehung in ihrer Dialektik zu betrachten und zu analysieren?

Nun zeichnen sich Definitionen dadurch aus, dass man ihnen keinen Wahrheitswert zuordnen kann; es sind einfach Festlegungen, innerhalb derer man sich mit seinen Argumenten und Berechnungen bewegt. Es gibt gute Gründe, sich für oder gegen diese oder jene Bestimmung zu entscheiden, aber über Wahrheit kann hier nicht befunden werden. Trotzdem ist eine begriffliche Basis nötig, um einigermaßen sicherzustellen, dass wir über das Gleiche reden bzw. in unseren vorsichtigen Annahmen verstanden werden.

Bei aller Verschiedenheit der aufgelisteten Erziehungsdefinitionen lässt sich mit Hilfe der Positionen Michael Winklers so etwas wie eine Schnittmenge an Merkmalen herauskristallisieren, die einen Minimalkonsens beschreibt. Danach ist Erziehung strukturlogisch durch mindestens drei Merkmale gekennzeichnet (vgl. Coriand 2014, S. 5f.):

- *Erstens* ist Erziehung ein Geschehen zwischen den Generationen, das aufgrund der anfänglichen Totalverantwortung für das Kind unmittelbar nach seiner Geburt immer wieder auftritt. Der Mensch, der in eine »geschichtliche, gesellschaftlich determinierte, sozial und kulturell kodierte Welt hineingeboren« wird, »die sich nicht unmittelbar selbst expliziert«, benötigt in dieser Situation wegen seines »Status einer Frühgeburt« existentiell Zuwendung und Pflege (vgl. Winkler 2006, S. 77).
- *Zweitens* erfolgt das Zusammenwirken der beteiligten Personen keineswegs unmittelbar und direkt, sondern über ein gegenständliches Moment; Michael Winkler und Wolfgang Sünkel sprechen vom dritten Faktor der Erziehung (vgl. Winkler ^{2}1996, S. 65; Sünkel 2011, S. 41). Erzieher wie Zögling treffen – formal betrachtet – in der »Objektivität der Welt«, die sich »zunächst in ihren natürlichen Bedingungen, dann in der Verbindlichkeit von Gesellschaft und Kultur« zeigt, aufeinander

41

und können sich dieser nicht entziehen. Natur, Kultur und Gesellschaft bilden »das Feld von Möglichkeiten, die wahrgenommen werden müssen und über die Entscheidungen stattfinden« (vgl. Winkler 2006, S. 184). Es stellt sich die klassische Zielfrage (Schleiermacher): Was will die ältere Generation mit der jüngeren? Die ältere Generation gibt etwas aus der sie umgebenden natürlichen, kulturellen und gesellschaftlichen Welt weiter, damit die jüngere zunehmend befähigt wird, in dieser Welt auf eine gewisse Art – in Abhängigkeit von antizipierten Zwecken und Zielen – leben zu können. Erziehung hat demzufolge mit der Tätigkeit des Vermittelns zu tun.

- *Drittens* ereignet sich Erziehung nur, wenn beide Seiten zusammenwirken, d. h. wenn auch angeeignet wird. Lässt sich der Zu-Erziehende nicht auf den Erzieher und seine Lernangebote ein, dann findet Erziehung nicht statt. Winkler (vgl. [2]1996, S. 65) fasst in Anlehnung an Sünkel dieses Merkmal in den Begriff der Bisubjektivität. Im »dritten Faktor« muss derjenige, auf den die Erziehung gerichtet ist, »einen Zusammenhang entdecken können, der für [ihn] selbst Gewicht hat, weil [er] mit ihm ein soziales und kulturelles Netz identifizieren kann, in welchen [er] eingebunden ist und in welches [er] sich selbst verstricken kann« (Winkler 2006, S. 277).

Das begriffliche Skelett, das aus dem Vergleich der Definitionen als Minimalkonsens hervorgegangen ist, lässt sich wie in Abbildung 4 dargestellt veranschaulichen.

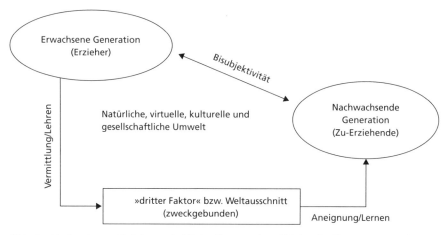

Abb. 4: Merkmale von Erziehung als Minimalkonsens begrifflicher Bestimmungsversuche

Hinsichtlich der eingangs vorgestellten Thesen (Abb. 2 und 3) zeigt die modellhafte Reduktion zugleich, dass Unterricht – zumindest der Schulunterricht[16] – *eine* Erscheinungsform von Erziehung darstellt und Erziehung nicht etwas Nebulöses ist, das abgesondert von oder irgendwie zusätzlich im Unterricht stattfindet. Die drei Hauptmerkmale sind identifizierbar: Im Unterricht steht ein zweck- bzw. zielabhängiger Aneignungsgegenstand im Mittelpunkt, und während seiner Vermittlung und Aneignung gehen Lehrer (ältere, den Unterricht verantwortende Generation) und Lerner (jüngere Generation) miteinander (Bisubjektivität) um. Erziehung beginnt also nicht erst dann, wenn die hehren Ziele ins Spiel kommen, denn für Werte und Normen sollte man sich entscheiden dürfen und vor allem *können*. Dafür braucht es zunächst Wissen und Urteilsvermögen, wofür der Unterricht mit seinem ganzen fachlichen Spektrum zuständig ist.

Allerdings erweckt diese Darstellung insbesondere durch die Richtungspfeile – bezogen auf die Erziehungsform des Schulunterrichts – den Anschein, dass die Schülerinnen und Schüler lediglich die Position von reagierenden Akteuren innehaben, die dem Unterricht in erster Linie ausgesetzt sind. Das Merkmal der Bisubjektivität würde sich dann auf der Lerner-Seite im »Mitspielen« nach den Regeln der Lehrerinnen und Lehrer oder in der Verweigerung ihrer Lernangebote erschöpfen. Nun gibt es in der pädagogischen Praxis eine Reihe von Situationen, die dieser Einbahnstraße widersprechen: Die Lerner werden aufgrund ihrer unterschiedlichen Kenntnisse, Fähigkeiten, Kultur- und Werteerfahrungen in die Unterrichtsgestaltung einbezogen, wobei das Ausmaß und die Qualität der Beteiligung natürlich stark von der didaktischen Kompetenz und der verfolgten pädagogischen Absicht der professionell Lehrenden abhängen. Währenddessen nehmen die Schüler, wenn auch in unterschiedlicher Weise und Intensität, bewusst auf ihre Mitschülerinnen und Mitschüler Einfluss. Das geschieht z. B., indem sie sich in Gruppenarbeit gegenseitig belehren bzw. sich etwas erklären, Vorträge halten oder sich bemühen, durch vielfältige Präsentationsformen andere für die Ergebnisse und erwo-

---

16 Das Feld der Allgemeinen Didaktik erschöpft sich natürlich nicht in schulischen Lehr-Lern-Prozessen, aber entsprechend des vorgenommenen Vergleichs von Erziehungsdefinitionen mit dem Ziel, die Strukturmerkmale herauszufinden, die *allen* untersuchten Definitionen gemeinsam ist, bleibt Erziehung zuallererst eine Aufgabe der Erwachsenen gegenüber den Nachwachsenden. Damit gerät z. B. die Unterrichtung Erwachsener an dieser Stelle noch nicht in den Blick der Allgemeinen Didaktik.

genen Konsequenzen ihrer Projektarbeit zu interessieren. Die primär Lernenden führen Experimente vor, planen bei der Gestaltung von täglichen Übungen Aufgaben für ihre Mitschüler und vieles mehr. Die Frage, die sich daraus ergibt, ist die: Kann man die bewusste Beeinflussung (positive wie negative) der nachwachsenden Generation untereinander ebenfalls als Erziehung bezeichnen? – Wohl wissend, dass die Erziehung, die von Erwachsenen allgemein und speziell von der pädagogisch gebildeten Profession ausgeht, jeweils von besonderen Qualitäten getragen sein sollte, die aus der Verantwortung gegenüber dem unmündigen Nachwuchs resultiert. Außerdem liegt es auf der Hand, dass die Frage weitreichender gestellt werden kann, nämlich dahingehend: Wie steht es mit einer zeitweisen Umkehrung der Kompetenzverhältnisse innerhalb der Generationen? Ist die damit verbundene intentionale Handlung von Heranwachsenden gegenüber Erwachsenen ebenfalls Erziehung?

Betrachten wir nur den rasanten Fortschritt der Informationstechnologie: In dem Zusammenhang ist es nicht ungewöhnlich, dass Eltern ganz bewusst von ihren Kindern lernen bzw. sie von ihren Kindern in die Nutzung verschiedenster Computerprogramme oder Lernplattformen eingeführt werden. In Sachen technischer Medienkompetenz können Eltern oder auch Lehrer und Lehrerinnen natürlicherweise nicht immer einen Kompetenzvorsprung gegenüber den Jugendlichen erwerben. Zudem machen es Projektarbeit und digitale Medien möglich, dass Schülerinnen und Schüler zu Experten auf Gebieten werden, die ihren Lehrern weniger vertraut sind. In solchen Fällen wäre es pädagogisch wenig einsichtig, die umgekehrten Kompetenzverhältnisse nicht für eine Beteiligung der Lerner an der Auswahl des »dritten Faktors« und der Art und Weise seiner Vermittlung zu nutzen.

Vor diesem Hintergrund dient der hier angestrebten erziehungstheoretischen Grundlegung der Allgemeinen Didaktik ein Erziehungsbegriff, der die in der Abbildung 5 vorgenommene konsensbedingte Einschränkung, dass nur Erwachsene Nachwachsende erziehen, wieder aufhebt: Dem folgend definiert sich Erziehung durch die Merkmale, dass *Menschen* gemeinschaftlich mit der Vermittlung und Aneignung (*Bisubjektivität*) eines von der Natur, Kultur oder Gesellschaft geprägten *Dritten* beschäftigt sind, das ein Mensch oder eine menschliche Gemeinschaft in bestimmter Absicht für weitergebenswürdig an andere erachtet. Dementsprechend wird die Abbildung 5 diesem erziehungsbegrifflichen Zugang zur Allgemeinen Didaktik angepasst.

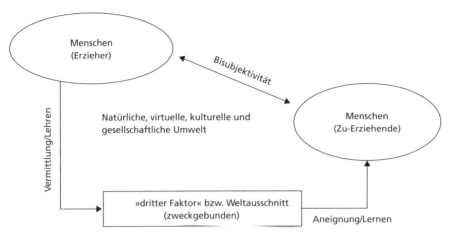

Abb. 5: Erziehung – das der Publikation zugrunde liegende begriffliche Gerüst

Die Erweiterung der Erziehungsdefinition die Akteure betreffend ändert nichts an der hier entwickelten und vertretenen These, dass Unterricht eine Erscheinungsform von Erziehung darstellt und deshalb der Erziehung strukturlogisch untergeordnet ist. Allerdings gilt das nun für jede Art des Unterrichts und nicht nur für den Schulunterricht. Grundlage bildet zudem der Anschluss an den heuristischen Unterrichtsbegriff nach Wolfgang Sünkel, den er einführt, um das Phänomen des Unterrichts von anderen menschlichen Lebensphänomenen unterscheiden zu können (vgl. Sünkel [2]2002, S. 18). In dem Zusammenhang unterscheidet er zwei Klassen von Lernen: »Dasjenige Lernen, welches in Situationen geschieht, die einen anderen Hauptzweck als das Lernen haben, heißt: informelles Lernen [...] Die Situation aber, deren Hauptzweck das Lernen selber ist, heißt: Unterricht; Unterricht ist der Inbegriff aller Situationen des formellen Lernens« (ebd., S. 39). Danach lassen sich Schulunterricht, Weiterbildungsveranstaltungen, Vorlesungen, Seminare, Volkshochschulkurse, das Vertrautmachen des Vaters mit dem Computerprogramm Keynote durch die Tochter im Umfeld der Familie oder das Lesen eines Lehrbuchs als Exempel für besondere Erscheinungsformen des Unterrichts unterscheiden. Die von Sünkel in Anlehnung an Eduard Spranger erzählte Bogenschnitzer-Parabel (vgl. ebd., S. 35ff.) beschreibt – in Analogie zu informellem und formellem Lernen – einen notwendig gewordenen Übergang von einer Arbeitssituation in eine Lehrsituation, um eine mögliche Situation der historischen Geburt des Unterrichts vorstellbar zu machen.

45

Das entstandene wertneutrale Begriffsgerüst (Abb. 5) erfährt in der pädagogischen Praxis in Abhängigkeit von den in den pädagogischen Handlungsfeldern antizipierten Zielen sowie verwendeten Inhalten und Methoden eine unendliche Vielfalt der Ausgestaltung, die letztlich immer Ausdruck eines bestimmten Erziehungsverständnisses ist. Somit wird abschließend terminologisch zwischen *Erziehungsbegriff* und *Erziehungsverständnis* differenziert: Der Erziehungsbegriff kennzeichnet die objektiv bestimmbaren Merkmale von Erziehung; das Erziehungsverständnis ist Ausdruck einer subjektiven normativen Aufladung des Begriffs und bedingt somit Nachdenken und Reflexion über Erziehung: »Erziehung geschieht, aber muss gewollt sein, der Normativität entkommt man nicht« (Winkler 2006, S. 7).

2 Grundfragen der Allgemeinen Didaktik

Um das Feld der Didaktik im Bereich von Erziehung und Unterricht systematisch eingrenzen zu können, wird das begriffliche Gerüst zu Erziehung (Abb. 5) weiter reduziert: Erziehung setzt sich aus einer sachlichen Komponente (»dritter Faktor«) sowie einer personalen (Menschen gehen miteinander um) zusammen. Den erziehenden Lehrenden fallen zwei allgemeine Aufgaben zu, nämlich zum einen das Lernen am Gegenstand zu organisieren sowie zum anderen den dabei zeitgleich stattfindenden Umgang zwischen den Erziehungsbeteiligten dem Zweck entsprechend zu gestalten.

Der »dritte Faktor« bringt zum Vorschein, dass »ein Zug der Didaktisierung« (Winkler 2006, S. 277) in die Erziehungsverhältnisse hineinwirkt, und rückt den von Herbart bestimmten Gegenstand der Didaktik wieder ins Bewusstsein: Es muss »etwas Drittes zwischen Erzieher und Zögling in die Mitte gestellt werden als ein solches, womit dieser von jenem beschäftigt wird. So etwas heißt *unterrichten.* Das Dritte ist der Gegenstand, *worin* unterrichtet wird. Der hierher gehörige Teil der Erziehungslehre ist die Didaktik« (1814/²1982, S. 262, Hervorh. i. Orig.).

Modern gewendet soll der dritte Faktor »gezeigt« werden (vgl. Prange 2012); dazu bedarf es der Didaktik im Sinne der »Technologie des Erziehens« (Prange 2005, S. 51).

Der systematischen Vollständigkeit wegen sei angemerkt, dass die erziehungswissenschaftliche Teildisziplin, die sich mit der Ausgestaltung der persönlichen Führung und des Umgangs der Akteure beschäftigt, als Hodegetik bzw. Führungslehre bezeichnet und in Anknüpfung an Herbarts Lehre von der sittlichen Charakterbildung (vgl. Herbart 1814/²1982, S. 263) z. B. durch Karl Volkmar Stoy wissenschaftstheoretisch etabliert wurde – wenn auch nur auf begrenzte Zeit.[17] Das Gemeinsame sowie vor allem das methodologisch und pädagogisch Bemerkenswerte dieser Systementwürfe besteht darin, dass die Hodegetik und die Didaktik insofern miteinander verflochten sind, als dass einerseits der durch die didaktische Tätigkeit ausgewählte, strukturierte und gelehrte Unterrichtsgegenstand hinsichtlich seiner Bedeutung für die Findung und Durchsetzung individueller und sozialer Lebenspläne zu rechtfertigen ist. Andererseits hat die Führung als »Schule des Wollens« (Stoy 1861/²1878, S. 86) und der Charakterbildung, mit der »der Unterricht als Schule der Einsicht fest rechnet« (ebd.), durch die Schaffung von Handlungsgelegenheiten mit Wahloption für die Erlebbarkeit der Relevanz des sachlich Gelernten im Umgang der Menschen zu sorgen.

Konzentrieren wir uns nun auf den sachlichen Aspekt von Erziehung, dem hauptsächlichen Gegenstandsbereich der Didaktik, und blenden den personalen aus. Die systematische Betrachtung erlaubt diese Fokussierung, wenngleich in der realen pädagogischen Praxis Sache und Umgang nicht voneinander zu trennen sind. Eine weitere Einschränkung soll insofern gelten, als dass die nachfolgenden Betrachtungen zu den didaktischen Grundproblemen vor allem auf den institutionalisierten Lehr-Lern-Bereich bezogen sind.

Die Allgemeine Didaktik befasst sich also schwerpunktmäßig mit einem Ausschnitt aus der uns umgebenden natürlichen, auch virtuellen, kulturellen und gesellschaftlichen Welt, mit dem Kinder, Jugendliche und Erwachsene aus bestimmten Gründen vertraut gemacht werden sollen. Dieser Aneignungsgegenstand ist *auszuwählen, zu strukturieren* und *zu vermitteln*. Somit bearbeitet die Allgemeine Didaktik mindestens drei Grundfragen (Abb. 6, S. 48):

1. Sie untersucht die Prinzipien und Resultate der Stoffauswahl.
2. Danach steht die sachlogische Strukturierung des Aneignungsgegenstandes an. Zugleich ist der Stoff in eine pädagogische Abfolge zu bringen.

---

17 In der heutigen Erziehungswissenschaft spielt die Hodegetik nur noch in historischen Kontexten – z. B. im Rahmen der Herbartianismus-Forschung – eine Rolle.

3. Schließlich ist das Ausgewählte und Strukturierte zu »zeigen« (Prange), d. h. die dritte Grundfrage betrifft die Unterrichtsmethoden – die Medien eingeschlossen.

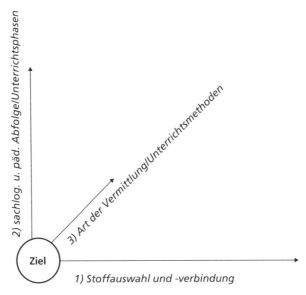

Abb. 6: Grundfragen bzw. Dimensionen der Allgemeinen Didaktik

Alle drei Dimensionen der Allgemeinen Didaktik (Auswahl, Abfolge und methodische Umsetzung), die hier aufgezeigt werden, sind höchst komplexe Lehr- und Forschungsgebiete. Deren Ausgestaltung in der Unterrichtspraxis ist außerdem grundsätzlich zielabhängig. In der didaktischen Fachsprache wurde dafür der Begriff »Ziel-Inhalt-Methode-Relation« (Meyer 2002, S. 111) geprägt. Ziele, Inhalts- und Methodenentscheidungen müssen in sich stimmig sein.

2.1 Stoffauswahl und -verbindung

Die Prinzipien der Stoffauswahl spielen in großen Planungszusammenhängen ebenso eine Rolle wie bei der ganz individuellen, konkreten Gestaltung von Lehrveranstaltungen.

Auf der Makroebene »Bildungsinstitution« und in Relation zum Grad der Wahlfreiheit[18] eines solchen Besuchs geht es um die Entscheidung für einen bestimmten Fächerkanon oder um die Bestimmung fachübergreifender Problemkreise. Dabei werden unter Berücksichtigung vor allem zweier Perspektiven Lehrpläne, Kursprogramme oder Modulhandbücher konstruiert: Sachgemäßheit sowie Interessen einschließlich der verfolgten Ziele der Bildungsinstitutionen. Zur *Sachadäquanz* gehören Auswahlüberlegungen hinsichtlich der gegenseitigen Abhängigkeit von Fächern und Wissensgebieten. Physik und Chemie, aber auch Geographie, Biologie und andere Lehrbereiche benötigen die Mathematik als Hilfswissenschaft. Die Biologie bedient sich physikalischer Gesetzmäßigkeiten und chemischer Erkenntnisse u. v. m. Die allgemeinen *Zwecke und Interessen der Bildungsinstitutionen* speisen sich insbesondere aus Pädagogik, Politik, Kultur i. e. S. und Wirtschaft. Daraus leiten sich z. B. Fragen nach der Profilbildung von Studienrichtungen ab. So wäre denkbar, dass sich eine Universität im Lehramtsstudiengang für den Profilschwerpunkt »Umgang mit Heterogenität« entscheidet und entsprechende Inhalte für die Module konzipiert. Private Bildungsanbieter müssen sich explizit auf die Interessen ihrer Kunden einstellen; ihr Programmangebot beispielsweise für ein Leadership-Training wird sich neben dem Sachbezug auch an so genannten Firmenphilosophien zu orientieren haben. Die Planungsvorgaben für den Schulunterricht wiederum bilden ein bestimmtes Erziehungs- und Bildungsverständnis ab: Es macht einen deutlichen Unterschied, ob beabsichtigt wird, dass Schülerinnen und Schüler ein Minimum an Kulturtechniken erwerben sollen, um sich in die Gesellschaft einpassen zu können, oder ob man über ein breites Fach- und Sachspektrum Zukunftschancen eröffnen will, weil die Lerner mittels einer umfassenden Allgemeinbildung befähigt werden sollen, sich ihre Lebenszwecke selbst setzen und am eigenen Lebensentwurf arbeiten zu können. Stoffauswahlfragen werden darüber hinaus von konkreten Schulprofilentscheidungen beeinflusst. Man denke an den Sportunterricht im Konzept der Allgemeinbildung im Vergleich zum Sportunterricht einer Spezialschule, deren Schulprogramm die Förderung sportlicher Talente ins Zentrum der pädagogischen Arbeit rückt.

---

18 Man bedenke die Schulpflicht oder die Verpflichtung des Arbeitnehmers gegenüber dem Arbeitgeber beim Besuch einer Schulungsveranstaltung im Vergleich zum in freier Entscheidung gewählten Besuch eines Volkshochschulkurses oder einer Ringvorlesung.

Auch auf der Mikroebene der konkreten Stunden-, Seminar- oder Kurs-
planung treffen wir solche sachbezogenen und pädagogischen Auswahlkriterien an. Ein Literaturlehrplan beispielsweise thematisiert verschiedene
Textsorten wie Kinder- und Jugendbücher, Gedichte und Novellen aus
den Bereichen Phantasie, Science-Fiction und klassische Literatur, ohne
einen konkreten Text vorzuschreiben. Lehrerinnen und Lehrer verfügen
über Wahlmöglichkeiten,

* die sie *sachgerecht* zu nutzen verstehen, indem sie z. B. für die Behandlung von Novellen ein entsprechendes Exempel heraussuchen, anhand
  dessen sich die Merkmale gut erkennen lassen, um die Novelle von anderen Erzählungen – wie Fabel oder Schwank – unterscheiden zu können.
* Lehrende lassen sich bei ihren Entscheidungen außerdem von *pädagogischen* Gesichtspunkten leiten – nämlich: Was würde meine Schüler und
  Schülerinnen interessieren, ihnen helfen, ihre Umwelt und sich selbst
  besser zu verstehen; was fördert ihre Bindung zur Literatur?

Bezogen auf ein Seminar zum Thema Unterrichtsqualität gehört es zur
sachadäquaten Auswahl, zu bedenken, dass inhaltlich nicht nur normative
und wertende Aspekte (Was ist »guter« Unterricht?) im Zentrum des Seminars stehen, sondern die deskriptive Dimension von Unterricht mindestens genauso wichtig ist. Diese findet Berücksichtigung in der Beantwor-
tung solcher Fragen wie:

* Welche Bedingungen treffe ich als Lehrender an?
* Welches Rüstzeug setzt mich überhaupt erst instand, zu unterrichten,
  und zwar zunächst unabhängig davon, ob das jemand (Vertreterinnen
  der Wissenschaft, Bildungspolitik, Kollegen, Seminarleiterin, Kommili-
  tonen oder Schulleitung) oder ich gut finden oder nicht?

Hierzu sind Kenntnisse über Bedingungsanalysen und Methoden des Unterrichts angesprochen. Sicher wird niemand bestreiten, dass ein Merkmal
guten Unterrichts die Realisierung von Methodenvielfalt sein kann. Aber
diese Norm ist unbrauchbar, wenn man nur wenige Methoden kennt und
zudem nicht im Blick hat, dass der Einsatz von Methoden ziel- und inhalts-
abhängig ist. Auch ist wohl kaum der These zu widersprechen, dass sich guter Unterricht durch die Ermöglichung individueller Förderung auszeich-
net. Nur was fängt der künftig Lehrende mit dieser Erkenntnis an, wenn er
sich seiner Möglichkeiten nicht bewusst ist? Die systematische Entwicklung
eines unterrichtsmethodischen Möglichkeitsansatzes differenzierten Arbei-

tens als Handlungsorientierung und Entscheidungshilfe im Unterrichtsalltag könnte also ebenfalls zum Seminarinhalt gehören. Neben diesen fachgerechten spielen auch in der Hochschuldidaktik *pädagogische* Zugänge eine Rolle: Es geht beispielsweise in einer didaktischen Vorlesung oder in einem didaktischen Seminar nicht darum, ein ganz bestimmtes didaktisches Modell (z. B. ein konstruktivistisches) nahezulegen. Vielmehr soll der Einblick in die Vielfalt der Modelle eine individuell begründete Auswahl durch kritische Auseinandersetzung anregen. Jede Form von Unterricht enthält die persönliche Handschrift des jeweils Lehrenden und wird von ihm verantwortet, deshalb ist die Entwicklung einer persönlichen Berufsauffassung, eines Berufsethos ein pädagogisches Kompetenzkriterium.

2.2 Unterrichtsphasen im Fokus ihrer allgemeindidaktischen Funktionen

Wenden sich die Akteure des Unterrichts z. B. auf der Mikroebene »Unterrichtsstunde« einem Thema vertiefend zu, dann ist der Stoff zu gliedern. Womit beginne ich; womit schließe ich ab? Auch diese Entscheidung hängt von speziellen, nur das jeweilige fachliche Gebiet betreffenden Kriterien ab. Einfaches Beispiel: Es macht wenig Sinn, in die Bruchrechnung einzuführen noch bevor die Grundrechenarten bekannt sind und beherrscht werden.

Die Frage nach der unterrichtlichen Abfolge hängt aber ebenso von allgemeinen, alle Fächer betreffenden Kriterien ab. Aus pädagogischer Perspektive stellt sich die Frage, wie das Lernen unterstützt und erleichtert werden kann. Es gilt die spezielle fachlogische Abfolge mit der pädagogischen zu kombinieren. Das pädagogische Nacheinander wird durch die allgemeinen didaktischen Funktionen bestimmt, die die einzelnen Phasen des Unterrichts erfüllen sollen:

- Einführung in den neuen Stoff,
- Zielorientierung und Motivierung,
- Erarbeitung bzw. Arbeit am neuen Stoff,
- Festigung (Übung, Wiederholung) des neuen oder länger zurückliegenden Stoffes,
- Zusammenfassung, Ergebnissicherung,
- Anwendung,
- Systematisierung,
- Leistungsermittlung und Leistungsbewertung.

Die hier vorgenommene Reihenfolge der Unterrichtsschritte gemäß ihrer didaktischen Funktionen ist weder bindend noch sind die einzelnen Phasen bezogen auf eine Lehrveranstaltung – sei es eine 45-minütige Unterrichtsstunde oder der anderthalbstündige Volkshochschulkurs – gleich zu verteilen, noch bildet jede Phase eine didaktische Funktion »in Reinkultur« ab. So können Leistungsermittlungsphasen ebenso wie Teilzusammenfassungen die Erarbeitungsphasen formal unterbrechen, um ein Feedback darüber zu erhalten, inwieweit das erarbeitete Pensum verstanden wurde, und um dieses Verständnis mittels Teilzusammenfassung zu festigen. Auch kann es pädagogisch begründet sein, mit einer Übung zu beginnen und daran eine Leistungsbewertungsphase, beispielsweise in Form einer mündlichen Überprüfung oder in Form eines schriftlichen Tests, anzuschließen. Ein 90-minütiges Seminar kann zudem nahezu vollständig der Anwendung dienen; in dem Fall spricht man von der das Seminar dominierenden didaktischen Funktion. Nicht zuletzt ist die Anwendung als motivierender Einstieg in ein neues Gebiet denkbar usw.

Trotz der Flexibilität in der didaktischen Strukturierung des Unterrichts ist es für die bewusste Initiierung und Unterstützung eines umfassenden Lernprozesses jedoch sinnvoll, alle genannten didaktischen Funktionen im Lehrkonzept zu berücksichtigen. Lothar Klingberg, aus dessen didaktischer Theorie der Begriff der didaktischen Funktionen entlehnt ist, spricht in dem Zusammenhang von einem »Kreislauf«, der den »Grundrhythmus des didaktischen Prozesses verdeutlicht« (Klingberg [2]1984, S. 82).

Solche Überlegungen zum inhaltlichen Nacheinander betreffen auch die Planungen in größeren Zeiträumen. Das heißt, Stoff- und Trainingseinheiten oder Jahreslehrgänge müssen in den zentralen Planungsvorgaben ebenfalls sachlogisch und didaktisch stimmig sein.

2.3 Art und Weise der Vermittlung

Ist der Aneignungsgegenstand nach bestimmten Kriterien ausgewählt und strukturiert, steht die Frage nach seiner Vermittlung an. Wie gestalte ich den Lehren-Lernen-Prozess? Das Methodenrepertoire ist groß und der Bedarf nach einer systematischen Orientierungshilfe auf dem »Markt der Möglichkeiten« in Form von Klassifikationen ebenso. Viele Autoren haben sich aktuell mit diesem wissenschaftlichen Zugang zur hier angesprochenen dritten Grundfrage der Allgemeinen Didaktik befasst und eine Reihe von systematischen Ordnungsversuchen hervorgebracht, über deren Schlüssigkeit diskutiert wird (vgl. z. B. Saalfrank 2011). Die Schwierigkeit einer ordnenden Klassifizierung von Unterrichtsmethoden besteht darin, dass es nicht logisch zufriedenstellend gelingt, die Vielzahl der Unterrichtsmethoden auf verschiedenen Abstraktionsebenen in disjunkte Abteilungen aufzuteilen. Vergleicht man zudem die gegenwärtige Methodenliteratur mit einschlägigen allgemeindidaktischen Publikationen aus der Geschichte, so fällt ein gravierender begrifflicher Wandel auf, aus dessen Auseinandersetzung sich jedoch für die Diskussion um Stringenz und logisch eindeutige Hierarchisierungen von Kategorien in aktuellen Systematisierungen konstruktive Impulse ergeben. Kehren wir also für die systematische Einführung in diese allgemeindidaktische Grundfrage zunächst noch einmal kurz zu zwei der Autoren aus der Disziplingeschichte zurück, die für einen Anfang der Etablierung der Allgemeinen Didaktik als akademisches Fach stehen und die die Didaktik in Abhängigkeit von der jeweils begründet gesetzten wissenschaftstheoretischen Prämisse folgerichtig entfalteten.

Johann Friedrich Herbart und Karl Volkmar Stoy beherrschten die logischen Regeln der Begriffsbildung und haben danach konsequent ihre pädagogisch-systematischen Hauptschriften verfasst (vgl. Herbart 1806a/[2]1982 u. Stoy 1861/[2]1878; vgl. dazu Coriand 2000, S. 58–61; Coriand 2013). Einen Begriff zu definieren bedeutet nach Herbart, die Stellung eines Begriffs unter den übrigen Begriffen sowohl durch Subordination (Unterordnung) als auch Koordination (Beiordnung bzw. Auffindung von disjunkten Begriffen auf gleicher Abstraktionsebene) anzugeben (vgl. Herbart [2]1808/ [2]1989, S. 218). Die Logik verwende zur Beschreibung des Verhältnisses von Über- und Unterordnung einige »Kunstworte« wie »Inhalt und Umfang; Gattung und Art; höhere und niedere Begriffe, jene enthalten *in* diesen, diese *unter* jenen; Abstraction und Determination; Subordination und Coordination« (Herbart 1813/[2]1989, S. 71, Hervorh. i. Orig.). Dementsprechend stehen Inhalt und Umfang der Begriffe in einem umgekehrten Verhältnis zueinander: »Der Inhalt eines Begriffs ist die Summe seiner Merkmale; der Umfang, die Menge der andern Begriffe, worin jener als Merkmal vorkommt; dergestalt, daß der Inhalt wächst wie der Umfang abnimmt, und rückwärts« (ebd.). Mit anderen Worten (vgl. Coriand 2006, S. 8f.): Fügt man dem Gattungsbegriff (z. B. konvexes Viereck) inhaltlich ein Merkmal hinzu (nämlich konvexes Viereck mit mindestens einem Paar paralleler Seiten), dann gelangt man durch Determination zu einem speziellen Artbegriff (Trapez) mit geringerem Umfang (aus der Menge aller konvexen Vierecke interessieren nur die Trapeze). Wird der Umfang eines Begriffes durch eine »Reihe ihm untergeordneter Begriffe« angegeben, so schreibt Herbart von der »Eintheilung« des Begriffs, wofür ein »Eintheilungsgrund (fundamentum divisionis)« erforderlich sei (vgl. Herbart 1813/

[2]1989, S. 73). Die aus der Einteilung hervorgegangenen Unter- bzw. Artbegriffe entsprechen den determinierenden Merkmalen, die dem einzuteilenden Ober- bzw. Gattungsbegriff angefügt wurden. Oder anders formuliert: Die disjunkten Artbegriffe verfügen über ein gemeinsames Merkmal, das sie eindeutig als dem Gattungsbegriff zugehörig ausweist. »Dieses Merkmal ist der Eintheilungsgrund, oder dasjenige, worauf die Aufmerksamkeit fortdauernd gerichtet bleiben muß, während man die Theilungsglieder angiebt. Hieraus folgt, dass jede Eintheilung eine frühere, die des Theilungsgrundes, voraussetzt« (ebd.).

Auf das Klassifikationsproblem von Unterrichtsmethoden angewendet unterscheidet Herbart zwei Gruppen von Vermittlungsweisen – die »Manieren des Unterrichts« (Herbart 1806a/[2]1982, S. 71f.) und den »Gang des Unterrichts« (ebd., S. 73–93). Mit Manieren nähert sich Herbart »der eigenen Beweglichkeit« (ebd., S. 72) beim Fragen, im Vortrag, beim Dozieren, im Scherz und Pathos, in der »geschliffene[n] Sprache« oder im »scharfe[n] Akzent« (ebd.). Hier obliegt die Wahl der Mittel dem Lehrenden entsprechend seines reflektierten Vermögens: »Diejenige Manier ist die beste, welche am meisten Freiheit gibt *innerhalb* des Kreises, den die vorliegende Arbeit zu bewahren nötigt. [...] Jeder hat *seine* Weise, welche er nicht zu weit verlassen kann, ohne die Leichtigkeit zu verlieren« (ebd., Hervorh. i. Orig.). Sehr viel verbindlicher sind die Erwartungen Herbarts an den »Gang des Unterrichts«, den er durch drei »Lehrart[en]« repräsentiert sieht: »[b]loß darstellender – analytischer – synthetischer Unterricht« (ebd., S. 73).

Stoy schließt in seiner methodologischen Enzyklopädie – wie schon an anderer Stelle aufgezeigt – an das systematische Denken Herbarts an und führt in Anlehnung an Gang und Manier die Begriffe »Methode und Technik des Unterrichts« (Stoy 1861/[2]1878, S. 72) ein. Diese Begriffstrennung betont er besonders wegen der inflationären Verwendung des Begriffs »Unterrichtsmethode« in der pädagogischen Öffentlichkeit. Er fühlt sich durch dieses Phänomen an den Satz Johann Gottfried Herders erinnert – »Jeder Lehrer muss *seine eigene* Methode haben, er muss sie sich mit Verstande erschaffen haben, sonst frommt er nicht« (Herder zit. n. ebd., Hervorh. i. Orig.) –, der offensichtlich zu Missverständnissen geführt hat. Sei es nun endlich gelungen, vom Aberglauben einer Universalmethode abzukommen, schon verfalle man in das andere Extrem, nämlich zu glauben, Methode wäre schon das persönliche Geschick des Lehrenden, unter den vielfältigen Formen der Darbietung und Erarbeitung immer die Art zu finden und umzusetzen, die die Mitwirkung der Schüler zum rechten Zeitpunkt in reichstem Umfang hervorzurufen verstünde. Das habe eher mit dem »Stil des Unterrichts« (ebd., S. 74) zu tun.

Den Begriff der Unterrichtsmethode definiert Stoy nicht reaktiv über die Vermittlungsverfahren des Lehrenden, sondern aktiv über die »Mitwirkung des Zöglings«, d. h. über die »Arten der Aneignung« des »bereitgelegten Unterrichtsstoffes« durch den Zögling (vgl. ebd., S. 71). Deshalb erklärt er mit Herbart übereinstimmend: »*Methode* kann nur heissen der *Gang* des Unterrichtes und Verschiedenheit der Methode kann nur in der Verschiedenheit der *Richtungen* der geistigen Thätigkeit gegeben sein« (ebd., S. 74, Hervorh. i. Orig.). Er bezieht Methode auf den allgemeinen[19] Prozess der Erkenntnisgewinnung sowie das damit eng verknüpfte Denken-Lernen und klassifiziert in analytische, synthetische und genetische Unterrichtsmethode (vgl. ebd., S. 71).

Das »regressive Verfahren«, das durch Zerlegung eines »Ganzen« – sei es ein Naturobjekt (z. B. der Baum), ein Gedicht oder eine geometrische Konstruktion – bzw. vom Konkreten ausgehend das Allgemeine (Merkmal, Regel, Begriff, mathematischer Satz, Gesetzmäßigkeit usw.) sucht, heißt *Analyse*. Im Gegensatz dazu schließt die *synthetische Methode* vom gefundenen, erforschten oder festgelegten Abstrakten auf das Konkrete. Die analytische Methode kann Regelbildungen oder das Definieren oder gesetzmäßige Zusammenhänge entdecken und nachentdecken lassen; sie kann außerdem der Übung im Vergleichen und Urteilen dienen. Nun sind aber nicht alle Lehrobjekte so beschaffen, dass sich die ihnen innewohnenden Erkenntnisse sämtlich im Unterricht analytisch auffinden lassen. Auch sollen möglicherweise die Anwendung und Nutzung der Erkenntnisse im Vordergrund des Unterrichts stehen oder die bewusste Wahrnehmung eines Ausschnitts der Umwelt und nicht der Akt der Erkenntnisgewinnung. Dann kommt die Synthese zu ihrem pädagogisch-didaktischen Recht (vgl. ebd., S. 74f.).

Schließlich bedingen sich Analyse und Synthese wechselseitig. Für einen forschenden Wissenserwerb sei es deshalb wenig sinnvoll zu analysieren, ohne vorausschauend die Synthese zu bedenken bzw. synthetisch vorzugehen, ohne analytische Hilfe. Diese gegenseitige Bedingtheit bringt Stoy über Herbart hinausgehend durch die Erörterung einer weiteren Methode, die durch die Kombination aus Analyse und Synthese entsteht, zur

---

19 Stoy zeigt Modifizierungen des Unterrichtsgangs bzw. der »methodischen Allgemeinheiten« (Stoy 1861/²1878, S. 76) für die mathematischen Disziplinen, den Sprachunterricht, den naturwissenschaftlichen Unterricht und für Geschichte auf, um den allgemeindidaktischen Gültigkeitsanspruch der drei Unterrichtsmethoden zu kennzeichnen, ohne der »besonderen Didaktik« und ihrer »Special-Methodik« vorzugreifen (vgl. ebd., S. 75–78).

Geltung. Unter Bezug auf Karl Mager nennt er sie die »*genetische Methode*« (ebd., S. 71). Unterricht ist danach wie folgt vorstellbar: Die Analyse beteiligt den Schüler am Gewinn von Erkenntnissen, indem sie die Erfahrung aufsteigend bearbeitet und daraus Gesetzmäßigkeiten, Klassifikationen oder Definitionen abstrahiert. Durch das Verständnis des Allgemeinen erhält das Gegebene im Umkreis des Lerners jetzt eine Bedeutung: Es wird nicht einfach nur wahrgenommen, als ganze Erscheinung registriert, sondern verstehend betrachtet (Synthese); mit anderen Worten, es wird durchdacht. Idealerweise fallen in der Anwendung des abstrakten Begriffs, der Regel oder des Prinzips auf Vorgefundenes (Synthese) neue, abweichende Konkreta auf (Analyse: beispielsweise, dass zwar alle untersuchten Bäume Blätter besitzen, diese sich jedoch in ihren Formen markant unterscheiden), die Anlass zu weiteren Untersuchungen (synthetischer Art: z. B. können Abbildungen zu Blättern bestimmter Baumarten für die Baumbestimmung zur Verfügung gestellt werden) geben und wiederum zu neuen Begriffen (Linde) und Strukturen (z. B. Baumarten) führen, so dass in Folge der genetischen Methode im Erkenntnisprozess immer weiter vorangeschritten wird. Der Lernende dringt auf seinem Weg von der ungeordneten Erfahrung aufsteigend zum Wesen der Sache und absteigend zur reflektierten Erfahrung – angeregt durch die geistig durchdrungenen Konkreta – zu einem immer höheren Abstraktionsniveau und Weltverständnis vor. Stoy würdigt den didaktischen Wert der Analyse und Synthese verbindenden genetischen Methode:

> »Im Allgemeinen beruht ihr Wesen darauf, dass der synthetische Gang des Unterrichts durch die in der Natur des Lehrobjekts liegenden Momente bestimmt, die Gewinnung des Allgemeinen aber auf den einzelnen Punkten des Wegs der analytischen Vertiefung verdankt wird. Somit unterscheidet sich die von dem genetischen Unterricht beabsichtigte Gemüthsverfassung ebensowohl von jener an die synthetische Methode geknüpften wie von den der analytischen Vertiefung eigenen geistigen Zuständen und hat doch wesentliche Berührungspunkte mit beiden.« (Ebd., S. 75)

Die Qualität der Aneignung hängt aber auch von subjektiven, sich eher zufällig ergebenden Mitteln ab. Die oben angeführten drei Methoden bedürfen unterstützender Hilfen, damit Schülerinnen und Schüler beispielsweise während des Unterrichtsgangs aufmerksam bleiben, ihr Wissen nicht sofort wieder vergessen oder ihr Interesse geweckt wird. Diese Hilfen ergeben sich aus den subjektiven Verhältnissen, in denen die »Individualität des betreffenden Lehrers zu dem gegebenen Lehrgegenstand, zu den jeweiligen Umständen, zu den Schülerindividuen steht« (ebd., S. 80). Gemeint sind solche Aktivitäten wie die Vortragsunterbrechung durch kleinere Gesprächsphasen zum Zweck der Ergebnissicherung, der Einsatz von Anschauungsmaterial, verschiedene Unterrichtsgesprächsformen, die Veranlassung von selbständiger Arbeit der Lernenden oder die spannende Erzählung (vgl. ebd., S. 78f.). Obwohl diese Hilfen für die pädagogische Arbeit unentbehrlich seien, bilden sie nicht das eindeutig Bestimmbare der Vermittlung ab und bleiben darum »aus dem Umfange des Begriffs der Methode« (ebd., S. 73) ausgeschlossen. Von diesem »Rüstzeuge des Unterrichtes«, »über welches der Lehrer so herrschen muss, ›dass er mit Leichtigkeit abwechseln, sich in die Gelegenheit schicken und eben indem er mit dem Zufälligen spielt, das Wesentliche desto mehr hervorheben könne‹«[20] (ebd., S. 79), handelt die *didaktische Technik*.

Zurück zu Herder, dessen Worte nur für den subjektiven Zugang der didaktischen Technik zutreffen; Stoy formuliert somit um:

> »Wer in der Technik ohne eigene Empfindung nachahmen, einen Anderen nur absehen wollte, […], der würde in Gefahr sein, den Schülern ein wenig willkommener, leicht ein unleidiger Umgang zu werden. Nicht eigene Methode, aber eine eigene, ihn gleichsam wohl kleidende Technik soll Jeder haben, er soll sie sich mit Verstand erschaffen haben, sonst frommt er nicht.« (Ebd., S. 80)

Abbildung 7 fasst Stoys Klassifikationsmodell zum Zweck der Vergegenwärtigung des Begriffswandels zusammen.[21]

---

20 Stoy zitiert hier aus Herbarts Kapitel »Manieren des Unterrichts« der Allgemeinen Pädagogik (vgl. Herbart 1806a/²1982, S. 72).

21 Abschließend lässt es sich einfach nicht vermeiden, die pauschalen, in völliger Text- und Theorie-Unkenntnis geschriebenen und gebetsmühlenartig wiederholten Verunglimpfungen herbartianischer didaktischer Theorien als unsachgemäß und wissenschaftlich unredlich zurückzuweisen. Exemplarisch dazu ein Blick in ein Lehrbuch der Allgemeinen Didaktik, in dem versucht wird, das Methodenkapitel historisch einzuleiten. Dabei werden die Herbartianer geradezu erwartungsgemäß auf eine Weise abgeurteilt, die demonstriert, dass ihre – übrigens sehr verschiedenen und kontroversen (!) – didaktischen Theorien ganz offensichtlich im Original nicht bekannt sind: »Methoden können also Strategien der Vermittlung oder Schlüssel zur Welt sowie zu sich selbst und zu anderen sein. Damit wird deutlich, dass das Thema ›Methoden des Unterrichts‹ weit über die schlichte Frage von Wegbeschreibungen und Verfahrensweisen hinausreicht. Die Geschichte der Unterrichtsmethodik spiegelt diese Ambivalenzen als Thema wider. […] Das Schritt- und Stufendenken war etwa bei den Herbartianern sehr ausgeprägt. Waren sie bei Herbart auf einen Erkenntnisprozess angelegt, verkamen sie bei seinen Schülern häufig zu sehr formalisierten Schritten wie etwa ›Vorbereitung – Darbietung – Verknüpfung – Zusammenfassung – Anwendung‹. Die Methode als eine sicher zu sein scheinende Gleisspur (Keck 1983) kann dafür eine passende Meta-

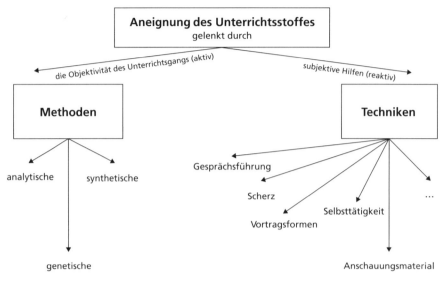

Abb. 7: Methoden und Techniken nach Stoy (1861/²1878)

Ohne hier zu beanspruchen, sämtliche allgemeindidaktische Literatur der Gegenwart zu Unterrichtsmethoden recherchiert zu haben, so fällt dennoch auf, dass heutzutage der Seite der Technik die größere Aufmerksamkeit gehört; der logische Gang des Unterrichts und die diesem Ansatz innewohnende Gerichtetheit auf die Entwicklung von Erkenntnisinteresse und auf die Unterstützung des Denken-Lernens mittels Lehre hingegen scheint pädagogisch unterschätzt zu werden.

Hilbert Meyer, einer der führenden Erziehungswissenschaftler auf dem Gebiet der Erforschung der Unterrichtsmethoden, gehört zu den wenigen Autoren, in deren Klassifikationsmodellen unterrichtsmethodischen Handelns zumindest Analyse und Synthese einen systematischen Platz haben (vgl. Meyer [14]2011, S. 237), insofern er sich von Lothar Klingbergs Eintei-

---

pher sein« (Bönsch 2006, S. 170f.). Die Formalstufen Wilhelm Reins müssen einmal mehr für alle Verfehlungen herhalten und werden aus dem theoretischen Gesamtzusammenhang (vgl. dazu einführend z. B. Rein 2006) gelöst. Dass Herbart und vor allem sein direkter Schüler Stoy beispielsweise in ihren didaktischen Theorien mit Unterrichtsmethoden nicht die Stufen gemeint haben, sollte im hiesigen Kapitel textnah belegt worden sein. Übrigens genauso erwartbar und ebenso pauschal wie unreflektiert folgt im besagten Lehrbuch sofort das Loblied auf *die* Reformpädagogik: »Der ›Gegenschlag‹ kam in der sog. Zeit der Reformpädagogik: Gegen die Tyrannei der Formalstufen wurde nun auf Selbsttätigkeit, freie geistige Tätigkeit, Projektarbeit, Schülerorientierung gesetzt« (ebd., S. 171).

lung in eine innere und äußere Seite methodischen Handelns inspirieren ließ (vgl. ebd., S. 234–240). Klingberg wiederum kommt der systematischen Unterscheidung Herbarts in Gang und Manier bzw. der von Stoy in Methode und Technik mit seiner Differenzierung in innere und äußere Seite der Unterrichtsmethoden recht nahe (vgl. Klingberg [5]1982, S. 250f., 256ff.).[22]

Bleibt die abschließende Frage, welcher Begrifflichkeiten und Strukturen sich der vorliegende Band bedient. Wie so oft ist es die Mischung: Es überzeugt klar die logisch entwickelte systematische Grundstruktur Stoys, wobei es allerdings wenig Sinn macht, an den inzwischen fachwissenschaftlich eingebürgerten weiten Begriff der Unterrichtsmethoden, der aktuell eben auch das umfasst, was Stoy unter Technik versteht, nicht anzuschließen. Nahezu alle allgemeindidaktischen Publikationen unserer Zeit, die sich mit Unterrichtsmethoden beschäftigen, diskutieren ausschließlich die Umsetzung der didaktischen Technik. Diesen Aspekten Rechnung tragend verwende ich einen Methodenbegriff in Anlehnung an die Definition Hilbert Meyers (vgl. Meyer [5]2011, S. 44), aber auch, da diese Definition – ähnlich der Stoys – am Aneignungsprozess ansetzt und die aktive Rolle der Lerner in den Vordergrund rückt. Außerdem nehme ich für die Bezeichnung der methodischen Untergruppen Anleihe an der Differenzierung Klingbergs in eine innere und äußere Seite der Methoden und bleibe damit der oben ausgeführten systematischen Struktur Stoys nahe.

Unterrichtsmethoden sind demnach Verfahren, mit denen sich Lehrende und Lernende die sie umgebende natürliche und gesellschaftliche Wirklichkeit unter institutionellen Rahmenbedingungen aneignen. Die äußere Seite, ihr »Erscheinungsbild« (Klingberg [5]1982, S. 256), repräsentiert das, »was wir sofort erfassen, wenn wir im Unterricht hospitieren: die sichtbare Art und Weise des In-Beziehung-Tretens« von Lehrenden, Lernern und Aneignungsgegenstand (vgl. ebd., S. 250). Hierzu zählen u. a. die Sozialformen (Partnerarbeit, Einzelarbeit, Gruppenarbeit und Frontalunterricht), Vorträge, Präsentationen, Medieneinsatz, verschiedene Arten des Unterrichtsgesprächs, Rollenspiele. Die innere Seite der Unterrichtsmethoden betrifft den allgemeinen Weg der Erkenntnisgewinnung bzw. den Unterrichtsgang (vgl. ebd., S. 251), der zwischen analytischen, syntheti-

---

22 Bekanntermaßen gehört Klingberg zu den Kennern der Theorien Herbarts und seiner wissenschaftlichen Schule.

schen und genetischen Formen variiert. Innere und äußere Seite treten in der Unterrichtsrealität in Kombination auf, d. h. Analyse, Synthese oder Genese gewinnen durch die Äußerlichkeiten der Methoden an subjektiver Gestalt. Das bedeutet letztlich, dass jedes Erscheinungsbild von Methoden erst in Bezug auf seine innere Ausgestaltung sinnvoll qualitativ beurteilt werden kann. Populäre Diskussionen wie »Gruppenarbeit versus Frontalunterricht« sind deshalb kaum mehr als ideologische Scheingefechte.

Das Problem einer Klassifikation der Methoden auf der äußeren Seite besteht weiter und ist auch aufgrund der diesbezüglichen Methodenfülle nach wie vor für theoretische wie praktische Orientierungen absolut relevant. Eine Hilfe bieten die von Hilbert Meyer vorgenommenen und vielfach publizierten Gruppierungen auf einer Mikro-, Meso- und Makroebene (vgl. z. B. Meyer [5]2011, S. 45).

3 Unterricht und seine Vorbedingung: Classroom-Management

Einige Bemerkungen zum Thema »Classroom-Management«, das in der Regel umgangssprachlich mit Klassenführung übersetzt wird, sollen die begriffliche und erziehungstheoretische Grundlegung der Allgemeinen Didaktik abrunden. Umgangssprachlich – zumindest bezogen auf die erziehungswissenschaftliche Terminologie – deshalb, weil Führung als pädagogischer Fachbegriff bereits belegt ist und in grundsätzlich anderer Bedeutung gebraucht wird als Classroom-Management. Führung wurde indirekt durch Herbart und später durch die Herbartianer Stoy und Rein zu einer zentralen Kategorie der Erziehungswissenschaft erhoben. Alle drei Universitätspädagogen generieren in ihren pädagogischen Fachsystematiken erziehungswissenschaftliche Teildisziplinen, die explizit dem Begriff der Führung gelten: Herbart entwickelt aus dem Begriff der Zucht die »Lehre von der sittlichen Charakterbildung, welche [...] der Didaktik noch die nötigen Vorschriften« beifügt, »die das Benehmen des Erziehers gegen den Zögling betreffen, welches ich *Zucht* genannt habe, insoweit nämlich dies Benehmen unmittelbar durch die Forderung, den Zögling zur Tugend zu bilden, bestimmt wird« (Herbart 1814/[2]1982, S. 263, Hervorh. i. Orig.). Stoy denkt die Allgemeine Pädagogik Herbarts in der methodologischen Enzyklopädie (Stoy 1861/[2]1878) weiter. Hier ersetzt er den – heutzutage sicher unangenehme Assoziationen hervorrufenden – Zuchtbegriff synonym durch den der Führung und etabliert als Teildisziplinen der Philosophischen Pädagogik die Hodegetik (Lehre von der pädagogischen Führung) neben Didaktik und pädagogischer Diätetik. Ebenso integriert Wilhelm Rein die Führungslehre in seine unterschiedlichen Systementwürfe (vgl. z. B. Rein 1902–1906).

Aber auch für andere erziehungswissenschaftlich einschlägige Autoren wie Peter Petersen (vgl. z. B. 1937/[6]1959), Wilhelm Flitner (vgl. z. B. 1950/[15]1997, S. 141–165) oder Lothar Klingberg (vgl. z. B. [5]1982, S. 220ff.) gehört Führung zu den pädagogischen Hauptthemen, die in engem Bezug zur sittlichen Charakterbildung der Heranwachsenden stehen. Allerdings verschwindet seit etwa den 1960er Jahren die Hodegetik aus dem disziplinären Verständnis der Erziehungswissenschaft bzw. scheint sie – systematisch wenig schlüssig – unter die Didaktik subsummiert. Selbst wenn man in Betracht zieht, dass der Führungsbegriff historisch durch den Nationalsozialismus belastet wurde, ist nur schwer nachzuvollziehen, warum gerade die erziehungswissenschaftliche Grundlagendisziplin gelöscht wird, die dem Vermittlungsgegenstand neben seiner rein sachlichen Qualität überhaupt erst einen Wert im menschlichen Umgang und Leben gibt. Eine Ausnahme bildet in dem Zusammenhang die Allgemeine Pädagogik Dietrich Benners, denn in ihr wird die Allgemeine Didaktik in den »Argumentationsebenen Allgemeiner Pädagogik« berücksichtigt, und die Hodegetik erhält eine moderne Entsprechung in der »Allgemeine[n] Gesellschaftspädagogik« (Benner [4]2001, S. 305).

Derzeit erlebt der Führungsbegriff in anderer Interpretation eine Renaissance: Nach Herkunft und Bedeutung des synonym zu Classroom-Management verwendeten Klassenführungsbegriffs gefragt, wird man in den entsprechenden Publikationen nahezu einhellig an die Psychologie des amerikanischen Sprachraums und hier insbesondere an Jakob S. Kounin (1976/2006), Carolyn M. Evertson (vgl. z. B. mit Carol S. Weinstein 2006) und Edmund T. Emmer (vgl. z. B. mit Carolyn M. Evertson und Murray E. Worsham [3]2002) verwiesen (vgl. u. a. Helmke [6]2007, S. 82ff.; Eikenbusch 2009; Gold/Holodynski 2011). Andreas Helmke (vgl. [6]2007, S. 78) – viel zitierter deutschsprachiger Referenzautor auf dem Gebiet – sieht in der Klassenführung »eine Vorausbedingung für anspruchsvollen Unterricht«, da sie den »zeitlichen und motivationalen Rahmen für Fachunterricht« optimiere, »indem z. B. ›Zeitdiebe‹ (wie langwierige Übergänge von einer Unterrichtsaktivität zur anderen oder zeitraubende Erklärungen von Regeln oder Eingehen auf Regelverletzungen) ausgeschaltet bzw. minimiert und Störungen und Chaos vermieden werden.« Er definiert schließlich nach Weinert:

»Bei ›effizienter Klassenführung‹ geht es – entgegen einem weitverbreiteten Missverständnis – nicht primär um die Sicherung von Ruhe und Disziplin, sondern
darum, ›die Schüler einer Klasse zu motivieren, sich möglichst lange und intensiv
auf die erforderlichen Lernaktivitäten zu konzentrieren, und – als Voraussetzung
dafür – den Unterricht möglichst störungsarm zu gestalten oder auftretende Störungen schnell und undramatisch beenden zu können‹.« (Weinert zit. n. ebd.)

Gold und Holodynski (2011, S. 133) ergänzen: »Das Ziel von Klassenführung besteht in der Maximierung der individuellen Lernzeit für jeden einzelnen Schüler.«

Die Suche nach systematisch belastbaren Wurzeln in der pädagogischen
Begriffs- und Theoriegeschichte zum Classroom-Management führt wiederum zum Klassiker Johann Friedrich Herbart und seiner wissenschaftlichen Schule. Die komplexe Methode des Classroom-Managements gehört
in die Nähe dessen, was Herbart unter dem Terminus der Regierung fasste. Herbart nahm das Problem, vor dem jeder Lehrer täglich aufs Neue
steht bzw. das »*zunächst* die *Mühe* des Erziehers verursacht: hier die vor-
zutragende Wissenschaft, dort der unruhige Knabe« (Herbart 1806a/
²1982, S. 125, Hervorh. i. Orig.), in seine Erziehungstheorie (vgl. Kap. V/2)
auf und fasste diese »Mühe« unter den Begriff der Regierung. Die Regierung will »nur Ordnung schaffen« (ebd., S. 32), weswegen Herbart sie
zwar nicht der »eigentlichen Erziehung« (ebd., S. 36) zurechnet, aber sie
für die Erziehung als unverzichtbar anerkennt. »Es kann überdas nicht
eine Lehrstunde gehalten werden, in welcher man den Zügel der Regierung mit fester, wiewohl leichter Hand zu halten sich überheben dürfte«
(ebd., S. 30, Hervorh. i. Orig.). Den Unterschied zur Erziehung macht er
kenntlich: »Der *Unterricht* hat mit der *Zucht* gemein, daß beide für die
Bildung, also für die Zukunft wirken, während die Regierung das Gegenwärtige besorgt« (Herbart 1835/2003, S. 27, Hervorh. i. Orig.).

Ähnlich der Regierung werden die Zeit- und Zweckdimension des
Classroom-Managements bestimmt: Als »Vorausbedingung für anspruchsvollen Unterricht« – so Helmke im obigen Zitat – zielt es auf das Vermögen, »den Unterricht möglichst störungsarm zu gestalten oder auftretende
Störungen schnell und undramatisch beenden zu können«. Und: Wie
schon Herbart Regierung von »blindem Gehorsam« (Herbart 1806a/²1982,
S. 36) abgrenzte, denn »er besteht mit keinem geselligen Verhältnis«
(ebd.), so werden Begriffe wie Classroom-Management und Klassenführung in entsprechend ausgewiesenen sozialpsychologischen Forschungen
mit der Frage »nach einer guten, d. h. entwicklungsförderlichen Interak-
tionsgestaltung« (Steins/Bitan/Haep 2014, S. 23) zwischen Lehrern und
Schülern auf Klassenebene identifiziert.

Sittliche Charakterbildung, die traditionelle Kernidee von Führung, betrifft das Individuum; Classroom-Management hingegen »ist die Art und Weise des komplexitätsreduzierenden Umgangs mit einer Schulklasse, sie ist die Kompensation der Nachteile, die sich ergeben, wenn man mit mehreren Menschen gleichzeitig lernen soll« (Dollase 2012, S. 7). Jeder, denn wir haben alle unsere Schulerfahrungen gemacht, weiß, wie schnell die anfängliche Schullust der Schülerinnen und Schüler zur Schulunlust oder sogar zur Schulangst »umkippen« kann und wie stark die Berufszufriedenheit und Gesundheit der Lehrerinnen und Lehrer daran gekoppelt ist, dass ihnen die Lerner überhaupt erst einmal zuhören. Damit verkörpert Classroom-Management den unaufhörlich wiederkehrenden Versuch, *im* Unterricht die institutionellen Rahmenbedingungen *für* Unterricht in personeller Hinsicht sicherzustellen.

Das permanent herausgeforderte Vermögen professionell Lehrender, einen Klassenverband unterrichten bzw. Classroom-Management und Unterrichtung gleichzeitig bewerkstelligen zu können, erinnert an Herbarts Kategorie des »pädagogischen Taktes«[23] (1802/²1982, S. 131). Für Steins, Bitan und Haep (vgl. 2014, S. 26) tut sich hier ein lohnendes interdisziplinäres Forschungsfeld im Rahmen der Lehrerbildung auf, das m. E. auf Professionalisierungsbestrebungen von Lehrenden außerhalb des schulischen Kontextes ausweitbar ist.

---

23 Auf die Kategorie des pädagogischen Taktes wird im Kapitel »Schlussgedanken: Didaktik und das Technologieproblem der Erziehung« eingegangen.

III

Ebenen der didaktischen Theoriebildung

Auf Grundfragen sollten Antworten folgen. In der Didaktik geschieht das auf verschiedenen Theorieebenen, über die das folgende Kapitel einen Überblick gibt. Vorangestellt wird ein möglicher normativer Bezugsrahmen, anhand dessen die Antworten in Form von Theorien diskutiert werden können. Es geht um Ansprüche und Wirklichkeiten in Bezug auf die Entwicklung didaktischer Kompetenz Lehrender.

1 Didaktische Kompetenz als berufliche Position und Qualifikationsanforderung

Ganz allgemein umfasst der Kompetenzbegriff zwei Aspekte. Einerseits wird er mit *Zuständigkeit* und Befugnis in Zusammenhang gebracht. Ich denke an den Vorwurf am Arbeitsplatz: »Jetzt überschreiten Sie aber Ihre Kompetenzen!« Hier ist mit Kompetenz eine berufliche Position angesprochen, für die der Betreffende durch einen Arbeitsvertrag sowie ggf. einen adäquaten Berufsabschluss legitimiert sein sollte. Andererseits bedeutet Kompetenz zugleich *Handlungs- und Urteilsfähigkeit*; das zielt auf einen Qualitätsanspruch in der Berufsausübung ab. Nicht alle, die durch Abschluss und Arbeitsvertrag befugt sind, einer bestimmten beruflichen Tätigkeit nachzugehen, sind den damit verbundenen Anforderungen gleichermaßen gewachsen. Im Vermögen der Berufsausübung bzw. hinsichtlich professioneller Handlungs- und Urteilsfähigkeit existieren erhebliche Unterschiede zwischen den Kollegen. Lothar Klingberg greift diese Doppeldeutigkeit des Kompetenzbegriffes auf und beschreibt den didaktischen Rahmen: Didaktische Kompetenz Lehrender drücke sich

* in ihrer objektiv gegebenen *Zuständigkeit* und Verantwortung für unterrichtliche Lehr-Lern-Prozesse aus sowie
* im Vermögen (*Handlungs- und Urteilsfähigkeit*), »das Faktorengefüge des Unterrichts (Ziele, Inhalte, Organisationsformen, Methoden, Mittel) so in Bewegung zu setzen und zu dynamisieren, daß in einem kreativen Lehr- und Lernprozeß gesellschaftlich geforderte und pädagogisch legitimierte Ziele erreicht werden« (Klingberg 1990, S. 75).

Urteils- und Handlungsfähigkeit erstrecken sich danach nicht nur über die Bereiche der Planung, Gestaltung und Reflexion von Unterricht, sondern beziehen sich ebenso auf das Spannungsverhältnis, in dem professionell Lehrende grundsätzlich agieren. Zum einen sind sie gesellschaftlich geforderten Zielsetzungen durch ihren Arbeitgeber verpflichtet. Zum anderen müssen sich die Ziele pädagogisch legitimieren lassen, will man nicht als Erfüllungsgehilfe von Politik und Arbeitgeber fungieren. Ein wesentliches pädagogisches Legitimationskriterium liegt im Respekt gegenüber den Lernenden und ihren Persönlichkeiten begründet. Damit befinden wir uns im »Fragenspektrum einer noch zu erarbeitenden Ethik des Unterrichts« (ebd., S. 72). Ungeachtet dieses Defizits sollten berufsethische Fragen Lehrende grundsätzlich in Unruhe halten.

2 Die Ebenen im Überblick

Die junge Geschichte der Erziehungswissenschaft sei reich an »illusionären Versprechungen und Erwartungen« (Brezinka 2003a, S. 150), wenn es um die Fragen geht: Wie nützlich sind das Fach und seine Erkenntnisse für den pädagogischen Beruf? Was können pädagogische Praktiker mit pädagogischen Theorien anfangen? Eine »Generalerwartung« heutiger Studierender der Erziehungswissenschaft beschreibt Peter Vogel »etwas überpointiert: Alles, was ich für die berufliche Praxis brauche, lerne ich im Studium; und: Alles, was im Studium an Theorien angeboten bzw. verlangt wird, muß auch berufsrelevant sein« (Vogel 1999, S. 34f.), um parallel festzustellen, dass diese Erwartungen systematisch enttäuscht werden. Auch Brezinka konstatiert nüchtern, dass das Vertrauen in den praktischen Nutzen der Pädagogik bei Erziehern, Lehrern und Bildungspolitikern abgenommen habe (vgl. Brezinka 2003a, S. 148). Die »eingetretene Entfremdung« vieler Pädagogen von der Erziehungswissenschaft gehe zum Teil auf die »Enttäuschung illusionärer Erwartungen« zurück (ebd., S. 150), die aus mangelhaftem Wissen »über die Typen, Zwecke und Grenzen von Erziehungstheorien« entstanden seinen. »Der Weg zu einer gerechten Bewertung der Pädagogik führt über die Korrektur falscher Erwartungen« (ebd.).

Über Typen didaktischer Theorien und an sie realistischer Weise zu knüpfende Erwartungen wird nun in Anlehnung an Erich Wenigers Aufsatz über »Theorie und Praxis der Erziehung« (1929/1990) ein Überblick gegeben. Die Grenzen von Erziehungstheorien werden in den »Schlussgedanken: Didaktik und das Technologieproblem der Erziehung« noch einmal gesondert thematisiert.

Erich Weniger kennzeichnet drei Ebenen pädagogischer Theoriebildung, die die didaktische einschließen. Er nennt sie in Abhängigkeit von der »Entfernung von dem unmittelbar Gegebenen« (Weniger 1929/1990, S. 41) Theorien ersten, zweiten und dritten Grades und betont, dass die Zahlen keine Rangordnung anzeigten. In gegenwärtigen Publikationen finden sich ähnliche Differenzierungen unter anderen Bezeichnungen:

- Praxis – Pädagogik – Erziehungswissenschaft (vgl. Bauer/Marotzki 1996, S. 298),
- pädagogisches Alltagswissen – pädagogisches Professionswissen – erziehungswissenschaftliches Wissen (vgl. Vogel 1999, S. 36).

Der alleinige Grund, an Erich Weniger anzuschließen, besteht darin, dass seine Bezeichnungen der Theorieebenen am unverfänglichsten erscheinen, im Gegensatz z. B. zum Begriffstrio »Praxis – Pädagogik – Erziehungswissenschaft«, das m. E. leicht für Irritationen sorgen kann, da eben auch *wissenschaftliche* Disziplinen wie die Schulpädagogik die »Pädagogik« im Namen führen, hier aber mit »Pädagogik« eine Teilmenge der praktischen Theorien benannt wird.

Bei aller Diskussion um das Verhältnis von pädagogischer Theorie und Praxis ist mit Erich Weniger zunächst grundsätzlich festzustellen, dass die Ebene der pädagogischen Praxis nicht theoriefrei existiert. Selbst in der Ablehnung jedweder dem Praktiker entgegengebrachten Theorie mit dem Verweis auf seine praktische Erfahrung steckt Theorie. Erfahrung ist immer das Ergebnis einer Fragestellung, also einer Theorie. Jeder Praktiker, der Erfahrungen sammelt – auch der, der sich nur auf die eigenen Erfahrungen berufen will –, besitzt eine »Voreinstellung«, mit der er an die pädagogische Tätigkeit herangeht. »Diese Voreinstellung wirkt wie die Versuchsanordnung bei einem Experiment« (Weniger 1929/1990, S. 33). Das Ergebnis bzw. die gemachte Erfahrung stellt der bevorstehenden neuen Praxis gegenüber Theorie dar. Der »pädagogische Akt« ist »von Theorie umklammert und gestützt. Praxis enthält Theorie als Bedingung ihres Tuns und wird vollendet zur ›Erfahrung‹ durch Theorie als Folge des Tuns« (ebd., S. 38). Hinsichtlich solcher *praktischen Theorien* unterscheidet Weniger zwei Ebenen, die er Theorien ersten und zweiten Grades nennt.

> »*Theorie ersten Grades* ist [...] die unausdrückliche Anschauung, in der die Wirklichkeit gegenständlich wird, die Voreinstellung, die unausgesprochene Fragestellung, die an die Wirklichkeit und die Aufgabe herangebracht wird, das Gerichtetsein auf Gegenstand und Aufgabe [...]. Es ist die eingehüllte Rationalität, die in der geistigen Haltung des Menschen liegt, die anrufende und gestaltende Kraft, die in der inneren Form des Menschen immer schon enthalten ist.« (Ebd., Hervorh. R. C.)

Auf dem Gebiet der Pädagogik wird dieses »Apriori« letztlich noch bestimmt durch die pädagogische Haltung und den entsprechenden Willen, durch »das Ethos der erfahrenen und gewollten Verantwortung« (vgl. ebd., S. 38f.). Bei der Theorie ersten Grades geht es also um die ganz persönliche, subjektive Theorie zur Bewältigung der praktisch-pädagogischen Anforderungen. Die Theorien ersten Grades werden in erster Linie geprägt durch die eigenen praktischen Erfahrungen, durch die persönliche Lernbiographie und die subjektive Einstellung, die man zum Kind, Jugendlichen, Erwachsenen und zum pädagogischen Beruf mitbringt.

Erfahrungswissen bzw. subjektive Theorien können sich zu Regelwissen verfestigen, über das man sich z. B. mit Kollegen verständigt. Bestenfalls kann ein ganzes Kollegium oder können pädagogisch Gleichgesinnte über bestimmte praktische Theorien Einigkeit erzielen, und im Umgang damit entwickeln sich erfolgreich praktizierte Positionen zu in sich geschlossenen Handlungskonzepten – wie das des Offenen Unterrichts oder des Blended Learning. Diese andere Qualität praktischer Theorien bezeichnet Weniger als *Theorien zweiten Grades* und definiert:

> »Theorie zweiten Grades ist alles, was auf irgendeine Art formuliert im Besitz des Praktikers vorgefunden und von ihm benutzt wird, in Lehrsätzen, in Erfahrungssätzen, in Lebensregeln, in Schlagworten und Sprichwörtern [...]. Es bedarf oft der Besinnung und des ausdrücklichen Bemühens, um sie [die Theorie zweiten Grades, R. C.] hinter einem Tun wirkend nachzuweisen. Aber immer läßt sie sich dann in der Form eines Satzes prägen, mit dem Anspruch auf logische Gültigkeit und Verstehbarkeit bei Verwendung als Beweismittel.« (Ebd., S. 39)

Im Rahmen des hier vorgenommenen erziehungstheoretischen Umrisses der Allgemeinen Didaktik interessieren insbesondere Unterrichtstheorien zweiten Grades, die Konzeptcharakter tragen. Unterrichtskonzepte sind weitgehend in sich geschlossene, wissenschaftlich reflektierte und in der Praxis erprobte Vorstellungen von Unterricht, die sich in ihren wesentlichen Merkmalen von anderen Gesamtkonzepten so klar unterscheiden, dass diese Konzepte einen Wiedererkennungswert bzw. Alleinstellungsmerkmale aufweisen. Charakteristisch für solche Unterrichtskonzepte sind drei Merkmale, nämlich das ihnen zugrunde liegende Erziehungs- und/oder Bildungsverständnis als kritische Prämisse (1) sowohl für besondere Inhaltsentscheidungen (2) als auch für die Wahl und Entwicklung typischer schulorganisatorischer bzw. bildungsinstitutionenspezifischer und unterrichtsmethodischer Elemente (3). Prominente pädagogisch-didaktische Konzepte entstammen häufig der so genannten reformpädagogischen Tradition. Dazu gehören u. a. die Montessori-Pädagogik, die Waldorf-Pädagogik, der Jena-Plan und die Freinet-Pädagogik. Zu Theorien zweiten Grades gehören außerdem neue Entwürfe wie das Blended Learning. Solche praktische Theorien entstehen in der Regel aus einer Reformabsicht, möchten andere für ihre Unterrichts- und Schulideen gewinnen und bieten konkrete Handlungsorientierungen. Welche der Theorien ist dann aber die richtige?

Erich Weniger fügt der Theorie des Praktikers eine Norm durchaus im Sinne eines Entscheidungskriteriums bei:

> »Man wird einer echten Theorie des Praktikers abverlangen dürfen, daß in ihr, was wir Theorie ersten und zweiten Grades nannten, richtig zueinander steht. Daß also die ausdrücklichen, sprachlich gestalteten ›Erfahrungssätze‹, über die der Praktiker verfügt, nicht sich in Widerspruch befinden zu den ursprünglichen Theorien, die er [...] an sich besitzt. Seine Erfahrungssätze müssen Ausdruck der Weltstellung und der Grundhaltung des Erziehers sein.« (Ebd.)

Diese Norm enthält indirekt die Aufforderung, sich ggf. begründet für eine komplexe praktische Theorie oder für einzelne Elemente unterschiedlicher Handlungskonzepte zu entscheiden, sie gedanklich zu verarbeiten und in Einklang mit den eigenen berufsethischen Vorstellungen zu bringen. Gerade die oben erwähnten reformpädagogischen Konzepte verfügen über eine Öffentlichkeitswahrnehmung, die ihnen per se den »guten« Ansatz bescheinigt. Man könnte in der Wahl also gar nicht falsch liegen. Das verführt zur unkritischen Nachahmung der bereitgestellten methodischen Elemente – endlich hat man etwas praktisch Handhabbares –, ohne nach der zugrunde liegenden Erziehungstheorie und Weltanschauung zu fragen. Die von Weniger aufgestellte Norm berührt darüber hinaus das bereits unter dem Aspekt der didaktischen Kompetenz Lehrender angesprochene ethische Problem des »Verhältnis[ses] der Theorie des Erziehers zu den ausdrücklichen oder unausdrücklichen Theorien der Bildungsmächte und Erziehungseinrichtungen« (ebd.).

Die *Theorie dritten Grades* verkörpert die »Theorie des Theoretikers« und umfasst die Ebene der Erziehungswissenschaft. »Je komplizierter das Erziehungsgefüge ist, je mehr Voraussetzungen mitgegeben sind, je vielfältiger, je verschränkter das Material für die pädagogischen Entscheidungen wird, um so notwendiger ist eine strenge systematische Besinnung« (ebd., S. 41). In dieser von Weniger gekennzeichneten »nützlichen« Perspektive der Erziehungswissenschaft für die pädagogische Praxis können Theorien zweiten Grades zu wissenschaftlich reflektiertem Erfahrungswissen werden. Der wissenschaftlich forschende Didaktiker schaut in kritischer Distanz zur pädagogischen Praxis und zu seinen eigenen diesbezüglichen Erfahrungen und Gefühlen[24] auf einer Metaebene auf Unterrichtsprozesse und versucht, mittels des gewählten methodologischen Zugangs das permanent auf Konsistenz und Widerspruchsfreiheit geprüfte Allgemeine, Gesetzmäßige dieser Praxis in ein wissenschaftliches Theoriegebäude zu abstrahieren. Es entstehen miteinander konkurrierende wissenschaftliche didaktische Theorien, die den unterschiedlich ausgeprägten Anspruch verfolgen, brauchbare Reflexionsinstanz für die den Unterricht Verantwortenden zu sein. Beispiele didaktischer Theorien dritten Grades sind die

---

24 Jeder Mensch hat Erziehung und Unterricht erfahren und verbindet damit mehr oder weniger gute Erlebnisse und Emotionen, die selbstverständlich auch das wissenschaftliche Nachdenken über pädagogische Sachverhalte beeinflussen.

- Didaktik Herbarts als Teil einer Erziehungslehre im Diktum »Erziehung durch Unterricht«,
- erziehungstheoretische Didaktik Peter Petersens in Gestalt der »Führungslehre des Unterrichts«,
- bildungstheoretische Didaktik im Rahmen kritisch-konstruktiver Erziehungswissenschaft (Wolfgang Klafki),
- lehrtheoretische Didaktik (Wolfgang Schulz),
- dialektische Didaktik (Lothar Klingberg),
- curriculare Didaktik (Christine Möller),
- kybernetisch-informationstheoretische Didaktik (Felix von Cube),
- kritisch-kommunikative Didaktik (Rainer Winkel),
- Phänomenologie der Unterrichts (Wolfgang Sünkel),
- konstruktivistischen didaktischen Modelle z. B. nach Kersten Reich, Edmund Kösel, Heinz Mandl und Horst Siebert.

Zusammenfassung: Angesichts dieser Theorieebenen sollte endgültig deutlich geworden sein, warum die im Umriss genutzte Arbeitsdefinition von Didaktik – als Theorie über das Verhältnis von Lehren und Lehren – das Feld der Didaktik nicht explizit auf Wissenschaft oder Praxis des Lehren und Lernens festlegt. Der verwendete Theoriebegriff umschließt Wissenschaft und Unterrichtspraxis.

IV

Unterrichtskonzepte als Theorien zweiten Grades

Im folgenden Kapitel erfolgt ein exemplarischer Einblick in zwei Theorien zweiten Grades: Der Jena-Plan wurde ausgewählt, da es sich hierbei um ein Konzept mit einer langen, bis in die vierziger Jahre des 19. Jahrhunderts hineinreichenden pädagogischen Tradition handelt. Außerdem: Moderne Realisierungen erstrecken sich von der Vorschule über den Grundschulbereich bis hin zur gymnasialen Oberstufe – betreffen somit die gesamte Schulzeit. Und: Der Jena-Plan als Beispiel für ein Schul- und Unterrichtskonzept unserer Zeit ist schließlich auch deshalb interessant, weil seine Rezeptionsgeschichte zeigt, wie Geschichtsausblendungen und didaktisches Rezeptdenken Lehrer und Politiker, selbstverständlich auch uns Erziehungswissenschaftler vielleicht nicht gleich in Verruf, so doch zumindest in eine Erklärungssituation Eltern, Studierenden und der Öffentlichkeit gegenüber bringen können.

Als Exempel für ein Konzept, das aus gegenwärtigen Problemlagen hervorgegangen und derzeit vor allem im außer- und nachschulischen Sektor anzutreffen ist, dient das Blended Learning.

Wenn hier insgesamt von »Einblicken« gesprochen wird, dann ist das auch so gemeint. Jena-Plan und Blended Learning werden nicht umfassend behandelt, sondern es geht vordringlich um die Verdeutlichung ihres Charakters als Theorien zweiten Grades sowie um die Anregung, sich über diese und andere Konzepte durch die Auseinandersetzung mit der Primär- und Sekundärliteratur selbst ins Bild zu setzen. Das bedeutet zugleich, dass die hier vorgenommene Auswahl ausdrücklich nicht mit der Absicht verbunden ist, beiden Konzepten einen Vorrang anderen Konzepten gegenüber einzuräumen bzw. sie zu favorisieren. Wahl, Ausgestaltung und Verantwortung liegen bei den Lehrenden.

1 Exemplarisch: Der Jena-Plan

1.1 Das Verfängliche des dezidiert praktischen Interesses an der Reformpädagogik

Der Begriff »Reformpädagogik« wird in der Regel, aber zu Recht nicht unwidersprochen (vgl. dazu die grundlegende Arbeit von Koerrenz 2014), als Epochenbegriff gebraucht und meint in dem verkürzenden Kontext jene internationale Bewegung gegen Ende des 19. und beginnenden 20. Jahrhunderts, die vor allem durch eine Vielzahl praktischer Initiativen mit der Intention der Erneuerung von Erziehung und Schule gegenwärtig geblieben ist. Die Namen ihrer Vertreterinnen und Vertreter, z. B. Maria Montessori, Rudolf Steiner, Hermann Lietz, Peter Petersen, stehen vor allem für erfolgversprechende und handhabbare methodische Reformprogramme wie: Montessori-Pädagogik, Waldorf-Pädagogik, Konzept der Landerziehungsheime, Jena-Plan. Das Interesse der pädagogischen Praktiker an solchen Handlungsorientierungen ist ungebrochen, und die diesbezüglichen Erwartungen gerade an reformpädagogische Konzepte sind nach wie vor hoch, was sich auch in entsprechenden Kindergarten- und Schulprofilen zeigt.

Paradoxerweise wurde ein stark methodisch akzentuierter Nachahm-Effekt von einer Reihe der so genannten Reformpädagogen und -pädagoginnen gar nicht gewünscht. So fand Winfried Böhm in seinen Forschungen zu Maria Montessori heraus, dass sich die Pädagogin missverstanden fühlte, wenn man sie als Schöpferin einer pädagogisch wertvollen Erziehungsmethode ehrte, und belegt das durch folgende Episode:

»Als Montessori, auf dem Höhepunkt ihrer internationalen Karriere, 1937 in Kopenhagen vor den versammelten Reformpädagogen über das Thema ›Meine Erziehungsmethode‹ reden sollte, begann sie ihren Vortrag mit dem ehrlichen Bekenntnis, sie könne über dieses Thema eigentlich gar nicht sprechen, denn sie besitze keine Erziehungsmethode, und sie habe auch niemals eine entwickelt. Und auf geradezu schockierend provokative Weise fügte sie damals hinzu, wer in ihrer Pädagogik nur eine lern- und anwendbare Methode erblicke, der habe von ihren Gedanken so gut wie gar nichts verstanden [...]. Worum es ihr zeitlebens gegangen sei, das hat sie in einem ihrer letzten öffentlichen Vorträge 1950 in London unmißverständlich deutlich gemacht: um Promulgierung einer neuen Vision vom Kinde, aus dem sich die praktischen Erziehungsgrundsätze dann für jeden, der denken und überlegen könne, von selbst ergeben. Stets habe sie mit ihrem Finger nur auf das Kind zeigen wollen, aber ihre methodenhungrigen Anhänger hätten das nicht verstanden, sondern immer nur gebannt auf *ihren* Finger geschaut.« (Böhm 2002, S. 111, Hervorh. i. Orig.)

Auch Peter Petersen (1884–1952), dessen Schulversuch 1927 auf der Tagung des »Weltbundes für Erneuerung der Erziehung« in Locarno den Namen »Jena-Plan« erhielt (vgl. Koerrenz 2004, S. 80), hatte nicht vor, einfach nur ein Gestaltungsvorbild für andere Schulen zu entwickeln, denn ein Schulleben könne nicht nachgemacht werden, wie z. B. eine Unterrichtsmethode (vgl. Petersen 1925, S. 6). Vielmehr ging es ihm ursprünglich um die Anregung der »schöpferischen Kräfte des betreffenden Lehrers« (ebd.). Dafür beabsichtigte Petersen, in der von ihm geleiteten Universitätsschule mittels »pädagogischer Tatsachenforschung« eine »eigenständige ›Führungslehre des Unterrichts‹ zu entwerfen, die unmittelbar der Schulpraxis dient« (vgl. Petersen 1932/1973, S. 151f.). Dementsprechend nutzte Petersen die von ihm neu eröffnete Jenaer Universitätsschule vorzugsweise als wissenschaftliche Einrichtung und gestaltete pädagogische Schulpraxis im wissenschaftlichen Nachdenken über Erziehung. Zugleich unterzog er die entwickelte Theorie einer ständigen praktischen Erprobung mit Hilfe der Pädagogischen Tatsachenforschung (vgl. Petersen/Petersen 1965). Die dabei in der Entstehung begriffene Jena-Plan-Schule war sowohl wissenschaftliches Experimentierfeld – Petersen schreibt vom »Jenaer Schulversuch« (1927/[13/14]1946, S. 101) – als auch Ausdrucksform einer Erziehungstheorie. Den Jena-Plan bettet er in den durch permanente »Erprobung«[25] gestützten erziehungstheoretischen Begründungs- und systematischen Ordnungsrahmen der »Führungslehre des Unterrichts« ein

---

25 Petersen schreibt dazu 1936 im Vorwort zur 1. Auflage der Führungslehre: »Die ›Führungslehre‹ bildet das Ergebnis von 16 Jahren ununterbrochener praktischer Versuche« (1937/[6]1959, S. 5).

(vgl. Petersen 1937/[6]1959, S. 7). Sie enthält die pädagogisch-didaktischen Anforderungen an den Jena-Plan-Lehrer und ist die »ihm [dem Jena-Plan, R. C.] entsprechende allgemeine Lehre von der Unterrichtsführung« (Petersen 1927/[13/14]1946, S. 3). Im Kern ging es Petersen um die Vermittlung der Idee einer Symbiose aus Didaktik und pädagogischem Denken: »Diese ›Führungslehre des Unterrichts‹ [...] tritt an die Stelle der bisherigen ›Didaktik‹ und zeigt ständig auf, wie die ›Methodiken‹ erst dann wieder in sich fortentwickelt werden können, wenn sie in eine *Pädagogik* des Unterrichts aufgenommen sind« (Petersen 1937/[6]1959, S. 5).

Gekommen ist es dann anders: Nicht Petersens pädagogisch-didaktisches Gesamtprojekt »Führungslehre des Unterrichts« (Petersen 1937/[6]1959) sorgt für pädagogische Neuerungen bzw. erhält die gewünschte Aufmerksamkeit, sondern eine der ersten Skizzen des Jena-Plans, nämlich die im Schriftchen »Der Kleine Jena-Plan« (Petersen 1927/[13/14]1946) zur Verfügung gestellte, stark auf die schulorganisatorischen und didaktischen Elemente reduzierte, Kurzfassung des praktischen Konzepts. Petersen selbst erlebte 20 oder 21 Auflagen dieser Publikation; 2011 erschien die 64. (!) Auflage. Das Interesse an der den Jena-Plan begründenden erziehungstheoretischen Didaktik hält sich vergleichsweise in Grenzen: Die »Führungslehre des Unterrichts« wurde bisher letztmalig 1984 als überarbeitete Fassung der 10. Auflage von 1971 publiziert.[26]

So betrachtet beruhen die Erneuerungen nach dem Jena-Plan durchaus auf einem Missverständnis und treten eher als weitere Ausdrucksform der unauflöslichen Spannungen zwischen pädagogischer Theorie und Praxis in Erscheinung und weniger als Übereinkunft.

Setzt man die Reduzierung des pädagogischen Konzeptes auf die didaktischen und organisatorischen Kernelemente ins Verhältnis zu den geführten Diskussionen, die die »Untauglichkeit der Person Petersen als akzeptabler Gesprächspartner für heutige schulpädagogische Debatten« (Koerrenz 2012, S. 12) aufgrund seiner eindeutig dokumentierten Be-

---

26 Ob der Grund für die deutlich geringere Rezeption der Führungslehre in dem historisch belasteten Begriff »Führung« sowie im Wissen um die politische Biographie Petersens liegt, kann hier nicht beantwortet werden. Was den Führungsbegriff anbelangt, so nimmt Petersen, wie noch gezeigt wird, Anleihe bei Karl Volkmar Stoy und dessen Hodegetik. Problematisch bleiben jedoch die Textpassagen, die sein Arrangement mit dem Nationalsozialismus demonstrieren. Davon ist allerdings der Kleine Jena-Plan ebenfalls nicht frei – auch er wird von Petersen, dem Duktus der jeweils herrschenden gesellschaftlichen Systeme (nach 1933 und unmittelbar nach 1945) angepasst (vgl. Keim 1990; Niemeyer 2001).

kenntnisse zum Nationalsozialismus herausstellen, dann möchte man fast meinen: Zum Glück haben sich Theoretiker und Praktiker hauptsächlich an die Didaktik gehalten und sich gar nicht erst mit dem erziehungstheoretischen Umbau (samt der Personengeschichte) befasst, und falls doch, dann ihn zumindest im Sinne einer Modernisierung ausgeblendet oder ganz abgekoppelt. In dem Fall, dass von vornherein nur ein Interesse an den praktischen Elementen bestand und sich dabei vielleicht der Einfachheit halber und dem Zeitgeist geschuldet auf die Popularität der Reformpädagogik verlassen wurde, stellt sich die Frage: Handelt es sich unter solchen Voraussetzungen noch um eine »echte Theorie des Praktikers« (s. o. bzw. Weniger 1929/1990, S. 39)? Stehen dann bei den Jena-Plan-Lehrern Theorien ersten und zweiten Grades überhaupt »richtig zueinander«? Das kann nur jede praktizierende Lehrerin für sich beantworten. Im Fall der Modernisierung, »in der die Ausgangskonzeption des Modells quasi weltanschaulich entkernt wird« (Koerrenz 2012, S. 12), drängt sich allerdings die von Ralf Koerrenz gestellte Frage mit Nachdruck auf:

> »Was soll Jena-Plan als Signatur eines Schulmodells bedeuten, wenn damit nur noch Organisationsprinzipien mit einer letztlich beliebigen Aufladung (Zeiten können sich ändern) verbunden werden können – und seien sie noch so ›demokratisch‹? Warum die Marke ‚Jena-Plan‹, wenn sich dahinter nichts anderes verbirgt als Organisationselemente, die man auch ohne eine solche verbale Klammer haben könnte und die an anderen Orten ohne eine solche Referenz auch munter und erfolgreich genutzt werden?« (Ebd., S. 13)

1.2 Isolierung der didaktischen Elemente

Man kann zu den mit dem Diskurs um Peter Petersen und sein Schulmodell einhergehenden zwei Fragen – Hat sich der Jena-Plan mit dem nicht zu tolerierenden persönlichen Verhalten seines Begründers in der Zeit des Nationalsozialismus ebenfalls erledigt? Oder gibt es akzeptable Gründe, Werk und Person zu trennen?[27] – stehen, wie man will. Fakt ist, Jena-Plan-Schulen sind über die Bundesrepublik Deutschland hinaus auch in anderen Ländern präsent; die Institutionen sowie die dort geleistete Erziehungs- und Unterrichtsarbeit genießen einen guten Ruf.

---

27 Die Stadt Jena beispielsweise hat sich nach ca. zweijähriger öffentlicher Diskussion für die Möglichkeit einer Trennung von Werk und Person entschieden: Der ursprüngliche Karl-Marx-Platz in Jena, der unmittelbar nach der deutschen Wiedervereinigung in Petersenplatz umbenannt wurde, heißt heute Jena-Plan.

Deshalb zunächst: Welche Bestandteile gehören zum didaktischen Profil des »modernisierten« Jena-Plans? Ins Auge fällt der Anschluss vor allem an die folgenden Aspekte: »Stammgruppen«, »Wochenarbeitsplan«, Lernberichte sowie »Schulwohnstube« und »Schulgemeinde«.

Zentral in den Rezeptionen ist die äußere Differenzierung nach *altersgemischten Stammgruppen* in Abgrenzung zum allgemein üblichen Jahrgangsklassenprinzip. Ursprünglich (vgl. Petersen 1927/[13/14]1946, S. 39f.) erfolgte die Unterrichtung in der »Untergruppe« (Kinder des 1. bis 3. Schuljahres), »Mittelgruppe« (Schüler des 4. bis 6. Schuljahres), »Obergruppe« (Schüler des 6./7. und 8. Schuljahres) sowie in der »Jugendlichengruppe« (Schüler des 8./9. und 10. Schuljahres). Durch diese Art der Schulorganisation verlässt jedes Schuljahr ca. ein Drittel der Lernenden die jeweilige Gruppe, ein Drittel verbleibt und ein Drittel kommt neu hinzu, d. h. die Schülerinnen und Schüler haben jüngere und ältere Mitschülerinnen, der Kreis ihrer unmittelbaren Mitschüler vergrößert sich im Laufe der Schulzeit – im üblichen Klassensystem bleibt er in der Regel konstant –, und sie begegnen ihren ehemaligen Stammgruppenmitgliedern nach längeren Pausen »in veränderter Entwicklungs- und Lebenslage« (Fauser 2001, S. 124) erneut. Für moderne pädagogische Verhältnisse sieht Peter Fauser in dieser »strukturelle[n] Veränderung der Sozialökologie« (ebd.) u. a. folgende positive Wirkungen:

> »[D]urch die größere Altersspanne und die vom Wechsel erzeugten kleinen Sprünge von größerer Nähe oder Ferne bietet sich den Kindern ein reicher Mikrokosmos von Biografien, Entwicklungstempi, Entwicklungsaufgaben und Entwicklungskrisen, von Stärken und Schwächen, Interesse und Desinteresse, Älteren und Jüngeren, denen man nacheifern und von denen man sich abgrenzen, mit denen man sich verbünden oder auseinandersetzen kann.« (Ebd.)

Aus der Lehrenden-Perspektive betrachtet werde durch die Arbeit mit jahrgangsübergreifenden Schülergruppen »die pädagogische Gegenwart [...] über ein Schuljahr hinaus ausgedehnt, es ist leichter, Kindern Zeit zu lassen und schwerer, ihre Besonderheiten wegzudrängen« (ebd.). Petersen selbst sah hierin einen Weg zu besseren Schulabschlüssen, zur Verhinderung des Sitzenbleibens und der Abschiebpraxis von »Hilfsschülern« (Petersen 1927/[13/14]1946, 25) sowie zur Förderung von Begabten und Hochbegabten. Als empirisch forschender Erziehungswissenschaftler führt er zur Stützung seiner Ansichten Daten und Studien an (vgl. ebd., S. 21–31).

Der *Wochenarbeitsplan* reguliert das Schulleben im »Wochenrhythmus« (ebd., S. 79) unter Berücksichtigung des »Tagesarbeitsrhythmus« der Schüler und des »Jahreszeitenrhythmus« (vgl. Petersen 1937/[6]1959,

S. 110ff.). Am Wochenanfang schafft die gemeinsame Feier von Lehrenden und Lernenden einen Übergang vom Wochenende in den Schulalltag; die Wochenabschlussfeier wiederum leitet in das Wochenende hinüber. Die Schulwoche wird so rhythmisiert, dass neben den verschiedenen Kursformen (Niveau-, Fach- und Wahlkurse, Einschulungs- und Übungskurse), die hauptsächlich der Sicherung elementarer Fertigkeiten und fachspezifischen Grundwissens dienen, das Gruppenlernen in fächerübergreifenden Projekten im Mittelpunkt der Unterrichtsarbeit steht. Durch das fächerübergreifende Lernen werde für die Schülerinnen und Schüler – so Peter Fauser (2001, S. 125) aus der Sicht heutiger Jena-Plan-Praxis – »nicht die Einheitlichkeit oder fachliche Engführung der Perspektiven auf den Gegenstand, sondern die Differenz, Pluralität und Komplexität selbstverständlich. Was aus einem Thema wird, hängt von der eigenen aktiven Auseinandersetzung ab. Das bahnt ein Verständnis für den konstruktiven, hypothetischen Charakter unseres Wissens an.« Zudem stärkt es die Verantwortung der Lehrerinnen und Lehrer für zu initiierende Lernprozesse. Sie können sich bei der Themenauswahl und der Unterstützung der Schülerinnen und Schüler nicht auf Schulbücher, Lehrpläne oder Fachwissen verlassen. »Die Gegenstände nehmen immer wieder neue Züge an. Lehrer und Schüler begreifen, dass keiner alles weiß, aber auch wie wichtig solides Wissen und sorgfältige Recherchen sind« (ebd., S. 126).

Noten und Zeugnisse lehnte Peter Petersen ab. Statt derer wurde am Ende des Jahres eine »Charakteristik eines jeden Kindes« (Petersen 1927/ [13/14]1946, S. 98) angefertigt, die aus einem »*objektiven*« und »*subjektiven Bericht*« bestand. Den objektiven Bericht, zu dem alle Lehrer des betreffenden Kindes beitrugen, erhielten die Eltern zur Einsicht. Danach stand es ihnen frei, hierzu eine schriftliche Gegenäußerung zu verfassen. Auf der Grundlage der »objektiven Charakteristik« verfasste der Stammgruppenlehrer den »subjektiven Bericht«, der für den Lernenden bestimmt war und ihn im Lernen ermutigen sollte (vgl. ebd., S. 98f.). Die Lehrerinnen und Lehrer der heutigen »Staatlichen Jena-Plan-Schule Jena« beispielsweise, die über einen Vorschulbereich verfügt und ihre Schüler bis zum Abitur führt, erteilen Lernberichte bis zum Schulabschluss. Die Ziffernnoten kommen im 7. Schuljahr dazu:

> »Die JPS [Jena-Plan-Schule, R. C.] hat sich für ihre Arbeit einem pädagogischen Leistungsverständnis verschrieben, das die Gerechtigkeit schulischer Leistungsurteile neu definiert. Die Lernberichte sind damit Antworten auf die Differenzierung und Individualisierung des Unterrichts und ermöglichen es, den erreichten Stand des Wissens und der verschiedenen Kompetenzen des einzelnen Schülers widerzuspiegeln.« (Schulkonzept der Staatlichen Jena-Plan-Schule Jena 2012, S. 18)

Mit *Schulwohnstube* verbindet man in diesem Konzept die Gestaltung des Klassenraumes als einen Arbeitsraum, der eine angenehme wohnliche Atmosphäre ausstrahlt, emotional anspricht und zum Lernen einlädt. Dazu gehört, dass die Lerner *ihren* Raum mitgestalten. *»Schulgemeinde«* bedeutet, dass sich Schulen nach dem Jena-Plan in erster Linie als »Familienschulen« (Petersen 1927/[13/14]1946, S. 86) verstehen und auf die Mitwirkung der Eltern bauen. Lehrer, Eltern und Schüler verständigen sich über alle Angelegenheiten des Schullebens: »Die Schulstuben sind den Eltern jederzeit geöffnet. Eltern sind Mitarbeiter, wo sie sich nur einordnen können in Unterricht und Feier, in Werkstatt und Garten, auf Wanderungen und Reisen« (ebd., S. 68).

1.3   Zum Etikett »Jena-Plan«

Nun steht angesichts der modernen »Entkernungsstrategien, die den Jena-Plan zum reinen ›Organisationsmodell‹ stilisieren und das mehr oder weniger hohle Gerüst mit eigenen, ›zeitgemäßen‹ Vorstellungen des Schönen und Guten füllen« (Koerrenz 2012, S. 15), immer noch die berechtigte Frage von Ralf Koerrenz nach dem Sinn des »Label[s] ›Jena-Plan‹« (vgl. ebd., S. 12) im Raum.

Unter Zugrundelegung der Ausgangsversion des Jena-Plans (1927) und in engem Bezug zur »Allgemeinen Erziehungswissenschaft« (Petersen 1924) isoliert Koerrenz ein systematisches Problem, »mit dem Schule prinzipiell konfrontiert ist«, und wofür seinen umfassenden Analysen zufolge (vgl. Koerrenz 2012) der Jena-Plan einen »höchst ambivalenten und zugleich aktuellen Lösungsvorschlag« (ebd., S. 14) enthält. Das systematische Problem ergibt sich aus der »Verhältnisbestimmung sowie inhaltliche[n] Füllung von Gemeinschaft und Gesellschaft, von Drinnen und Draußen mit Blick auf das Verständnis von Schule« (ebd.). In Petersens Gesellschaftsbegriff bedeuten Gesellschaften Zweckbündnisse, in denen es vordringlich um die Befriedigung von Machtinteressen und praktischen Bedürfnissen geht. »Ein höheres Ziel kennt sie [die Gesellschaft, R. C.] nicht, da sie in keiner Weise Selbstzweck ist« (Petersen 1927/[13/14]1946, S. 13). Von solchen Nützlichkeitserwägungen, Verwertungsinteressen und Machtkämpfen sollte die Schule frei bleiben. Hier stehen nach Petersen (vgl. 1924, S. 107) der Heranwachsende und seine individuelle Persönlichkeitsentwicklung im Mittelpunkt – deshalb die vom Gemeinschaftsgedanken getragene Kennzeichnung der Jena-Plan-Schule als »Lebensgemeinschaftsschule« (Petersen 1927/[13/14]1946, S. 9). In der Gemeinschaft seien die »Menschen absichtslos füreinander da« (ebd., S. 15). Der Jena-Plan sollte eine Antwort geben auf die Frage: »Wie soll die Erziehungsgemeinschaft beschaffen sein, in der und durch die ein Mensch seine Individualität zur Persönlichkeit vollenden kann?« (Ebd., S. 8). Ralf Koerrenz prägt bezogen auf diesen Versuch, die Schule als eine Gemeinschaft zu begründen, die die Ziele und Spielregeln der Öffentlichkeit außer Kraft setzt, den Begriff der »Gegenöffentlichkeit« und sieht in der »Schule als Gegenöffentlichkeit« (vgl. 2007, S. 7) bzw. in der »Differenz von Gemeinschaft und Gesellschaft« den »hermeneutischen Schlüssel« zum Verständnis des Jena-Plans (vgl. 2007, S. 27). Diese Herangehensweise ist schon deshalb bemerkenswert und vielversprechend, weil Ralf Koerrenz weder vom persönlichen Verhalten Petersens in der Zeit des Nationalsozialismus abstrahiert noch sich in seinen Forschungen davon abschrecken lässt, sondern weil er die Anfälligkeit der Pädagogik für politischen Missbrauch im Blick behält:

> »Die (Debatte um die) Person in ihrem Verhältnis zum NS-Regime ist durch die Geschichte erledigt, offen kann nur noch die Diskussion um das Schulmodell und dessen Ambivalenzen sein. Autor und Werk sind miteinander verbunden, jedoch nicht identisch. Mit dem persönlichen Opportunismus von Petersen ist das Schulmodell als positiver Orientierungspunkt nicht zwangsläufig zu verabschieden. Ganz im Gegenteil: Es ist einer eigenständigen Prüfung wert, verlangt nach ihr geradezu, weil der Verdacht naheliegt, dass es Pervertierungen eines in sich guten Grundsatzes sind, die zur Anbiederung an totalitäre Regime geführt haben. Die Einfallstore der Einpassung sind zu identifizieren und zu überprüfen. Vielleicht kann so aus der Geschichte gelernt werden.« (Ebd., S. 23f.)

Ein weiterer, wenngleich nachrangiger, aber nicht vernachlässigbarer Grund, der die Marke »Jena-Plan« rechtfertigt, liegt tatsächlich im Erfindungs*ort* Jena. Das von Petersen entwickelte und international bekannt gemachte wie auch aufgenommene Konzept hat eine starke *Jenaer* Geschichte, die bis in das 17. Jahrhundert zum Schulversuch des Jenaer Mathematikers und Astronomen Erhard Weigel zurückreicht (vgl. Coriand 2010). In Jena fand Petersen 1923, dem Jahr seiner Berufung, ein, für die damalige Zeit, progressives pädagogisch-akademisches Umfeld vor, an das für ihn inhaltlich und institutionell gut anzuschließen war. Der *Jena*-Plan ist in seiner Ursprünglichkeit die Fortsetzung eines *Jenaer* Wegs in Sachen Lehrerbildung (vgl. ausführlich Coriand 2009), Schulgestaltung und Schulautonomie sowie erziehungswissenschaftlicher Fundierung (vgl. ausführlich Coriand/Koerrenz 2009), Entwicklung und Modellierung praktischer Konzepte im universitären Raum.

Mit der Berufung des Reformpädagogen Peter Petersen auf den Lehrstuhl des Herbartianers Wilhelm Rein der Universität Jena schienen zunächst zwei Repräsentanten unversöhnlicher pädagogischer Epochen, Herbartianismus und Reformpädagogik bzw. von »Alt« und »Neu«, aufeinanderzuprallen. Petersen aber würdigt in seiner Antrittsrede anlässlich der Eröffnung der Erziehungswissenschaftlichen Anstalt die herbartianische Tradition der Lehrerbildung an der Jenaer Universität.[28] Er kündigt an, dass er diese Tradition fortsetzen will, aber ohne sich durch »eingelebte Gewohnheit« (Petersen 1924/1925, S. 58) bestimmen zu lassen. Vielmehr konzipiert er im Spannungsfeld der Jenaer Herbartianer seinen eigenen Weg. Mit *beiden* Herbartianern verbindet ihn das Kernstück der universitären Lehrerbildung in Jena: »Eine Herzensangelegenheit wird der Leitung dieser ›Erziehungswissenschaftlichen Anstalt‹ die *Übungsschule* sein und bleiben« (ebd., S. 67, Hervorh. i. Orig.). Das Anliegen, die Übungsschule auch für Forschungszwecke zu öffnen, teilt er mit Wilhelm Rein. In der Anlage der Schule als vollständigen Schulorganismus hingegen schließt er an Karl Volkmar Stoy an: »Nach den Anforderungen an eine Übungsschule, die ich stellen muß, hat sie in erster Linie ein *organisches* Ganze zu bilden« (ebd., S. 69, Hervorh. i. Orig.).

Die Universitätsschule Wilhelm Reins, die eben keinen solchen vollständigen Schulorganismus abbildete und im Urteil Petersens eher »der Ausbildung von Lehrertechniken und -methodiken« (Petersen 1925, S. 2) diente, schloss der neue Lehrstuhlinhaber, um am 1. April 1924 eine universitätseigene Versuchs- und Übungsschule nach eigenem Plan, dem Anfang des späteren Jena-Plans, zu eröffnen (vgl. U.-K. Petersen 1991, S. 23). Bei der praktischen Anlage des Jena-Plans knüpfte er an Stoys Pädagogik des Schullebens an:

»Heute, wo uns wieder die ganze Wirklichkeit des Schullebens in der alten Johann-Friedrichs-Schule Karl Volkmar Stoys in Jena bekannt geworden ist, wissen wir, daß

---

28 Petersen 1924/25, S. 56ff.: »Karl Volkmar Stoy und Wilhelm Rein, beide auf dem Boden der Herbartschen Pädagogik stehend und doch nach ihrem Schrifttum und Lebenswerk und nach der bereits in der Form geschichtlichen Urteils festgelegten Charakteristik, zwei grundverschiedene Persönlichkeiten, haben bis heute den Ruhm des Jenaer Universitätsseminars für Pädagogik durch Deutschland und über Deutschland hinaus getragen. [...] Eine mehr als 80jährige Tradition – die Übungsschule wird am 9. Dezember 1924 ihren 80sten Geburtstag begehen – ruht auf den Schultern dessen, der die Arbeit Stoys und Reins unter demselben heiteren Himmel Jenas, aber [...] unter veränderten [...] neuen Verhältnissen fortführen soll.«

er [...] wirklich eine Schulwelt im hellen Tageslichte aller Kräfte aus Erfahrung und Umgang aufbauen konnte. Denn in seiner Schule gab es neben dem üblichen Unterrichte [...] nun aber noch 1. das Turnen der ganzen Schulgemeinde als Gemeinschaftsturnen; Gartenarbeit in gebundener und in freier Form, verbunden mit Bastelarbeit; Wanderungen und die große Schulreise alljährlich; 2. die Schulfeste: Grundsteinfest, Weihnachtsfest, Turnfest, Wochenanfangs- und -schlußfeier; 3. nach der ›Schulordnung‹ die 6 Arbeitsgemeinschaften: ›Vereine‹ für Seelsorge, Turnen, Naturaliensammlung und botanischen Garten, für Bibliothek, Reise und Exkursionen, Musik; 4. die verschiedenen Konferenzen der Lehrer.« (Petersen 1937/ [6]1959, S. 14)

Im systematischen Denken ergibt sich ebenfalls eine Nähe zum Herbartianer Stoy: Stoy entfaltet in der methodologischen Enzyklopädie (vgl. Stoy 1861/[2]1878) Didaktik (Unterrichtslehre) *und* Hodegetik (Führungslehre) als notwendige Bestandteile einer Erziehungstheorie. Das – auch unter heutigen Problemlagen – pädagogisch Bedeutungsvolle einer Allgemeinen Didaktik in Wechselwirkung mit einer Führungslehre lässt sich in gebotener Kürze wie folgt skizzieren: Die Hodegetik Stoys thematisiert die pädagogische Notwendigkeit, das sachlich Gelernte im respektvollen Umgang mit anderen anzuwenden. Die Hodegetik bildet den theoretischen Rahmen für Überlegungen und Aktivitäten zur Schaffung von institutionellen Rahmenbedingungen, die solche Handlungsgelegenheiten ermöglichen, in denen die Heranwachsenden die Relevanz dessen, was sie gelernt haben, für ein gemeinsames Miteinander auch erfahren. Allgemeine hodegetische Grundsätze, beispielsweise in Konzepten des Schullebens realisiert, berücksichtigen die aktive Position der Schülerinnen und Schüler in allen nur denkbaren »erziehlichen Lebensformen« (Stoy 1929, S. 9) der Schule. Das beginnt bei der gemeinsamen Verfassung von Lebensordnungen, die sowohl das Miteinander unter disziplinarischen und ethischen Aspekten an der Schule regeln als auch die Lebensformen einer Schule bestimmen – wie Schulvereine, Schulreisen, Ausgestaltung von Räumlichkeiten in der Schule, Feste und Feiern, schulischer Freizeitbereich, Schulunterricht, Schülermitverantwortung, Studientage u. ä. (vgl. ebd., S. 33).

Ähnlich Petersen: Er wendet sich gegen die Methodisierung von Unterricht (vgl. Petersen 1937/[6]1959, S. 9ff.), indem er den Führungsbegriff der Stoyschen Hodegetik entlehnt und ebenfalls die Didaktik in den pädagogischen Kontext stellt – systematisiert in der Formel »Von der Methodik zur Pädagogik des Unterrichts« (ebd., S. 217). Führung und Unterricht verbindet Petersen in dem Begriff der »pädagogische[n] Situation«, die zugleich das Jena-Plan-Lebenselement verkörpert. Ganz allgemein wird der Begriff folgendermaßen expliziert:

> »*Pädagogische Situation* ist jener absichtsvoll gebildete und unterhaltene Lebens-
> kreis problemhaltiger (gleich: fragenerfüllter) Situationen, der dazu bestimmt ist,
> der allseitigen Entwicklung, Formwerdung (Bildung) und Reifung der rein menschli-
> chen Anlagen und geistigen Kräfte von Kindern und Jugendlichen die beste
> Umwelthilfe zu gewähren. Sie stellt die Jugend unter Reize und vor Aufgaben der
> mannigfaltigsten Art, durch die ein jeder genötigt wird, sich als *ganzer* Mensch, als
> ganze Persönlichkeit zu äußern, tätig zu werden, zu handeln und mit relativ abge-
> schlossenen Stellungnahmen und Leistungen zu antworten.« (Petersen/Petersen
> 1965, S. 109, Hervorh. i. Orig.)

Petersen transformiert das in zwei Kombinationen von Führung und Unterricht:

◆ Die Pädagogische Situation ist »ein problemhaltiger Lebenskreis von
  Kindern oder Jugendlichen um einen Führer« (Petersen 1937/⁶1959,
  S. 20) und »von diesem in pädagogischer Absicht derart geordnet«
  (ebd.), dass »ein Umkreis besonderer Spannungen aus den drei Wirklichkeiten: Gott, Natur und Menschenwelt« (ebd., S. 25) entstehen
  kann. Von dieser spannungserzeugenden »Umweltgestaltung« im Vor-
  feld des Unterrichts handelt die »Führung des Unterrichts« (vgl. ebd.,
  S. 20).
◆ Die vorbereitete Ordnung bedarf der situationsgerechten Nutzung während des Unterrichtens, so »daß jedes Glied des Lebenskreises genötigt
  [...] wird, als ganze Person zu handeln, tätig zu sein« (ebd.). »Alle diese
  Spannungen innerhalb der pädagogischen Situation haben ein einziges
  Ziel: die Übernahme [der Spannungen, R. C.] durch Handeln ihrer Glieder. Es muß [...] zur menschlichen Begegnung kommen« (ebd., S. 31).
  Von dieser Aufgabe des Lehrenden in der Unterrichtssituation selbst
  handelt die »Führung im Unterricht« (ebd., S. 20).

Vor diesem Hintergrund präzisiert sich das Interesse Petersens an der
Stoyschen Universitätsschule. Die erziehungstheoretisch begründeten pädagogischen Situationen, nach denen Stoy seine Schule organisierte, und
die reflektierte Arbeit mit ihnen im Rahmen der Lehrerbildung sorgten
für Petersens Aufmerksamkeit: Stoy »besaß die Gabe, jede der zahlreichen
pädagogischen Situationen seiner Schulwelt in ihrer Besonderheit zu formen und auszuwerten« (ebd., S. 14). Im Jena-Plan finden sich die typischen pädagogischen Situationen der Schule des Jenaer Pädagogischen
Universitätsseminars von Karl Volkmar Stoy wieder – wie Schulreisen, Arbeit im Schulgarten (vgl. Petersen1927/¹³/¹⁴1946, S. 45), Turnen, Feste (vgl.
ebd., S. 89). Sie werden durch andere ergänzt – z. B. den Gruppenunter-

richt und die Gesprächskreise (vgl. ebd.). Nur sind sie im Schulleben der Jena-Plan-Schule auf eine Weise geordnet, die den traditionellen Stundenplan und die traditionelle Fächergliederung zu überwinden hilft. Petersen ordnet die pädagogischen Situationen nach den »Grundformen«, »in denen der Mensch *nach außen* tätig wird *im Verein mit anderen*« (Petersen 1937/⁶1959, S. 98, Hervorh. i. Orig.): Gespräch/Unterhaltung (z. B. der Gesprächskreis in seinen Varianten, die Gespräche im Schulgarten oder auf Lehrspaziergängen), Spiel (z. B. Lernspiele, Turnspiele, Theaterspiel), Arbeit (z. B. Gruppenarbeit, Niveaukurse, Wahlkurse), Feier (z. B. Morgenfeier oder gemeinsame Wochenschlussfeier) (vgl. ebd., S. 98ff.).

Jede in die Schulwelt integrierte Lebenssituation zeigt sich immer anders. Das ihnen Gemeinsame – das Pädagogische – zum Tragen zu bringen erfordere:

> »Der Pädagoge muß ein Wissen darum und ein Gefühl dafür entwickeln, was jeweils anders wird und wie man sich demgemäß als Pädagoge, d. i. ja als Führer der Schüler, zu verhalten hat. Also wird zur ersten Aufgabe: feinste Kenntnis der Grundstruktur und des eigentlichen Sinnes aller Situationen; denn nur dann kann es dahin kommen, daß sie bestens pädagogisch gedeutet und ausgebaut, pädagogisch geladen und geleitet werden. [...] Die Zeit der Rezepte und der Schemata ist freilich endgültig vorüber.« (Ebd., S. 13)

2 Exemplarisch: Blended Learning

(gemeinsam mit Stephan Krebs)

Hier befinden wir uns im Bereich der so genannten »neuen« (digitalen) Medien. Deshalb, aber auch weil das Blended Learning als pädagogisch-didaktisches Konzept erst im Werden begriffen ist, soll mit einem Exkurs in die Mediengeschichte begonnen werden.

2.1 »Neue Medien« – eine Vorgeschichte

Unterrichtskonzepte als Theorien zweiten Grades drücken eine besondere Vorstellung ihrer Vertreter von Lehre und pädagogischer Arbeit aus – durchaus auch in klarer Abgrenzung zu anderen Unterrichtskonzepten und gekoppelt an einen Veränderungswillen. Der Reformgedanke, mit dem das Blended Learning in Verbindung gebracht wird, resultiert zunächst aus Veränderungen, die mit der von Ralf Vollbrecht (vgl. Vollbrecht 2001, S. 19) konstatierten dritten Medienrevolution, in der wir uns aktuell befinden, einhergehen. Ehe wir uns jedoch in unser mediales Zeitalter mit seinen Erfordernissen und Möglichkeiten für die Gestaltung von Lehren-Lernen-Prozessen begeben, kurz zur Frage: Welche Medienrevolutionen haben – nach Vollbrecht – vorher stattgefunden?[29]

Vollbrecht charakterisiert als erste Medienrevolution die Entwicklung der Schrift bzw. den »Übergang der Gesellschaften von der Oralität zur Schriftkultur« (ebd., S. 13). Das »kulturelle Gedächtnis« sei nun nicht mehr nur auf das Speichermedium »Kopf« in Gestalt der rein mündlichen Überlieferung angewiesen. Sokrates (ca. 470/469 bis 399 v. Chr.) und sein Schüler Platon (427–347 v. Chr.) waren Zeitzeugen eines solchen Wandels, und dank der Aufzeichnungen Platons sind die im Dialog mit seinem Schüler zum Ausdruck gebrachten Befürchtungen Sokrates' hinsichtlich der Auswirkungen auf die Lehre dokumentiert:

> »Wer die Schrift gelernt haben wird, in dessen Seele wird zugleich mit ihr viel Vergesslichkeit kommen, denn er wird das Gedächtnis vernachlässigen. [...] Deine Menschen werden jetzt viel, sehr viel lernen, aber alles ohne zugleich darüber eigentlich belehrt zu werden; die Menschen werden dir jetzt viel zu wissen meinen, während sie nichts, nichts wissen.« (Sokrates zit. n. Vollbrecht 2001, S. 14)

Mit der Einführung des neuen Mediums Schrift wird zugleich ein neuer Lehrgegenstand eingeführt, und damit fällt das »alte Wissens- und Organisationsmonopol« der »Herren der Rhetorik in oralen Kulturen« (vgl. ebd., S. 14f.). Der Übergang von der Oralität zur Schriftlichkeit vollzog sich gleichwohl über einen sehr langen Zeitraum und beginnt in Ansätzen bereits früher; Zeugen hierfür seien die um 3300 v. Chr. in Mesopotamien auftauchende Keilschrift sowie ihr zur ähnlichen Zeit in Ägypten auftretendes Äquivalent in Form der Hieroglyphen (vgl. Faulstich 1997, S. 25f., 127ff.).

Johannes Gutenbergs Erfindung des Buchdrucks um 1448 durch die gegossenen beweglichen Lettern und die so möglich gemachte vergleichs-

---

29 Zur Frage der Medienrevolutionen gibt es freilich – je nach systematischem Zugang – unterschiedliche Auffassungen. So konstatiert beispielsweise auch der Medienwissenschaftler Werner Faulstich, dass »sich mit der Herausbildung der neuen digitalen Medien« (Faulstich 2004, S. 204) eine – systemgeschichtlich gesehen – neue, nach seiner Klassifizierung 8., Periode angekündigt hat (vgl. auch Giesecke 1992, S. 36ff.).

weise massenhafte Buchproduktion leiteten die zweite mediale Revolution ein und sorgten dafür, dass das Monopol der Mönche, die in Klöstern, an Bischofssitzen sowie an den aufkommenden Universitäten die handschriftliche Buch- und Wissensproduktion steuerten, fiel (vgl. Vollbrecht 2001, S. 15). Es folgten die ersten Wochenzeitungen und im 17. Jahrhundert die ersten Tageszeitungen. Das hatte auch Erneuerungen für die Lehre zur Folge: Unter anderem setzte sich an den Schulen die Muttersprache gegenüber z. B. Latein als Unterrichtssprache[30] durch, ebenso an den Universitäten[31]. Die Beherrschung des Lesens, Schreibens und Rechnens nimmt an Bedeutung im Alltagsleben der Menschen zu und sorgt für die Durchsetzung der Schulpflicht (vgl. ebd., S. 15f.).

Schließlich verortet Vollbrecht die dritte bzw. die »digitale« Medienrevolution im so genannten Informationszeitalter – eingeleitet gegen Ende des 20. Jahrhunderts. Jetzt wird umgestellt auf »neue Medien der kulturellen Erinnerung, der Datenspeicherung, des technisch implementierten Gedächtnisses und damit wieder ein tiefgreifender Medienwandel eingeleitet« (ebd., S. 19). Um welches (Bildungs-)Monopol wird nun gestritten?

Das Medium Internet beispielsweise ermöglicht in Hochgeschwindigkeit und zu immer niedrigeren Kosten die ständige, weltweite Verfügbarkeit von Informationen praktisch für und von jedermann. Eine Folge der Vernetzung und des schnellen Zugangs zu den inflationär ansteigenden Informationsangeboten ist, dass sich nun das Bildungsmonopol öffentlicher Bildungsinstitutionen wie der Schule oder der Universität aufzulösen scheint. Das persönlich bedeutsame und selbst initiierte Lernen gewinnt gegenüber dem in Institutionen verordnetem Lernen an Gewicht. Den Angriff auf das Bildungsmonopol der Schule – und auf die große Errungenschaft unserer Zivilisation, der Schulpflicht – dokumentieren Printmedien eindrucksvoll. Exemplarisch sei die Zeitschrift »Fokus« vom 24. Januar 1994 herangezogen. Diese titelt ganz im Sinne ihres Leitartikels »Nie wie-

---

30 Zu den Kritikern dieser Unterrichtspraxis gehörte der Didaktiker Wolfgang Ratke, der in einer Erklärung, die er seiner schulprogrammatischen Schrift »Memorial« aus dem Jahr 1612 beigab, am Unterricht seiner Zeit das Vorherrschen von Latein bemängelte. Die Kinder sollten naturgemäß zuerst ihre Muttersprache richtig lesen, schreiben und sprechen lernen, ehe sie sich den fremden alten Sprachen zuwenden (vgl. Toischer 1915, S. 182).

31 An der Universität Jena beispielsweise hielt bereits im 17. Jahrhundert der Mathematiker und Astronom Erhard Weigel aus vollster Überzeugung seine Vorlesungen in deutscher Sprache statt in dem zur damaligen Zeit als gelehrt geltenden Latein oder Griechisch (vgl. Mägdefrau 1958, S. 130).

der Schule!« (vgl. Sonnenleiter/Jurtschitsch 1994), bildet auf der Titelseite einen Schüler vor dem Computer sitzend ab und rückt die entsprechende provokante These in den Vordergrund: »Die neue Lerngesellschaft: Software statt Lehrer; Computer statt Bücher; Erfolg statt Frust.« Das im Artikel zusammengefasste Schlagzeilen-Urteil der dort angeführten Bildungskritiker über die Schule lautet: »ineffizient, reformunfähig, ungeeignet für das Informationszeitalter« (ebd., S. 103). Als Argumente für die radikalen Thesen werden z. B. angeführt:

- Neue Technologien machten die Lehrer zu Schülern ihrer Schüler (vgl. ebd., S. 104).
- Das geschriebene Wissen der Menschheit verdopple sich alle fünfeinhalb Jahre. Im Gegenzug dazu sei die fachliche Qualifikation eines angehenden Lehrers oft fragwürdig, da mit dem Bestehen des Staatsexamens bereits ein Großteil des gerade erworbenen Wissens wieder veraltet sei (vgl. ebd., S. 104f.).
- Mit der rasanten Veränderung der Welt könne das gegenwärtige Schulsystem nicht mehr mithalten; es reagiere so langsam, dass »in den Köpfen der Kinder ein Archiv veralteten Wissens« (ebd., S. 105) zwischengelagert werde.
- Die Schulen verkörperten »die typische Indoktrinationsphilosophie des industriellen Zeitalters« (ebd.) – sprich mechanisches Pauken und Dominanz der Lehreraktivität seien an der Tagesordnung – und würden die Menschen behindern, die aus eigenem Antrieb lernen wollen.
- Lehrer könnten Wissen nicht annähernd so gut weitergeben wie Computer: »Computerprogramme können sich an das Leistungsniveau des Schülers anpassen: Schlechtere Schüler erhalten automatisch häufiger Wiederholungslektionen, bessere werden durch ein höheres Arbeitstempo belohnt. Insbesondere schlechtere Schüler profitieren von der ›unendlichen‹ Geduld ihres maschinellen Lehrers« (ebd., S. 106).

Obgleich die Kurzschlüssigkeit und Pauschalität mancher Argumente offenkundig ist, so veranschaulichen sie doch pointiert und nachvollziehbar Übergangsprobleme sowie die Unumgänglichkeit eines grundlegenden Umdenkens hinsichtlich der Einbindung der digitalen Medien in die Unterrichtsprozesse.

Mit den neuen Informationstechnologien war der Anlass gegeben für die Entwicklung von Unterrichtskonzepten in Gestalt virtueller E-Learning-Angebote, allerdings weniger auf dem Schulsektor, sondern vor allem im Bereich der betrieblichen Aus- und Weiterbildung und – etwas zurückhaltender – im wissenschaftlichen Hochschulbereich (vgl. Pachner 2009, S. 64f.). Beim E-Learning – definiert als »Oberbegriff für alle Varianten der Nutzung digitaler Medien zu Lehr- und Lernzwecken, sei es auf digitalen Datenträgern oder über das Internet« (Kerres [4]2013, S. 6) – rückt die Präsenz der Lehrperson zugunsten der Lerneraktivierung in den Hintergrund. Der Lehrende konzentriert sich vor allem auf die Konstruktion der virtuellen Lernumgebung, indem er entsprechende distributive (informationsverteilende), interaktive (die Interaktion mit dem digitalen Medium zulassende) und kollaborative (die Kooperation und Kommunikation der Akteure ermöglichende) Technologien nutzt (vgl. Pachner 2009, S. 58–64). Die Erwartungen an das institutionalisierte E-Learning waren und sind angesichts z. B. der Möglichkeit, unabhängig von der Verpflichtung der Lerner auf eine bestimmte Veranstaltungszeit und einen Veranstaltungsort sowie entsprechend dem individuellem Lerntempo Lehren-Lernen-Prozesse selbst organisieren zu können, hoch. Außerdem scheint die Anregung von Selbsttätigkeit und Selbstbestimmung beim Lernen und Studieren auf der Hand zu liegen. Die Hoffnungen waren sogar so weitreichend, dass man zum Ende des 20. Jahrhunderts davon ausging, dass 2005 über 50 % der Studierenden in virtuellen Universitäten eingeschrieben sein werden (vgl. Mandl/Kopp 2006, S. 4). Allerdings trafen die Annahmen bislang nicht zu. Gründe dafür sehen Mandl und Kopp einerseits in der geringen Akzeptanz von E-Learning sowohl bei Lehrenden als auch Lernenden. Andererseits bedürfen solche Angebote der nachhaltigen Pflege und Erneuerung, die mit großem finanziellen und personellen Aufwand verbunden sind. Abgesehen davon, dass manche Lehr-Lern-Inhalte nicht geeignet seien, virtuell aufbereitet zu werden (vgl. ebd.). Nicht zuletzt ist der persönliche Umgang mit anderen Menschen in der realen Welt ein nachgewiesen lebensnotwendiger Faktor der Persönlichkeitsentwicklung.

Angesichts solcher Gegebenheiten gewinnen zunehmend Szenarien des Blended Learning gegenüber virtuellen E-Learning-Modellen an Aufmerksamkeit. »Der Begriff *Blended Learning* verweist auf die Kombination des mediengestützten Lernens mit *Face-to-face*-Elementen in Lernarrangements« (Kerres [4]2013, S. 9, Hervorh. i. Orig.). Dabei geht die Reformidee von der Annahme aus, dass durch die Verknüpfung von konventioneller Präsenz-Lehre mit virtuellen Lernangeboten die Vorteile beider Arrangements stärker zum Tragen kommen und die jeweiligen Nachteile zumindest teilweise kompensiert werden könnten. Klar ist natürlich auch hier, dass die Sicht auf Vor- und Nachteile vom jeweiligen Bildungs- und Erziehungsverständnis der Nutzer und Vertreter dieses Lehrkonzepts abhängt.

Im Rahmen der Darstellung eines Exempels für Theorien zweiten Grades interessieren weniger die punktuellen Anreicherungen des Präsenz-Unterrichts durch die Arbeit mit digitalen Medien als vielmehr die weitgehend in sich geschlossenen und auf Dauer gestellten Konzeptionen, was inhaltliche und methodische Varianzen innerhalb des Systems nicht ausschließt. Vorgestellt wird hier ein Blended-Learning-Konzept, das für die grundständige Vorlesung »Einführung in die Allgemeine Didaktik« im Lehramt-Bachelor-Studiengang, die die Autorin derzeit hält und verantwortet, von beiden Autoren dieses Kapitels entwickelt wurde und sich seit dem Sommersemester 2015 als Lehrprojekt im unterstützenden Rahmen der E-Learning-Strategie der Universität Duisburg-Essen (vgl. Universität Duisburg-Essen 2014) in der Umsetzung befindet – selbstverständlich mit dem Anspruch der ständigen Optimierung.

2.2 Das Blended Didaktikum – ein Lehrformat an der Universität Duisburg-Essen

Ausgangssituation

Bei der betreffenden Vorlesung, die sich an Bachelorstudierende mit Lehramtsoption für alle an der Universität Duisburg-Essen angebotenen Fächerkombinationen richtet, handelt es sich um eine obligatorische Großveranstaltung mit regelmäßig weit mehr als 1000 Hörern. Die vorwiegend aus den ersten beiden Fachsemestern stammenden Teilnehmer sollen im Rahmen dieser mit zwei Semesterwochenstunden veranschlagten Veranstaltung einen systematischen Zugang zu den Feldern und Begriffen »Erziehung« und »Unterricht« erhalten, Einblick in die wissenschaftstheoretischen Grundlagen zur pädagogisch-didaktischen Theoriebildung gewinnen, ausgewählte didaktische Theorien kennenlernen und das Verhältnis von erziehungswissenschaftlicher Theorie und pädagogischer Praxis sowie das Technologieproblem der Erziehung nähergebracht bekommen. Mit anderen Worten: Es handelt sich genau um die Vorlesung, die den Anlass zu dieser Monographie gab und deren Inhalt sich an derselben Publikation orientiert. Zum erfolgreichen Abschluss der Vorlesung gehört das Bestehen einer 90-minütigen benoteten Bündelklausur, die sich jeweils zur Hälfte aus Inhalten der beschriebenen Vorlesung sowie einer weiteren, nicht in der Verantwortung der Autorin befindlichen Vorlesung zusammensetzt.

Bis zum Wintersemester 2014/15 fand die Vorlesung noch in der klassischen Vortragsform statt – ergänzt durch Videoelemente und die übliche

Bereitstellung von Texten, Literaturhinweisen und Präsentationsfolien in einem physischen wie virtuellen Semesterapparat für die Vor- und Nachbereitung. Zudem erfolgte aus Raumkapazitätsgründen in der Regel eine Verteilung der Hörerinnen und Hörer auf drei Kinosäle, wobei die reale Vorlesung in die benachbarten Säle übertragen wurde. Angesichts solcher Gegebenheiten ist die aktive Einbindung der Studierenden z.B. mittels Frage- und Diskussionsmöglichkeiten im Plenum nahezu unmöglich. Von einer Betreuung der Studienanfänger – selbst in den Grenzen einer Vorlesung und unter Berücksichtigung des Angebots *eines* Tutoriums für Klausur-Wiederholer – kann kaum die Rede sein.

Anliegen und Konzeptbegründung

Zugegebenermaßen bildeten die äußeren Rahmenbedingungen und die damit verbundene problematische Betreuungsrelation den Hauptanlass, um über eine grundlegende Neukonzeption dieser Lehrveranstaltung nachzudenken. Und: Die *vollständige* Versetzung der Studierenden aus dem überfüllten Hörsaal in eine virtuelle Studienumgebung stand in dem Zusammenhang durchaus als unausgesprochene Möglichkeit im Raum. Allerdings war das für uns – angesichts der oben skizzierten Probleme virtueller E-Learning-Arrangements und angesichts der Tatsache, dass unsere Studenten mit der Universität Duisburg-Essen keine Fernuniversität gewählt haben – keine Option für die Studieneingangsphase, in der die Erstsemester zunächst an die Studienkultur einer Universität im Unterschied zur Kultur des Pflichtschulunterrichts heranzuführen sind. Darüber hinaus verbietet sich eine solche Lehrform in dem frühen Stadium des Hochschulstudiums, da es sich bei der Allgemeinen Didaktik um ein Gebiet handelt, das die angehenden Lehrerinnen und Lehrer – anders als Mathematik oder Geographie – als Schulfach nicht kennengelernt haben und man hier nicht unbedingt von einem gewissen Grundverständnis ausgehen kann. Vor dem Hintergrund der Frage – Was wollen wir durch die Neukonzeption an didaktischem Mehrwert erreichen? – bestand für uns also das Problem, wie viel reale Vorlesung soll didaktisch begründbar noch übrigbleiben und gegebenenfalls wie umgestaltet werden, und welchen Anteil lagern wir aus.

Hauptanliegen universitärer Veranstaltungen im Allgemeinen und des Blended Didaktikums im Besonderen muss nach unserer Auffassung[32] sein, die Studierenden an ein *reflektiertes* Selbststudium heranzuführen und seine Bedeutung für ein *selbstbestimmtes* Studium erfahrbar zu machen.

Die Allgemeine Didaktik gehört zu den Universitätsdisziplinen, die stark durch einen Theoriepluralismus und von Theoriedebatten geprägt sind. Zudem nötigt die Didaktik den künftigen Praktiker – folgt man dem Theoriebegriff im hier vertretenen Mehrebenen-Modell – zur Positionierung hinsichtlich seiner Vorstellung von Unterrichtsqualität, die er nur in der Auseinandersetzung mit verschiedenen Theorien gewinnt, seine eigene, subjektive inbegriffen. Dementsprechend besteht die Funktion der hier umzugestaltenden Vorlesung in der authentischen, systematischen Entwicklung der Fachperspektive der Lesenden. Sie gibt einen Theorieüberblick, der der anschließenden Vertiefung in einzelne, im Idealfall von Studierenden zu wählende Theorien bedarf. Anders ausgedrückt: Die Vorlesung bietet eine Vororientierung und Vorstrukturierung des anzuregenden reflektierten Selbststudiums. In dieser Ausdeutung bahnt die Vorlesung als didaktische Reduktion und wissenschaftliche Position *eines* Lesenden[33] die Textarbeit als Hinführung in die Auseinandersetzung mit *mehreren* Autoren zur Ableitung erster eigener unterrichtskonzeptioneller Konsequenzen und Anwendungen an.

Selbstbestimmung im neuen Blended-Learning-Format erfahrbar zu machen, heißt hier in der allereinfachsten Form, Wahlmöglichkeiten zu schaffen. Bestenfalls geht es um einen Beitrag zu dem, was Wolfgang Klafki mit »Befähigung zu vernünftiger Selbstbestimmung« (Klafki [6]2007, S. 19) meint. Sie schließe die Emanzipation von Fremdbestimmung ein,

---

32 Didaktische Theorien zweiten Grades erwachsen aus dem jeweiligen wissenschaftlich reflektierten Erziehungs- und Bildungsverständnis ihrer Vertreter – deshalb der persönliche Zugang.

33 Es ist sicher unstrittig, dass Lesende ständig an der didaktischen Aufbereitung ihrer Vorlesung arbeiten, in der Setzung von inhaltlichen Schwerpunkten variieren und vielleicht auch ins Gespräch kommen wollen, weswegen es wenig sinnvoll erscheint, eine komplette Vorlesung zu streamen und jedes Semester erneut abzuspielen. In dem Fall ist – wenn Studierende tatsächlich aus bestimmten Gründen die Vorlesung zur angegebenen Zeit nicht besuchen können – das hier vorliegende Fachbuch, das der Vorlesung zugrunde liegt und auf das die Aufgaben in der virtuellen Studienumgebung abgestimmt werden, die eindeutig bessere Alternative zur Präsenzvorlesung als eine aufgezeichnete Vorlesung, die Positionen letztlich immer hörerfreundlich verkürzt darstellen muss.

»als Befähigung zur Autonomie, zur Freiheit eigenen Denkens und eigener moralischer Entscheidungen« (ebd.) – was eine wesentliche Kompetenz für den verantwortungsvollen Umgang der Lehrerinnen und Lehrer mit ihren Schülern darstellt.

Nun ist die Vorlesung eine universitätstypische Lehrveranstaltung, die sich vom äußeren Format her schon immer dadurch ausgezeichnet hat, dass sie dem Studenten in organisatorischer Hinsicht eine große Flexibilität ermöglicht, denn er kann entscheiden, sie zu besuchen oder es zu lassen; er kann eigenverantwortlich bei der Aneignung der Inhalte und der Klausurvorbereitung agieren sowie erkenntnisinteressengeleitet selbst Studienschwerpunkte setzen. Es besteht so gesehen keine Veranlassung, den Studierenden diese Wahloption zu nehmen, indem auf die Präsenzvorlesung im Konzept komplett verzichtet wird; sie bleibt ein wesentliches Element des Blended Didaktikums.

Ein *zweites* Anliegen besteht in der deutlichen Verbesserung der Betreuungssituation durch die Implementierung neuer Kommunikationsformen und der Entwicklung von Möglichkeiten individueller Leistungsrückmeldungen in einer virtuellen Studienumgebung. Das soll zum einen durch Öffnung verschiedener internetgestützter Kommunikationskanäle, die immer ortsunabhängig (synchron), teils auch zusätzlich zeitunabhängig (asynchron) konzipiert sind (vgl. Kerres [4]2013, S. 10) und sowohl mit dem Dozierenden als auch innerhalb der Studierendenschaft, also »[...] unter Gleichen (peer to peer)« (ebd., S. 16), nutzbar sind, erreicht werden. Zum anderen wird im virtuellen Raum differenziertes Aufgabenmaterial fakultativ zu den Vorlesungsinhalten angeboten, das aufgrund seines adaptiven Komplexitätsniveaus eine leistungs- und interessenbasierte Wahl ermöglicht. Die Studierenden sollen – in Abhängigkeit von den technischen Möglichkeiten, die ggf. auch noch zu entwickeln sind – zu ihren eingereichten Lösungen ein möglichst individuelles Feedback erhalten.

Letzten Endes wollen wir *drittens* mit dem Blended Didaktikum die Studierendenden bei ihrer Klausurvorbereitung unterstützen in der Hoffnung, dass sich das positiv auf die Klausurergebnisse auswirkt.

In toto handelt es sich bei dem nun darzustellenden Konzept um ein hybrides Lernarrangement, da es nicht »um die Überlegenheit bestimmter Medien und didaktischer Methoden, sondern um deren Kombination« (Kerres/Jechle 1999, S. 25) geht. Mit Kombination ist in dem Zusammenhang nicht nur eine gewisse Medienvielfalt gemeint, sondern ebenso die Vermischung von Präsenzlehre und E-Learning. Dies wird, in Analogie zur Begrifflichkeit des E-Learnings, durch den englischen Ausdruck Blended Learning beschrieben. »Blended Learning is a formal education program in which a student learns at least in part through online delivery of content and instruction with some element of student control over time, place, path, and/or pace *and* at least in part at a supervised brick-and-mortar location away from home« (Staker/Horn 2012, S. 3, Hervorh. i. Orig.). Das gab den Ausschlag für den ersten Teil (Blended) des von uns konstruierten Konzeptnamens »Blended Didaktikum«. Diesen modernen Zugang zum Lernen wollten wir, um dem »alt«-bewährten Vorlesungsformat Genüge zu tun, mit etwas Traditionellem aus der Geschichte der Lehrerbildung verbinden. Da der Vorlesungsgegenstand »Didaktik« selbst ein traditionsreicher Begriff ist und zugleich einen programmatischen Anspruch symbolisiert, lag es nahe, ihn hierfür in irgendeiner Weise zu verwenden. Bei »Didaktikum« denken Kenner vermutlich zuerst an das von Paul Heimann an der Berliner Pädagogischen Hochschule entwickelte pädagogische Praktikum namens »Didaktikum« (vgl. Heimann 1962/1976). Für die Bezeichnungsweisen bezüglich unserer Vorhaben (Didaktikum, E-Pensum, E-Reflektorium) haben wir jedoch Anleihe bei den Veranstaltungen des Stoyschen Universitätsseminars in Jena (Pädagogikum, Praktikum, Kritikum, Scholastikum) im Kontext seines Konzeptes der Pädagogischen Bildung genommen (vgl. Coriand 2000, S. 176–183).

Konzeptskizze

Wie bereits ausgeführt, werden im Rahmen des Konzepts Elemente der Präsenzlehre und jene aus dem E-Learning sinnvoll miteinander verknüpft und didaktisch aufbereitet. Da die Präsenzlehre auf eine lange und erprobte Historie zurückgreifen kann, ist insbesondere die Konzeption der E-Learning-Elemente zum Schwerpunkt erhoben worden. Für das Blended Didaktikum wird permanent an der Entwicklung einer virtuellen Studien- und Prüfumgebung gearbeitet, die geeignet ist, die oben genannten Ziele erreichbar zu machen: Wir haben sie »E-Reflektorium« genannt (Abb. 8), weil durch sie sowohl die Reflexion von Inhalten als auch die Reflexion der eigenen Leistung unterstützt werden soll.

Die Umgebung, die größtenteils in Moodle abgebildet und nur durch die zusätzliche Prüfungssoftware JACK[34] ergänzt wurde, enthält neben der

---

34 Nähere Informationen zum vom paluno entwickelten System JACK finden sich online (Zugriff: 22.03.2015) unter http://www.s3.uni-duisburg-essen.de/forschung/e-learning-and-e-assessment/jack/ (vgl. z. B. auch Striewe/Goedicke/Balz 2008). Unser besonderer Dank gilt hier insbesondere der Unterstützung von Herrn Prof. Dr. Michael Goedicke und seinem Team.

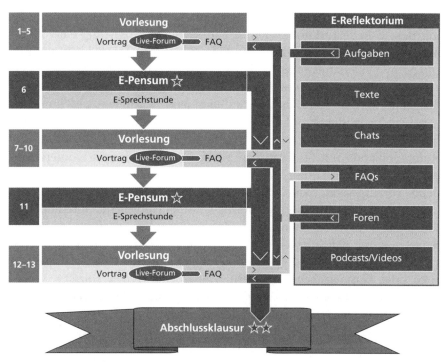

Abb. 8: Das Essener Blended Didaktikum

Pflichtlektüre zur Vorlesung auch optionale, vertiefende und thematisch sortierte Literaturhinweise. Jeweils abgestimmt auf diese Lektüre sowie die Themen der jeweiligen Präsenzveranstaltung werden zusätzlich Übungs- und Anwendungsaufgabenaufgaben als Freitextaufgaben oder im Lücken- text- oder »multiple choice/select«-Format angeboten, deren Bearbeitung auf rein freiwilliger Basis geschieht, für die eingereichten Lösungen zu ei- ner Aufgabenauswahl aber ein individuelles Feedback an die Studierenden erfolgt. Insofern die Prüf-Software an ihre für uns kalkulierbaren Grenzen gerät, werden zur Korrektur inhaltlich angeleitete studentische Tutoren eingesetzt. Zweck dieser Aufgaben ist zum einen die Nachbereitung der jeweiligen Präsenzsitzung und damit die Sicherung der Inhalte, wozu die Aufgaben jeweils eine Woche nach der Veranstaltung bearbeitbar bleiben. Zum anderen lässt sich seitens der Lehrenden aber an den Ergebnissen der Aufgaben ebenfalls ablesen, welche Verständnisprobleme noch vorlie- gen. Diese können dann entweder im Rahmen der so genannten »Fre- quently Asked Questions« (FAQ), einem weiteren Element des E-Reflekto- riums, oder aber in einer der nächsten Sitzungen besprochen werden. Für

93

die Erläuterung und Diskussion derlei Inhalte, die sich aus dem Umgang mit dem E-Reflektorium ableiten, ist in jeder Präsenzsitzung eine 30-minütige Phase vorgehalten (Abb. 8). Eine zusätzliche Möglichkeit zur Klärung von Verständnisfragen bilden die Live-Foren, die während der Präsenzvorlesung angeboten und deren Fragen sowie Antworten in die FAQs überführt werden. Auch die hier aufkommenden, anonym gestellten Fragen können in der 30-minütigen Abschlussphase der Vorlesungssitzung beantwortet oder diskutiert werden. Damit die virtuelle Interaktion und Kommunikation von Studierenden mit der Dozierenden oder untereinander aus der Veranstaltung heraus problemlos funktioniert, wird selbstredend vorausgesetzt, dass die Studierenden, neben dem vorhandenen WLAN, auf eigene mobile Datentarife sowie entsprechende internetfähige Endgeräte zugreifen können.[35] Zur weiteren vertieften Auseinandersetzung mit den Inhalten der Allgemeinen Didaktik werden kurze Podcasts angeboten, die in der Vorlesung angeschnittene Themen weiterführend oder beispielgebend erläutern. Außerdem werden einzelne Videos von Unterrichtssequenzen zu sehen sein, die in Aufgaben eingebunden zur Auseinandersetzung einladen sollen. Diese Unterrichtsszenen stellen zugleich eine Möglichkeit dar, um die Praxisrelevanz der Didaktik, beispielsweise in der Frage der didaktischen Phasierung des Unterrichts, anschaulich zu machen. Als Mittel der Kommunikation der Studierenden untereinander oder mit der Professorin im Rahmen der so genannten E-Sprechstunde, also einer über das Internet abgehaltenen Sprechstunde, wird ferner ein Chatsystem angeboten und gepflegt. Um die hier stattfindende, konzeptionell mündliche und flüchtige Kommunikation zu erhalten, bleiben die Chatprotokolle für die Studierenden sichtbar gespeichert.

Einen besonderen Stellenwert im Blended Didaktikum nehmen die beiden E-Pensen ein. Da wir natürlich nicht davon ausgehen, dass Studenten ausschließlich intrinsisch motiviert ihr Studium absolvieren, haben wir nach möglichen Leistungsanreizen gesucht: Das E-Pensum ist eine solche Einrichtung, mittels derer die Studierenden die Gelegenheit erhalten, vorab eine angemessene Anzahl von Punkten zu erwerben, die sie nach einem festgelegten Modus in die am Schluss *bestandene* Klausur zur Verbesse-

---

35 Die aktuelle JIM-Studie 2014 lässt darauf schließen, dass die Verbreitung von entsprechenden Endgeräten unter den Studierenden heutzutage nahezu vollständig ist. So kommt die Studie nach Befragung von 1200 Probanden im Alter von 12–19 Jahren beispielsweise zu dem Ergebnis, dass 89 % der 18–19-jährigen über ein Smartphone sowie 85 % derselben Altersgruppe über eine mobile Internetflatrate verfügen (vgl. Medienpädagogischer Forschungsverbund Südwest 2014, S. 45f.).

rung der Klausurnote einbringen *können*. Zu diesem Zweck entfällt zweimal im Semester die Präsenzvorlesung, und exakt begrenzt auf diese Zeit wird ein bestimmtes Pensum an Freitextaufgaben im E-Reflektorium zur Bearbeitung freigeschaltet. Dabei stehen die Zusammenarbeit der Studenten sowie die Nutzung von Literatur und anderen Medien in ihrer Verantwortung und sind ausdrücklich erwünscht. Selbstverständlich liegt auch der Gebrauch dieses Angebots in der freien Entscheidung der Vorlesungsteilnehmer, denn die abschließende obligatorische Klausur ist unabhängig davon vollständig zu bewältigen.

Es bleibt zu konstatieren, dass durch die beschriebene Verknüpfung von Präsenz- und Online-Inhalten, Kommunikationskanälen und Interaktionsmöglichkeiten versucht wird, eine virtuelle Studien- und Prüfumgebung zu schaffen, welche die Beurteilungskriterien für einen Bildungsraum nach Arnold, Kilian, Thillosen und Zimmer (vgl. 2011, S. 72f.) erfüllen: Aushandlung von Lernressourcen unterhalb der Studierenden, Unterstützung von Koordinationsprozessen, Ermöglichung des Monitorings, individuelle Anpassung des Lernraums, Ermöglichung des selbstorganisierten Studiums und eine gewisse Adaptivität.

Zusammenfassung

Bereits in der Konzeptionsphase wurde deutlich, dass Aufbereitung und Gestaltung einer anspruchsvollen virtuellen Studien- und Prüfumgebung nur mit großem zeitlichen und personellen Einsatz möglich sind. Beispielsweise erfordern die mit der angestrebten Verbesserung der Studierendenbetreuung verbundenen multidirektionalen Kommunikationswege eine intensive Pflege. Insbesondere aber der Anspruch, eine möglichst individuelle Rückmeldung zu eingereichten Aufgaben oder E-Pensen zu geben, ist mit einem enormen Korrekturaufwand verbunden. In dem Zusammenhang bleibt besonders die Korrektur und Bewertung von sowie Rückmeldung zu den Freitextlösungen eine Herausforderung, für die noch geeignete softwarebasierte Hilfen entwickelt werden müssen. Denkbar wäre die Entwicklung einer intelligenten Texterkennung, die – aufgrund von lexikalischen und syntaktischen Analysen – Bewertungsspektren vorschlagen könnte. Lexikalisch ist die Analyse anhand von vorgegebenen Schlüssel- bzw. Fachbegriffen oder -sätzen vorstellbar, syntaktisch wäre eine korpuslinguistische Herangehensweise unter Zuhilfenahme von (Muster-)Lösungen erstrebenswert. Nur wenn diese Herausforderungen gelöst werden, ist ein konstruktives und individuelles Feedback in massenbelasteten Großveranstaltungen bei gleichbleibender Personalausstattung dauerhaft möglich.

95

Hier eröffnen sich neben dem Anspruch zeitgemäßer Lehre vor allem interdisziplinäre Forschungsperspektiven. Praktikabilität und Redlichkeit eines solchen Konzeptes müssen sich erst erweisen, weswegen die Umsetzung der wissenschaftlichen Begleitung genauso bedarf wie der Investition in die Entwicklung anspruchsvoller virtueller Räume.

An dieser Stelle sei darauf verwiesen, dass es mittlerweile mehrere Blended-Projekte an verschiedenen Universitäten gibt, die sich aber jeweils voneinander unterscheiden. Ein sehr erfolgreiches Blended-Learning-Konzept findet sich an der Pädagogischen Hochschule Karlsruhe. Das dort von Prof. Dr. Timo Hoyer und Fabian Mundt entwickelte und »e:t:p:M« genannte Format setzt, anders als das Essener Blended Didaktikum, auf ein Peer-to-Peer-Mentoring unter den Studierenden, das im Rahmen von wöchentlichen Präsenzveranstaltungen durchgeführt wird. Die Präsenzvorlesung entfällt dafür, bis auf die wenigen Ausnahmen zur Klärung von offenen Fragen, Einführung bzw. Evaluation, und wird durch ca. 30-minütige Podcasts zu den Inhalten ersetzt. Im Rahmen dieser Videobeiträge werden die Studierenden immer wieder mit Fragen und Aufgaben, meistens im Multiple-choice-Format, konfrontiert (vgl. Hoyer/Mundt 2014).

Wir gehen davon aus, dass die angehenden Lehrkräfte nach erfolgreicher Beendigung ihres Studiums selbst aufgerufen sind, Blended-Learning-Szenarien an Schulen zu entwickeln und einzusetzen. Ein Trend zum Einsatz digitaler Medien und Lernplattformen im Unterricht ist jedenfalls deutlich erkennbar (vgl. auszugsweise Hettinger 2008; Mayr/Resinger/ Schratz 2009; Petko 2010; Schiefner-Rohs 2011). Selbst wenn das Blended Didaktikum keine explizit mediendidaktische Veranstaltung ist, so nähern sich die angehenden Lehrerinnen und Lehrer diesem Problem immerhin durch die eigene Nutzung und erwerben diesbezügliche Kompetenzen.

V

Didaktische Modelle als Theorien dritten Grades

1   Definition und Klassifikation

Für den didaktischen Zuschnitt der Theorien dritten Grades wird auf die Verwendung des Begriffs »allgemeindidaktisches Modell« durch Werner Jank und Hilbert Meyer zurückgegriffen. Sie definieren allgemeindidaktische Modelle als »erziehungswissenschaftliche Theoriegebäude zur Analyse und Modellierung didaktischen Handelns in schulischen und nichtschulischen Handlungszusammenhängen« (Jank/Meyer [10]2008, S. 35).

Wie bereits im Kapitel III verdeutlicht, gibt es eine Vielzahl solcher didaktischen Modelle, die sich mindestens in doppelter Hinsicht voneinander unterscheiden: Zum einen ist es möglich, nach dem didaktischen Forschungsgegenstand, also nach dem Objekt der wissenschaftlichen Untersuchung zu fragen. Eine solche Gruppierung nach dem Gegenstandsfeld bietet beispielsweise Memmert mit seinem Schema (vgl. [5]1995, S. 8) an, in welchem er die Theorien dritten Grades nach den ihnen zugrunde liegenden engen bis weiten Definitionen von Didaktik zusammenfasst. So differenziert er die Modelle danach, ob sie Didaktik definieren als:

- Wissenschaft vom Lehrplan (Curriculums-Forschung),
- Theorie der Bildungsinhalte,
- Theorie der Steuerung von Lernprozessen,
- Wissenschaft vom Unterricht,
- Wissenschaft vom Lehren und Lernen.

Für ein reflektiertes Verständnis der wissenschaftlichen didaktischen Theorien ist jedoch die Klassifizierung nach dem zugrunde liegenden Wissenschaftsverständnis und der dadurch bestimmten Forschungsmethodik entscheidend. Demzufolge wohnt dem Modellbegriff, den Jank und Meyer eingeführt haben und an den hier angeschlossen wird, eine systematische Ordnung der Modelle nach dem grundlegenden Muster wissenschaftlichen Denkens und Forschens inne: »Ein allgemeindidaktisches Modell wird in seinem Theoriekern in der Regel einer wissenschaftlichen Position (manchmal auch mehreren) zugeordnet« (Jank/Meyer [10]2008, S. 35).

Die wissenschaftliche Denkweise, die in der Vielzahl von existierenden Modellen ihren Niederschlag findet, gewinnt ihre Erkenntnisse über Lehren-Lernen-Prozesse grob unterschieden auf dreierlei Weisen (vgl. Sünkel [2]2002, S. 22f.): logisch (bzw. theoretisch), empirisch und pragmatisch.

Das Denken »kann sich dem Unterricht in dem Bemühen zuwenden, durch kritischen Vergleich, Analyse und Systematisierung vorliegender Unterrichtserfahrungen die wesentlichen Merkmale und strukturellen Gesetzmäßigkeiten des Unterrichts herauszufinden und darzustellen. Dabei ist es vor allem auf logische Operationen angewiesen« (ebd., S. 22). Ergebnisse der *logischen Didaktik* sind Begriffe und logische Folgerungen ihrer Zusammenhänge als Begriffssysteme. Ein exzellentes Beispiel ist die Didaktik Johann Friedrich Herbarts als Teil einer Erziehungstheorie im Diktum »Erziehung durch Unterricht« (vgl. Herbart 1806a/[2]1982). Die »Phänomenologie des Unterrichts« (Sünkel [2]2002) ordnet Wolfgang Sünkel selbst hier ein.

Die *empirische Didaktik*, die Sünkel auch als Unterrichtsforschung bezeichnet, wende sich dem Unterricht in der Bemühung zu, »das Faktische, die Wirklichkeit je geschehenen Unterrichts, seine einzelnen Momente und Beziehungen zueinander zu erfassen, die Korrelationen der Variablen zu berechnen und auf diese Weise die konkrete Bestimmtheit des jeweils untersuchten Unterrichts herauszufinden« (ebd.). Hier bewegen sich die Forscher in der Regel in der unmittelbaren und begrenzenden Gegenwart. Konkret stattfindender Unterricht wird unter einer bestimmten Fragestellung – z. B. nach dominierenden Unterrichtsmethoden oder nach den Sprechanteilen von Lehrenden und Lernenden – und mit ausgewählten quantitativen und/oder qualitativen Forschungsmethoden dokumentiert. Als Beispiele lassen sich anführen die »Führungslehre des Unterrichts« von Peter Petersen (1937/[6]1959) in Verbindung mit der von ihm entwickelten Methode der »Pädagogischen Tatsachenforschung« (Petersen/Petersen 1965) sowie das Modell der kybernetisch-informationstheoretischen Didaktik nach Felix von Cube ([12]2006). Weitere Zuordnungen fallen aufgrund der diffusen Gemengelage im Bereich der so genannten empirischen Lehren-Lernen-Forschung schwer. Zumal im wissenschaftlichen Disziplinen- und Ressortstreit ein systematisches Scheinproblem der Allgemeinen Didaktik in ihrer angeblichen traditionellen oder sogar prinzipiellen Empirie-Ferne konstruiert wird, das historisch längst widerlegt und methodologisch nicht nachvollziehbar ist (vgl. auch Kapitel V/3.1 in diesem Buch).

Schließlich kann sich dem Unterricht in der Absicht zugewandt werden, »bestimmte unterrichtliche Praxis vorweg in Gedanken zu entwerfen, modellhaft auszugestalten und durchzuspielen, im praktischen Versuch zu überprüfen und daraufhin gedanklich zu korrigieren, um in diesem immer wiederholten Verfahren Muster und Modelle unterrichtlichen Handelns zu entwickeln [...]; es ist Reflexion einer zu gestaltenden Wirklichkeit« (Sünkel [2]2002, S. 22). Die Vertreter einer *pragmatischen Didaktik* forschen – anders als die Logiker und Empiriker, deren Denken »die Wirklichkeit seines Gegenstands voraussetzt und ihr nachfolgt« (ebd.) – prospektiv in die Zukunft gerichtet. »Pragmatische Didaktik ist die zu wissenschaftlicher Allgemeinheit erhobene Unterrichtsplanung, -vor- und -nachbereitung« (ebd., S. 23). Hierzu zählen u. a. Klafkis bildungstheoretische Didaktik im Rahmen kritisch konstruktiver Erziehungswissenschaft (Klafki [12]2006), die kritisch-kommunikative Didaktik nach Rainer Winkel ([12]2006) sowie auch die Modelle des didaktischen Konstruktivismus.

Solche Zuordnungen, wie ich sie versucht habe vorzunehmen, sind natürlich nicht widerspruchsfrei möglich. Wolfgang Klafki beispielsweise würde sich im obigen Klassifikationsansatz nach Sünkel wahrscheinlich eher in der Schnittmenge von empirischer und pragmatischer Didaktik sehen, denn forschungsmethodisch kennzeichnet er seine kritisch konstruktive Didaktik durch drei Grundansätze – den historisch-hermeneutischen, den erfahrungswissenschaftlichen (empirischen) und den gesellschaftskritisch-ideologiekritischen (vgl. Klafki [6]2007, S. 98) Ansatz.

Außerdem ist zu berücksichtigen, dass alle drei Theoriegruppen (logisch, empirisch und pragmatisch) aufeinander verwiesen sind: Die Empiriker benötigen die Merkmale und Begriffssysteme der Logiker für die Kategorisierung der zu untersuchenden Wirklichkeiten; zugleich nützen die (logischen) Fachsystematiken, um die gewonnenen Daten mit Sinn und Struktur zu sammeln, um sie für diachrone und synchrone Vergleiche verfügbar zu halten. Die Interpretation der empirischen Daten greift auf die pragmatischen Zugänge zurück. Die Logiker wiederum streben an, dass die Begriffsgerüste mit Leben gefüllt werden mittels der Resultate der empirischen Unterrichtsforschung, d. h. sie kehren synthetisch zurück zu den Phänomenen, um dann analytisch weiter an der Schlüssigkeit ihrer Systeme arbeiten zu können. Nicht zuletzt erproben die Pragmatiker ihre Modelle und brauchen dafür sowohl die logischen Systeme und Begriffe als auch die empirischen Ergebnisse als Reflexionsinstanz. Sünkel bringt diese konstruktive Abhängigkeit auf den Punkt: Je nachdem, ob aufgestellte Hypothesen logischer oder pragmatischer Herkunft seien, ließen sich zwei Typen von Unterrichtsforschung unterscheiden. »Handelt es sich um eine pragmatisch gewonnene und begründete Hypothese, so entsteht ›Begleitforschung‹, nämlich deshalb, weil die Empirie in diesem Fall voraussetzt, daß zugleich auch ein Unterrichtsversuch stattfindet, der so angelegt ist, daß die Überprüfung der Hypothese ermöglicht wird« (Sünkel [2]2002, S. 24). Liegt hingegen eine mittels logischer Operationen gewonnene und begründete Hypothese vor, »so entsteht ›Grundlagenforschung‹; bei ihr kann jeder beliebige Unterricht Gegenstand der empirischen Untersuchung sein, allenfalls ausgewählt unter dem Gesichtspunkt, ob das deutliche Auftreten der zu untersuchenden Struktur in ihm zu erwarten ist oder nicht« (ebd.).

Eine solche Systematisierung soll dem Verstehen der Modelle dienen, gegebenenfalls auch dem Erkennen und der Reflexion ihrer methodologischen Mischformen, ausdrücklich nicht aber der Beförderung einer destruktiven Abgrenzungskultur, wie sie derzeit z. B. im Disziplinenstreit von Allgemeiner Didaktik und empirischer Lehr-Lern-Forschung zu Tage tritt.

Aber die unter forschungsmethodischem Aspekt unterschiedenen Richtungen haben eben auch ihre methodischen Stärken, die einer »konturenlose[n] Vermengung« (ebd., S. 24) nicht geopfert werden sollten.

Bei genauerer Betrachtung muss man außerdem einräumen, dass die hier und in anderen Überblicksdarstellungen (vgl. z. B. Jank/Meyer [10]2008 oder Peterßen [6]2001) beispielhaft aufgeführten Theorien dritten Grades – mit Ausnahme der Modelle von Wolfgang Sünkel, Felix von Cube und Horst Siebert – im streng systematischen Sinn keine allgemeindidaktischen Theorien verkörpern, sondern vordergründig den schulischen Kontext thematisieren. Auch wenn sie in prinzipieller Hinsicht ebenfalls für Handlungsfelder des außerschulischen Bereichs hinzugezogen werden können, so bleibt die Emanzipation der Allgemeinen Didaktik aus der nahezu selbstverständlichen Vereinnahmung durch die Schulpädagogik ein wesentliches, noch ungelöstes wissenschaftstheoretisches Problem dieser Grundlagendisziplin.

2 Ein Modell der logischen Didaktik[36]: Die Didaktik Herbarts als wesentlicher Bestandteil seiner Erziehungslehre

Johann Friedrich Herbart, ein Klassiker der Pädagogik, entfaltet die Didaktik als notwendigen Bestandteil seiner Erziehungstheorie. Die Möglichkeit, dass die didaktischen Positionen für sich stehen und damit aus sich heraus verstanden werden können, sieht Herbarts »Plan einer allgemeinen Pädagogik« (1814/²1982, S. 265) nicht vor. Der Beleg dieser These soll – entlang der methodologischen Prämissen der Erziehungstheorie Herbarts – in zwei Schritten vorgenommen werden: Folgen wir *zuerst* seinem deduktiven Weg der Begriffsbildung nach den Regeln der Logik, der zu den erkenntnisleitenden Begriffen seiner Erziehungslehre führt, die er in der leserfreundlichen, »gewöhnliche Tabellenform« (ebd.) des Inhaltsverzeichnisses zur Allgemeinen Pädagogik (1806a/²1982) zusammenstellt, um sie dann im Text nacheinander, jedoch nicht ohne Folgerung der Zusammenhänge, zu besprechen. Dieses Nacheinander in den drei scheinbar in sich geschlossenen »Büchern« (vgl. ebd.) sorgt durchaus für einige Missverständnisse in der Herbart-Rezeption, da in manchen Deutungen der *zweite Schritt* nicht mehr gegangen wird, mit dem Herbart die Errichtung des Begriffs-»Gebäudes« (Herbart ²1808/²1989, S. 218) bewerkstelligt. Die logisch-kombinatorische Methode stellt das Verfahren dar, das aus den Beziehungen der Begriffe die in sich geschlossene Erziehungstheorie entstehen lässt, in die die Didaktik systematisch eingebettet ist.

---

36 Vgl. Coriand 2013, S. 15–26.

2.1   Begriffsbildung durch Deduktion

Die Begriffe und wissenschaftlichen Grundgedanken seiner Erziehungslehre leitet Herbart aus einem obersten Prinzip, aus dem Prinzip der Moralität ab (vgl. Herbart 1806a/[2]1982, S. 40), die er im Aufsatz »Über die ästhetische Darstellung der Welt, als das Hauptgeschäft der Erziehung« (1804/[3]1884) als höchsten und ganzen Zweck des Menschen »und folglich der Erziehung« (ebd., S. 184) bestimmt. Er beschreibt dieses Ideal als Gleichklang zwischen Einsicht und Wollen. Die Annäherung an das sittliche Ideal erklärt er zum Lebensprinzip des Menschen, zu dem durch Erziehung angeregt werden soll (vgl. Herbart 1806a/[2]1982, S. 42f.):

> »*Machen, daß der Zögling sich selbst finde, als wählend das Gute, als verwerfend das Böse:* dies, oder nichts, ist Charakterbildung! Diese Erhebung zur selbstbewußten Persönlichkeit soll ohne Zweifel im Gemüt des Zöglings selbst vorgehen, und durch dessen eigne Thätigkeit vollzogen werden; es wäre Unsinn, wenn der Erzieher das eigentliche Wesen der Kraft dazu erschaffen, und in die Seele eines andern hineinflößen wollte. Aber die schon vorhandene, und *ihrer Natur notwendig getreue* Kraft, in eine solche Lage zu setzen, daß sie jene Erhebung unfehlbar und zuverlässig gewiß vollziehen müsse: das ist es, was sich der Erzieher als möglich denken, was zu erreichen, zu treffen, zu ergründen, herbeizuführen, fortzuleiten, als die große Aufgabe seiner Versuche ansehen muß.« (Herbart 1804/[3]1884, S. 187, Hervorh. i. Orig.)

Seiner pädagogischen Hauptschrift gibt er der Deduktion gemäß den Titel »Allgemeine Pädagogik *aus dem Zweck der Erziehung abgeleitet*« (1806a/[2]1982, Hervorh. R.C.). Sie ist in drei Teile gegliedert: Im »Erste[n] Buch: Zweck der Erziehung überhaupt« thematisiert Herbart den Zweck der Erziehung nochmals und zeigt, dass Moralität ein zusammengesetztes Ziel ist, das die antizipierte Selbstbestimmung des Heranwachsenden an die zu fördernden Persönlichkeitseigenschaften »Vielseitigkeit des Interesses« (ebd., S. 41) und »Charakterstärke der Sittlichkeit« (ebd.) bindet. Die Zweiteilung des Erziehungszwecks zieht eine Zweiteilung der Erziehungsmittel in »Unterricht« und »Zucht« nach sich, die Herbart jeweils im »Zweite[n] Buch: Vielseitigkeit des Interesses« und »Dritte[n] Buch: Charakterstärke der Sittlichkeit« nacheinander bespricht. Das deduktive Verfahren wird durchgehalten, indem aus den Teilzwecken die dazugehörigen Mittel gefolgert werden.

Was hat nun die Allgemeine Pädagogik mit den Grundlagen der Allgemeinen Didaktik zu tun? Die mehrbändige Ausgabe sämtlicher Herbart-Schriften von Karl Kehrbach und Otto Flügel (1887–1912/1989) dokumentiert die umfangreiche Publikationstätigkeit Herbarts. Allerdings findet sich keine Monographie über Didaktik, obwohl bis heute vor allem seine didaktischen Positionen in der pädagogischen Fachöffentlichkeit rezipiert werden. Die »Stufen des Unterrichts« (vgl. Herbart 1806a/²1982, S. 64ff.) sowie die Vorstellungen über dessen »Artikulation« (ebd., S. 66) gehören zu den didaktischen Klassikern. Diese Rezeptionsgeschichte legt nahe, dass das Zweite Buch, das aufgrund des zentralen Begriffs »Unterricht« unstrittig der systematische Ort der Didaktik ist, aus dem Zusammenhang der Allgemeinen Pädagogik herausgelöst werden könnte. Populäre Interpretationen tun das auch und erklären das Zweite Buch bzw. Herbarts Didaktik zur Theorie des erziehenden Unterrichts. Solche Deutungen setzen jedoch voraus, dass Herbart im Zweiten Buch das reale Phänomen »Unterricht« analysiert, und verwenden folglich Herbarts Unterrichtsbegriff synonym für Schulunterricht als Ganzes. Die Auffassung, die hier belegt werden soll, widerspricht der durchaus gängigen Auslegung des Herbartschen Unterrichtsbegriffs. Der Beleg geht davon aus, dass Herbart im 2. Buch mit »Unterricht« nur einen systematischen Aspekt beschreibt, der erst in der Kombination mit dem anderen Grundbegriff seiner Erziehungslehre, der »Zucht«, praktisch bedeutsam werden kann.[37] Die Herauslösung der Didaktik aus dem Gefüge der Allgemeinen Pädagogik ignoriert Herbarts logisch-kombinatorische Denkart, auf die später noch eingegangen wird. Herbart entwickelt in der Allgemeinen Pädagogik – so die These – die Didaktik als notwendiges, nicht zu isolierendes Element seiner Erziehungstheorie. Um das plausibel zu machen, wurden zunächst die erkenntnisleitenden Begriffe der besagten Schrift in eine stark vereinfachte Übersicht – allerdings noch ähnlich der von Herbart kritisierten »gewöhnlichen Tabellenform« (Herbart 1814/²1982, S. 265) – gebracht (Abb. 9, S. 104), wobei der linken Seite der Darstellung nachfolgend die Aufmerksamkeit gehört, da der Schwerpunkt der Ausführungen auf der Didaktik liegt.

---

37 Herbart selbst erinnert des Öfteren daran, dass »die bisher entwickelten Begriffe lediglich [formal] sind; es kommt darauf an, das Reelle dafür zu finden« (1806a/²1982, S. 110). Bzw.: »In der wissenschaftlichen Betrachtung werden Begriffe getrennt, die in der Praxis stets verbunden bleiben müssen« (1835/2003, S. 12).

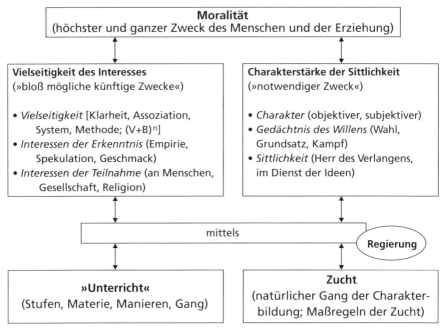

Abb. 9: Zum Begriffssystem der Erziehungslehre Herbarts

Moralität als Zweck birgt zwei Dimensionen: Für die Unterscheidung von »gut« und »böse« muss der Zögling Urteilfähigkeit ausprägen. Außerdem bedeutet Moralität, dass das als gut Erkannte auch tatsächlich gewählt wird; der Heranwachsende soll verinnerlichen, der Einsicht gemäß zu handeln, denn »Handeln ist das Prinzip des Charakters« (ebd., S. 112). Demzufolge spaltet Herbart den Zweck der Erziehung in die »beiden Hauptrubriken« »Vielseitigkeit des Interesses« und »Charakterstärke der Sittlichkeit« bzw. in die »Zweck[e] der *Willkür* (nicht des Erziehers, noch des Knaben, sondern des künftigen Mannes)« und die »Zweck[e] der *Sittlichkeit*« auf (vgl. ebd., S. 41, Hervorh. i. Orig.).

Mit dem Teilzweck »Vielseitigkeit des Interesses« versucht Herbart, den künftigen Lebenszwecken des Zöglings Rechnung zu tragen. Das sind die »*bloß möglichen* künftigen Zwecke« (ebd., Hervorh. i. Orig.), d. h. die Zwecke, die der Zögling möglicherweise einmal verfolgen wird. Allerdings steht hier der Erzieher vor dem Problem, dass er die Lebenszwecke der künftigen Erwachsenen nicht vorhersehen kann. Herbart hilft sich mit dem Modell des vielseitigen Interesses, in dem zwei Ausdehnungen des Lernens Berücksichtigung finden – eine Breite und eine Tiefe, die sich in der Intensität der Beschäftigung mit dem Aneignungsgegenstand ausdrückt. Die Breite ist mit dem Begriff des Interesses angesprochen. Es geht um die Ermöglichung eines breiten Spektrums an Aneignungs*objekten*. Das zu weckende Interesse wird nach den »Gemütszuständen« Erkennen und Empfinden klassifiziert (vgl. ebd., S. 57). Die Tiefe des Lernens drückt sich im Begriff der Vielseitigkeit aus, die sich am *Subjekt* der Aneignung orientiert. Dabei geht es verkürzt gesagt um die herauszubildende Fähigkeit, von der Erscheinung des aufzunehmenden Neuen zum Wesen durchzudringen und das so gefundene Neue in das augenblickliche Gedankenganze einzufügen, um letztlich auf diese Weise an der Vervollkommnung des eigenen Weltverständnisses arbeiten zu können. Hierher gehören die bekannten Stufen der Erkenntnisgewinnung bzw. Herbarts Stufen des Unterrichts, die er aber nicht einfach als linear aufeinander folgend versteht. Stattdessen beschreibt er die Komplexität des Weges, den der Mensch durch Erkenntnisgewinnung hin zu einer sich immer weiter vervollkommnenden Vielseitigkeit durchläuft, mit Hilfe des Binomium n-ten Grades aus Vertiefung (Klarheit, Assoziation) und Besinnung (System, Methode):

> »Vertiefung + Besinnung ist eigentlich nicht ganz richtig; Vertiefung x Besinnung nicht besser. Vielmehr wird eine Potenz so hoch als möglich, von dem Binomium Vertiefung + Besinnung gefordert. Die Summe wird mit sich selbst multipliziert. [...] Man denke sich diese Glieder im Laufe des Lebens aufeinander folgend; so kommt die höchste Vertiefung für die früheste Jugend, die höchste Besinnung für das späte Alter; die vollkommenste Mischung, – und diese hat den größten Koëffizenten, – für die längere Dauer des mittleren Alters.« (Herbart 1802–1803/[3]1913, S. 155)

Anders ausgedrückt: Erst wenn der Zögling die Chance erhält, eine Breite von Bereichen kennenzulernen, und er zugleich lernt, sich intensiv auseinanderzusetzen, erst dann ist er nach Herbart in die Lage versetzt, sich seine Lebenszwecke zu wählen.

Der sittliche Charakter »offenbart sich« in der »moralische[n] Entschlossenheit«, die »zwischen dem, *worüber* sie bestimmt, und dem, *wovon* sie sich bestimmen läßt« (Herbart 1806a/[2]1982, S. 110, Hervorh. i. Orig.) liegt. In dem Sinn meint »Charakterstärke der Sittlichkeit« eine »Festigkeit des Charakters« (ebd., S. 104), die sich darin zeigt, dass die erwachsene Persönlichkeit nicht ständig zwischen augenblicklichem Bedürfnis und sittlichem Anspruch hin und her schwankt, sondern die Bedürfnisse beherrscht, indem sie sie einer Beurteilung unterzieht, um bessere von schlechteren Bestrebungen unterscheiden zu können. Der sittlich gefestigte Charakter ist – so das Ideal – »Herr des Verlangens« (ebd., S. 110), weil er sein Handeln in letzter Konsequenz an der Idee der inneren Freiheit orientiert (vgl. ebd., S. 111), an »d[er]jenige[n] Freiheit der Wahl, die wir alle in uns finden« (Herbart 1804/³1884, S. 187). Die Idee der inneren Freiheit nötigt sowohl zur lebenslangen Arbeit an der Urteilfähigkeit als auch zum erkenntnisadäquaten Handeln.[38]

Aus diesen Teilzwecken leitet Herbart nun die Mittel der Erziehung, »Unterricht« und »Zucht«, ab. Herbart definiert: »Die Erziehung *durch* Unterricht betrachtet *als* Unterricht alles dasjenige, was irgend man dem Zögling zum Gegenstande der *Betrachtung* macht« (1806a/²1982, S. 24, Hervorh. i. Orig.). »Dasjenige« ist in Abhängigkeit vom Erziehungszweck auszuwählen, zeitlich, fachlogisch und pädagogisch zu strukturieren bzw. zu »artikulieren« (vgl. ebd., S. 66) und zu lehren. Demzufolge ist »Unterricht« näher bestimmt durch die »Materie«, deren Auswahl sich nach den Gliedern des Erkenntnisinteresses (empirisches, spekulatives, ästhetisches) sowie des teilnehmenden Interesses (sympathetisches, gesellschaftliches, religiöses) richtet, die »Stufen« (Klarheit, Assoziation, System und Methode) sowie den »Gang« (»bloß darstellend«, analytisch, synthetisch) (vgl. ebd., S. 59–93). Die »Zucht« beschreibt Herbart allgemein als »kontinuierliche Begegnung« zwischen Erzieher und Zögling, die sich in einer zweckentsprechenden Atmosphäre im Umgang miteinander zeigt (vgl. ebd., S. 130).

Die »Regierung« zählt Herbart zwar ebenfalls zu den Hauptbegriffen seiner Erziehungslehre (vgl. 1814/²1982, S. 264), rechnet sie jedoch nicht der »eigentlichen Erziehung« (Herbart 1806a/²1982, S. 36) zu. Regierung ist für die Ermöglichung von Erziehung unverzichtbar, da sie »Ordnung zu halten bestimmt ist« (ebd., S. 125). Außerdem ist Regierung zur »Vermeidung des Schadens, für andre und für das Kind selbst« (ebd., S. 31) nötig, wenn z. B. noch nicht mit der Einsicht kleiner Kinder gerechnet werden kann. Aber sie hat eben »keinen Zweck im Gemüt des Kindes zu erreichen« (ebd., S. 32). Einen mittelbaren Bezug zur Moralität stellt Her-

---

38 In »Über die ästhetischen Darstellung der Welt, als das Hauptgeschäft der Erziehung« erweitert Herbart den naheliegenden Gedanken an den »gute[n] Wille[n]«, an den »stete[n] Entschluß, sich, als Individuum, unter dem Gesetz zu denken, das allgemein verpflichtet«, durch die »richtige Erkenntnis des moralischen Gesetzes« (1804/³1884, S. 184f.). Das formale Gebot des kategorischen Imperativs Kants mache »die treffende Beurteilung dessen, was [...] als das Beste, als das eigentliche und einzige Gute, zu thun, zu wählen, zu vermeiden sei« (ebd., S. 185), notwendig. »Dies alles *findet* die Philosophie *unmittelbar* im *Begriff*; und vom Menschen erwartet, oder fordert sie es eben so unmittelbar, als eine Äußerung der *Freiheit*« (ebd., Hervorh. i. Orig.).

bart dennoch her, indem er das Problem »Regierung, gehoben durch Erziehung« (ebd., S. 35) thematisiert, um dem regierenden Umgang mit dem Kind Grenzen zu setzen, die sich aus dem Respekt gegenüber der Persönlichkeit des Kindes ergeben.

Die Begriffsdefinitionen von »Unterricht« und »Zucht« verdeutlichen, dass er Erziehung in eine gegenständliche und eine soziale Seite zergliedert. In dem Aufsatz »Replik auf Jachmanns‹ Rezension der ›Allgemeinen Pädagogik‹«« (Herbart 1814/²1982) ordnet Herbart diesen Seiten die entsprechenden Teildisziplinen zu:

> »Wir haben jetzt zwei Teile der Erziehungslehre unterschieden: die Didaktik, welche auf einer speziellen Aufgabe aus dem Umfange des ganzen Erziehungsproblems beruht, und die Lehre von der sittlichen Charakterbildung, welche, nachdem der schwerste und weitläufigste Teil schon fertig ist, *nun noch einmal das Ganze des Problems behandelt*, um der Didaktik noch die nötigen Vorschriften beizufügen, die das Benehmen des Erziehers gegen den Zögling betreffen, welches ich *Zucht* genannt habe, insoweit nämlich dies Benehmen unmittelbar durch die Forderung, den Zögling zur Tugend zu bilden, bestimmt wird.« (Ebd., S. 263, Hervorh. i. Orig.)

Der Beleg der Ausgangsthese, dass die Didaktik Herbarts notwendiger Bestandteil seiner Erziehungslehre ist und nicht für sich steht, deutet sich bereits im Zitat an. In der Replik wird Herbart jedoch deutlicher. Hier erläutert er, was sich hinter seiner Empfehlung verbirgt, als er in der »Selbstanzeige der ›Allgemeinen Pädagogik‹«« (Herbart 1806b/²1982) schrieb: Die Leser, die der Allgemeinen Pädagogik die »Ehre erwiesen haben, sie von vorn bis hinten durchzulesen«, sollten sie danach »noch einmal von hinten und von vorn« durchlesen, weil so »manches von dem innigsten Zusammenhange der in Begriffen unterscheidbaren Teile des Erziehungsgeschäftes viel deutlicher hervorleuchten würde, als die symmetrischen Einteilungen der Inhaltsanzeige vielleicht ahnen lassen« (vgl. ebd., S. 258).

In der Replik demonstriert er am Beispiel der Didaktik die Methode der logischen Kombinatorik, mit deren Hilfe er die Hauptbegriffe in der Allgemeinen Pädagogik zu einer wissenschaftlichen Theorie über »Erziehung durch Unterricht« (Herbart 1806a/²1982, S. 24) zusammenführte, und zeigt damit die *Unzulänglichkeit* der Tabellenform der Darstellung in Abbildung 9.

2.2 Logische Kombinatorik am Beispiel der Didaktik

Der »Plan der Didaktik« (Herbart 1814/²1982, S. 265) sieht zwei Schritte vor: »1. Erörterung jeder Art von Einteilung für sich, 2. logisch-kombinatorische Verbindung aller Einteilungen untereinander nach der Methode, die ich am Ende des ersten Kapitels meiner Logik [...] angegeben habe.« Der erste Schritt, die Teilung in die Hauptbegriffe und deren aufeinanderfolgende Erörterung, wurde im vorausgegangenen Abschnitt 2.1 nachvollzogen und entspricht formal dem Aufbau des Inhaltsverzeichnisses der Allgemeinen Pädagogik.

Folgen wir nun der Anleitung zum zweiten Schritt am Beispiel der Didaktik und bündeln das, was Herbart als das »Wesentliche nun, was in der Unterrichtslehre Abteilungen machen kann« (Herbart 1814/²1982, S. 264) ausweist, gemäß seiner Logik (vgl. Herbart ²1808/²1989, S. 219 und Herbart 1813/²1989, S. 75ff.) zunächst in zwei Reihen, die ich p und q nenne:

p (Materie/Arten des Interesses)	A (empirisches), B (spekulatives), C (ästhetisches), D (sympathetisches), E (gesellschaftliches), F (religiöses)
q (Stufen)	α (Klarheit), β (Assoziation), γ (System), δ (Methode)

Zum einen (p) geht es in der Herbartschen Didaktik um die Fragen nach den Prinzipien der Stoffauswahl. Orientierung für die Wahl dessen, »was *in jedem lehrfähigen Alter* des Zöglings *neben*einander muß besorgt werden« (Herbart 1814/²1982, S. 265, Hervorh. i. Orig.), geben die von Herbart genannten »Arten des Interesses« (ebd., S. 264), die er beim Zögling wecken und entwickeln will. »Die Materie des Unterrichts liegt in den Wissenschaften. [...] Jedermann frage sich selbst, was in seinem Wissen der bloßen Erkenntnis, was der Teilnahme zugehöre« (Herbart 1806a/ ²1982, S. 68). Zum anderen (q) hat die Didaktik auch für »das Sukzessive, für die Fortschreitung des Unterrichts« zu sorgen, »wohin der Unterschied von Vertiefung und Besinnung gehört« (vgl. ebd., S. 265). Die Reihen p und q sind wie folgt zu kombinieren: Hat man also zwei der gesuchten Arten von Abteilungen gefunden,

> »so wird *diese* und *jene* Teilung eine die andre *durchkreuzen*, die Teilungen werden sich untereinander verflechten, indem auf jedes Teilungsglied der einen Art alle Glieder der andern Art müssen bezogen werden. Daraus kann man nun sehen, dass der Plan einer allgemeinen Pädagogik einer *Tafel mit mehreren Eingängen*, wie die Mathematiker sagen, gleichen müsse und daß mit der gewöhnlichen Tabellenform, wonach A in a, b, c und diese wieder in α, β, γ zerfallen, ohne nähern Zusammenhang der Glieder von A mit denen von B hier nichts würde auszurichten sein.« (Herbart 1814/²1982, S. 265, Hervorh. i. Orig.)

Die Reihen p und q ergeben eine Tafel mit zwei Eingängen (Abb. 10):

$\overset{\displaystyle q}{\underset{\displaystyle p}{}}$	α	β	γ	δ
A	A α	A β	A γ	A δ
B	B α	B β	B γ	B δ
C	C α	C β	C γ	C δ
D	D α	D β	D γ	D δ
E	E α	E β	E γ	E δ
F	F α	F β	F γ	F δ

Abb. 10: Tafel mit zwei Eingängen (aus: Coriand 2013, S. 25)

Die »dritte Art von Einteilung« bzw. die dritte Grundfrage der Didaktik ist die Frage nach »den eigentlichen Lehrformen (bloß darstellende, analytische, synthetische Lehrform)« (ebd.). Der Umfang des Begriffs (vgl. Herbart 1813/²1989, S. 73) »Lehrform« wird durch die Reihe r angegeben:

r (Gang/Lehrform)	a (bloß darstellend)
	b (analytisch)
	c (synthetisch)

Deren »Combination ohne Wiederholungen« (Herbart ²1808/²1989, S. 219) mit den Reihen p und q führt zu den nachstehenden Variationen (vgl. Herbart 1813/²1989, S. 75):

Aαa –	Aβa –	Aγa –	Aδa	Bαa etc. –	Cβa etc. –	Dγa etc. –	Fδa
Aαb –	Aβb –	Aγb –	Aδb	Bαb etc. –	Cβb etc. –	Dγb etc. –	Fδb
Aαc –	Aβc –	Aγc –	Aδc	Bαc etc. –	Cβc etc. –	Dγc etc. –	Fδc

Diese kann man in Kenntnis der symbolisierten Begriffe entsprechend »übersetzen«: So bezeichnet beispielsweise die Variation »Aγb« einen

Lehren-Lernen-Prozess, der Dinge und Ereignisse (A) in einen umfassenderen Zusammenhang einordnet (γ), die der Erfahrungswelt des Zöglings entnommen sind und zum Zweck der Einordnung analysiert werden (b). Oder: In einem mit »Bδc« charakterisierten Unterricht werden Gesetzmäßigkeiten (B), z. B. der Biologie, die der Lehrer vorgegeben hat (c), auf Alltagsprobleme angewendet (δ). Ganz konkret könnte »Bδc« bedeuten, dass die Kapillarität als Gesetzmäßigkeit synthetisch eingeführt und beim Blumengießen genutzt wird.

So bringe die logische Kombinatorik die »Natur des Planes, der meiner Unterrichtslehre zum Grunde liegt« (Herbart 1814/²1982, S. 265), eindeutig zum Vorschein. Die Didaktik wendet sich vordergründig dem Dritten zu, das »zwischen Erzieher und Zögling in die Mitte gestellt« wird, »als ein solches, womit dieser von jenem beschäftigt wird. So etwas heißt *unterrichten*. Das Dritte ist der Gegenstand, *worin* unterrichtet wird. Der hierher gehörige Teil der Erziehungslehre ist die Didaktik« (ebd., S. 262), die letztlich ihre Prinzipien der Auswahl, Anordnung und Vermittlung des Dritten am höchsten und ganzen Zweck der Erziehung ausrichtet. Wie Menschen – Lehrer und Schüler, auch Schüler und Schüler – während des Unterrichtens miteinander umgehen und wie die Bedeutung des sachlich Gelernten im Umgang der Menschen bereits während der Erziehung erlebbar gemacht werden kann, darüber erfährt man in der Didaktik nichts. Die soziale Seite von Erziehung bzw. die »Modifikation der Kunst des Umgangs« (1806a/²1982, S. 130) ist der Lehre von der sittlichen Charakterbildung vorbehalten, die nach ähnlichem Plan gedacht und mit der Didaktik zur vollständigen Erziehungslehre kombiniert wird (vgl. Herbart 1814/²1982, S. 265f.).

Die Debatte um Herbarts allgemeinen Gedanken »Erziehung durch Unterricht« (Herbart 1806a/1982, S. 24), der als so genannte Idee des erziehenden Unterrichts in die Geschichte einging, wird bis heute kontrovers geführt und bewegt sich variantenreich innerhalb zweier Rezeptionsrichtungen: Einerseits und vor allem legen Rezeptionen die Fokussierung der Herbartschen Idee auf den Teil der Allgemeinen Pädagogik von 1806 nahe, den Herbart »Zweites Buch: Vielseitigkeit des Interesses« nennt und in dem er das theoretische Konstrukt »Unterricht« thematisiert. Hier wird ungeachtet der logischen Kombinatorik die Didaktik vom Erziehungsgedanken isoliert.

Andererseits gehen Deutungen davon aus, dass Herbart seine *gesamte* Allgemeine Pädagogik als Theorie des erziehenden Unterrichts konzipierte (vgl. z. B. Blaß 1969; Müßener 1986). Der Nachweis, dass Herbart erziehenden Unterricht nicht als isoliertes Erziehungsmittel aufgefasst hat, das unabhängig von bzw. neben »Zucht« wirkt, sollte mit der obigen Ableitung erbracht worden sein. Die Idee des erziehenden Unterrichts kann nur durch die logisch-kombinatorische Verbindung der rein systematischen Unterscheidung von »Unterricht« und »Zucht« – d. h. von sachlicher und personaler Komponente der Erziehung – Realität werden.

3 Zur kybernetisch-informationstheoretischen Didaktik nach Felix von Cube – einem allgemeindidaktischen Modell der empirischen Richtung

»Die allgemeine Didaktik hat keine Tradition in empirischer Forschung« – in der Absolutheit festgestellt im jüngst erschienenen Lehrbuch von Norbert M. Seel und Ulrike Hanke (2015, S. 861) und immer wieder anzutreffen bei der Beschreibung von Krisenszenarien um die Allgemeine Didaktik.

Vielleicht kann man den *Vertretern* der Allgemeinen Didaktik anlasten, dass sie deren empirische Ausrichtung vernachlässigen würden, aber nicht, dass diese *Disziplin* der Erziehungswissenschaft keine solche Tradition hätte. Die sich deshalb anschließenden disziplingeschichtlichen Vorbetrachtungen dienen der Skizze einer empirischen Tradition ohne Anspruch auf Vollständigkeit.

3.1 Disziplingeschichtliche Vorbetrachtungen zur empirischen Tradition der Allgemeinen Didaktik

Auf frühe Ideen über die empirische Erforschung des pädagogisch-didaktischen Handlungsfeldes treffen wir bei Ernst Christian Trapp (1745–1818), der von 1779 bis 1783 den ersten Lehrstuhl für Philosophie und *Pädagogik* an der Universität Halle innehatte (vgl. Hopfner 2011). Johanna Hopfner würdigt seine Schrift »Versuch einer Pädagogik« aus dem Jahre 1780 als »Plädoyer für eine angemessene Verbindung von Empirie und Spekulation, somit für eine empirische Forschung, die nicht positivistisch verkürzt um ihrer selbst willen betrieben wird und vor universalistisch-normativen Systembildungen genauso schützt wie vor hybriden Praxisentwürfen« (ebd., S. 463). Ein Blick in den »Versuch einer Pädagogik« lässt eine Vorstellung über seine Ideen einer empirisch ausgerichteten Erziehungs- und Unterrichtswissenschaft zum Zwecke der »künftigen Verbesserung des Unterrichts« (Trapp 1780/³1993, S. 220) entstehen: Trapp möchte die Lerner durch »ein taugliches Mikroskop« beobachten lassen.

> »Weil aber dergleichen Mikroskope selten zu sein scheinen, so wäre es gut, daß man einige derselben nach den gehörigen Grundsätzen und Regeln verfertigen ließe und sie genauen Beobachtern mit einer gehörigen Instruktion gäbe, wovon ein Punkt dieser wäre, sich so zu stellen, daß sie weder von Lehrern noch Schülern gesehen werden könnten. Dieser Beobachter müsste nun auf jede, auch die allerkleinste Bewegung der Kinder, auf ihre Ursachen und Folgen acht geben und sie alle gezählt in ihr Protokoll tragen.« (Ebd., S. 219f.)

Er kritisiert den Stand der Pädagogik seiner Zeit – »Unsere Regeln sind oft aus armseligen, einseitigen, krüppelhaften, zufälligen Erfahrungen abgeleitet, manchmal noch dazu unrichtig abgeleitet; und aufs Beobachten sind wir [...] besonders in Absicht auf die Erziehung, noch nie recht ausgegangen« (ebd., S. 217) – und bindet große Hoffnungen an die Einführung von empirischer Forschung: »[W]enn wir die gehörige Anzahl richtig angestellter pädagogischer Beobachtungen und zuverlässiger Erfahrungen hätten, so könnten wir ein richtiges und vollständiges System der Pädagogik schreiben« (ebd.).

Anfänge empirisch ausgerichteter Didaktikforschungen finden sich bei dem Leipziger Herbartianer und Gründer des Vereins für wissenschaftliche Pädagogik Tuiskon Ziller (1817–1882). Im Gegensatz zu seinem Zeitgenossen und herbartianischen Gegenspieler Karl Volkmar Stoy, der aufgrund seines pädagogischen Theorie-Praxis-Verständnisses[39] die Universitätsübungsschule ausschließlich als Institution der Lehrerbildung ansah, ging

---

39 Stoy wollte, dass die Studierenden mit dem Eintritt in die pädagogische Praxis der Übungsschule bereits Kenntnis vom pädagogischen System besitzen: »[N]icht, weil sie in der Praxis etwa eine Bestätigung der Theorie finden, – die Praxis kann nie bestätigen, sondern nur erläutern; – nur auf den Fundamenten der Ethik u. Psychologie kann die phil. Pädagogik aufgebaut werden, – sondern weil ihnen die Praxis zur Erläuterung der Theorie dienen wird« (Stoy 1862). Durch die von ihm an der Jenaer Universität organisierte enge Verzahnung von pädagogisch-theoretischen und pädagogisch-praktischen Veranstaltungen sollten Studierende über die pädagogische Tätigkeit das System der Pädagogik verstehen lernen, um es sich als Prüfkriterium für die eigene schöpferische Arbeit in der Erziehungspraxis zu erschließen.

Zillers Anspruch an die seinem akademisch-pädagogischen Seminar angeschlossene Schule über die Erfüllung reiner Lehraufgaben hinaus: Ziller verstand die Seminarschule, die im Unterschied zur Stoyschen unabhängig von staatlichen Lehrplänen arbeiten konnte (vgl. Beyer 1899, S. 803), auch als Forschungseinrichtung[40] zur Weiterentwicklung der didaktischen Theorie in der Programmatik der »sittlich-religiösen Charakterbildung des Zöglings« (Ziller 1865/²1884, S. 18). Die Ergebnisse der zahlreichen, im Seminarkreis besprochenen Unterrichtserprobungen dokumentiert er als ersten Beitrag zu einer »gründlichen, ausführlichen, wissenschaftlich abgerundeten Methodik« (Ziller 1874/³1886, S. IV) im Leipziger Seminarbuch (vgl. Ziller 1874/³1886). Sie verfestigt sich zu seinem didaktisches Modell[41] bestehend aus der Kulturstufentheorie einschließlich der ihr innewohnenden absonderlichen Parallelisierung von Ontogenese und Phylogenese, der Theorie der formalen Stufen sowie der Konzentrationsidee um Gesinnungsstoffe. Das Seminarbuch verstand Ziller als »neue Art von Fragebogen« (ebd., S. IV), anhand dessen die Praktiker die Wirksamkeit ihres Vorgehens und zugleich die der Theorie in Bezug auf die antizipierte sittlich-religiöse Persönlichkeit prüfen sollten: »So bildet sich die Theorie gleichsam unter den Augen der Seminarmitglieder fort, während sie bei jedem Anlass, soweit sie schon gesichert scheint, immer von neuem durch Gründe und Kritik gestützt wird« (ebd., S. V, zit. n. Hrsg.). Dabei standen allerdings nicht die Formal- und Kulturstufentheorie sowie die Konzentrationsidee an sich auf dem empirischen Prüfstand, sondern Ziller ging es um die Entwicklung und Erprobung einer bis ins Detail hinein reichenden Unterrichtsmethodik (vgl. ebd., S. Vff.), die die adäquate Umsetzung der Theorien zur Auswahl, Anordnung und formale Darbietung des Stoffes regeln sollte. Diese technizistische Herangehensweise an die Unterrichtsplanung, -gestaltung und -reflexion leistete wohl dem Vorschub, dass die im Seminar in der gemeinsamen Arbeit mit den Studierenden gewonnenen und schriftlich fixierten Materialien zu bequemen Unterrichtsrezepten verkamen, die

---

40 Ziller 1876, S. 42, Hervorh. i. Orig.: »Die Uebungsschulabtheilungen müssen aber *wirkliche Versuchs- und Experimentiranstalten* werden, wie sie schon Kant verlangte, freilich nur innerhalb der Grenzen, in die das Experiment auf dem Gebiet des Geistes überhaupt und dem der Erziehung insbesondere eingeschlossen ist.«

41 Wenngleich Formalstufen, Kulturstufen und Zillersche Konzentrationsidee heute kein Thema mehr sind, so gehören die in diesen Theorien mitschwingenden Grundanliegen wie das Nachdenken über didaktische Funktionen von Unterrichtsphasen oder der Gedanke des fächerverbindenden Unterrichts heute zum didaktischen Grundverständnis eines jeden Lehrers.

die pädagogischen Praktiker und Bildungspolitiker ohne besondere Rücksichtnahme auf die konkrete Situation, in der sie zu agieren hatten, gern übernahmen, was sich letztlich in einer alltäglichen Unterrichtspraxis niederschlug, die den Herbartianern pauschal u. a. den nachhaltigen Ruf einbrachte, eine Buchschule mit starrer Unterrichtstechnik vertreten zu haben.

Wilhelm Rein (1847–1929), erster Ordinarius für Pädagogik an der Universität Jena und Herbartianer Zillerscher Richtung, schloss an die pädagogische Theorie und Praxis verknüpfende Anlage des pädagogischen Studiums nach dem Vorbild seiner Universitätslehrer Stoy und Ziller an, konzipierte jedoch in der Nachfolge Stoys die Jenaer Übungsschule als universitätseigen neu und nutzte sie in Lehre und Forschung. Als »wissenschaftliche Werkstätte« (Rein 1898, S. 209) nimmt die »Übungsschule teil an der akademischen Freiheit« und dient der »Weiterentwicklung der pädagogischen Wissenschaft«. Die in solchen Dienst gestellten »Versuche« betrafen »z. B. Änderungen im Lehrplan, Einführung neuer Lehrmittel, Prüfung neuer Lehrbücher, psychologische und physiologische Untersuchungen, neue Verfahrensweisen der allgemeinen und speziellen Methodik« (vgl. ebd., S. 210). An die erfolgreiche Erprobung schloss sich die Überführung in die alltägliche Schulpraxis an: »So vollzieht sich ein gesunder Fortschritt in der Wissenschaft und demgemäß dann auch in unserem Schulwesen« (ebd.). Rein entwickelte – empirisch gestützt – das didaktische Modell Zillers weiter und beherrschte mit seiner didaktischen Theorie (vgl. Rein 2006) jahrzehntelang die Unterrichtspraxis weltweit. In der Tradition des Zillerschen Seminarbuches entstand das auflagenstarke achtbändige und acht Schuljahre betreffende Werk »Theorie und Praxis des Volksschulunterrichts« (Rein/Pickel/Scheller 1878–1885) als »Wegweiser für Lehrer und Lehrerinnen, die bestrebt sind, ihren Unterricht künstlerisch zu gestalten« (Rein/Pickel/Scheller [7]1903, S. VII). Alle dort aufgeführten Unterrichtsfächer folgen der allgemeindidaktischen Grundlegung durch die Kulturstufentheorie in Auswahl und Anordnung des Lehrstoffes, der Konzentrationsidee, die Verbindung der Lehrfächer betreffend, sowie der Formalstufentheorie in der Bearbeitung des Lehrstoffes (vgl. ebd., S. IX).

In die Reihe der empirischen Tradition der Allgemeinen Didaktik gehört unstrittig Peter Petersens »Führungslehre des Unterrichts« (1937/ [6]1959), die – so hebt es Petersen hervor – das »Ergebnis von 16 Jahren ununterbrochener praktischer Versuche« (Petersen 1937/[6]1959, S. 5) im Rahmen des international bekannten Schulversuchs namens Jena-Plan (vgl. Kap. IV/1) darstellt.

Abgeschlossen werden diese Vorbetrachtungen mit einem Verweis auf die allgemeindidaktischen Forschungen der DDR in Anschluss an Lothar Klingberg (vgl. Coriand 2011). Lothar Klingberg hat wie kein anderer die didaktischen Forschungen in der DDR angeregt, geprägt und international[42] sowie über die innerdeutsche Grenze hinweg mit einigem Erfolg repräsentiert – wie Erziehungswissenschaftler der (alten) Bundesrepublik bestätigen (vgl. z. B. Hilbert Meyer 1996, S. 1.; Meinert A. Meyer 1996). Zudem sind seine Positionen als dialektische Didaktik in einschlägigen Lehrbüchern tradiert.

Die durchgängig empirisch ausgerichtete Allgemeine Didaktik[43] in der DDR betrieb vordergründig Legitimationsforschung, indem sie nach effektiven Wegen für die Umsetzung der staatlich vorgegebenen Lehrpläne zu suchen hatte, und verkörperte vor allem eine Unterrichtstechnologie. Das bestätigt selbstkritisch auch Klingberg rückblickend in einem biographischen Interview:

> »Man wollte uns auf folgende Linie bringen: Wir setzen euch irgendwelche Programme vor die Nase und auch die Lehrpläne und ihr ›setzt das mal um‹. [...] Diese Reduktion des Didaktischen auf die so genannte Prozeßdidaktik ist unqualifiziert. Das war, glaube ich, einer der großen Mängel unserer gesamten didaktischen Diskussion. [...]; aber wir haben nicht energisch genug gekämpft um den Zusammenhang von Inhaltlichem und Prozessualem. Wir haben zwar dauernd von dieser ›Einheit‹ geredet, aber immer nur, wenn das Inhaltliche schon definiert war durch andere Kräfte, durch andere Mächte.« (Anhang 1995, S. 212)

Die didaktischen Forschungen unterstanden dem politischen Dogma der Lehrplanumsetzung und wurden außerdem durch Fünfjahrespläne für die pädagogische Forschung der DDR geregelt. So zeichnete sich beispielsweise an der Friedrich-Schiller-Universität Jena die Notwendigkeit und Perspektive einer interdisziplinären Didaktikforschung zum Zusammenhang von Unterrichtsführung und Subjektposition der Schüler während der Forschungsphase 1981–1985 ab. Der Plan der pädagogischen Forschungen sah für die Mitarbeiter des Jenaer Wissenschaftsbereichs Didaktik die Untersuchung der Entwicklung stabiler Erkenntnisinteressen und Lerneinstellungen als Bestandteil des übergeordneten zentralen Themas »Erhöhung der geistigen Aktivität aller Schüler im Unterricht« vor.

---

42 Exemplarisch sei auf den Einfluss der Didaktik Klingbergs auf die Didaktikforschungen in Japan hingewiesen: vgl. Yoshida 2014; vgl. auch Yoshida 2005, 2011.

43 Selbst Diplomarbeiten, die von künftigen Lehrerinnen und Lehrern auf dem Gebiet der Allgemeinen Didaktik angefertigt wurden, waren empirisch angelegt und bestanden grundsätzlich aus einem theoretischen und einem erprobenden Teil.

Im konstatierend-analytischen Teil der dazugehörigen umfangreichen empirischen Untersuchungen zeigten sich deutliche Reserven hinsichtlich einer lernstimulierenden Unterrichtsgestaltung (vgl. Wenge 1986a, S. 2f.): So wurden kaum Interessen, Erfahrungen und Erlebnisse der Lernenden in den Unterricht einbezogen; eine für gemeinsame Lernergebnisse mitverantwortliche Schülerbeteiligung an der Planung und Gestaltung des Unterrichts blieb die Ausnahme; kooperative Lernformen gehörten ebenso nicht zum Unterrichtsalltag wie Leistungsanforderungen, die schöpferisches Denken und Handeln ermöglichen; didaktische Differenzierung fand in der Regel nur in einfachster Ausprägung statt.

In der erprobenden Untersuchungsphase ließen sich insbesondere bei solchen Gestaltungsfaktoren signifikant aktivierende Wirkungen auf das aktuelle Lernverhalten nachweisen, die den Lernenden Chancen eröffneten, ihren Unterricht mitzugestalten und mitzubestimmen. Auf der Basis dieses Ergebnisses erfolgte die konzeptionelle Ausrichtung des sich anschließenden Forschungszeitraums (1986–1990) auf den Schwerpunkt »Subjektposition der Schülerinnen und Schüler im Unterricht«, der vor allem interdisziplinär bearbeitet wurde. Dazu schlossen sich 1985 Wissenschaftler aus den Bereichen der so genannten Unterrichtsmethodiken und der Allgemeinen Didaktik zu einer Forschungsgemeinschaft zum Thema »Didaktisch-methodische Führung und Subjektposition der Schüler« zusammen (vgl. Wenge 1986b, S. 62f.).

Theoretischer Bezugspunkt (vgl. Wenge 1987) der gemeinsamen Forschungen von Vertreterinnen der Allgemeinen Didaktik und Fachdidaktik waren Klingbergs Auffassungen zum »Verhältnis der Akteure des Unterrichtsprozesses«, das er im Buch »Unterrichtsprozeß und didaktische Fragestellung« (vgl. Klingberg [2]1984, S. 53ff.) skizziert und 1987 in der Schrift »Überlegungen zur Dialektik von Lehrer- und Schülertätigkeit im Unterricht der sozialistischen Schule« (Klingberg 1987) insbesondere in der Fragerichtung »Gibt es eine didaktische Kompetenz der Lernenden?« grundlegend erweitert und vertieft. Die Wissenschaftler der didaktischen Forschungsgemeinschaft in Jena bilanzierten vorhandene Erkenntnisse zur Stellung der Lernenden im Unterricht und verständigten sich auf die Positionen Klingbergs (vgl. Wenge 1987, S. 8). In Anlehnung daran rückte die Erprobung solcher Gestaltungsfaktoren von Unterricht in den Mittelpunkt der interdisziplinären Unterrichtsforschung, von denen man annahm, dass durch sie die Schülerinnen und Schüler ihre Subjektposition in den von Klingberg genannten Dimensionen entfalten konnten.[44]

---

44 Vgl. zu Anlage und Ergebnissen der Untersuchungen z. B. Themenhefte 1987 und 1989b.

Ergänzende Untersuchungen erfolgten im Rahmen von Qualifizierungs-vorhaben.[45] Nicht zuletzt fanden die Ergebnisse Eingang in die Konzep-tion einer Langzeituntersuchung, die im Herbst 1987 begonnen (vgl. Wen-ge/Wenge 1988 u. Themenheft 1989a) und 1991 mit der »Abwicklung« der Jenaer Sektion für Erziehungswissenschaft systembedingt abgebrochen wurde.

Neben Jena gab es selbstverständlich auch an anderen Universitäten empirische Forschungsprojekte im Rahmen der Allgemeinen Didaktik: Beispielsweise untersuchten die allgemeinen Didaktiker der Pädagogischen Hochschule Halle Fragen der Befähigung zum schöpferischen Denken und Handeln. Die Didaktiker der Pädagogischen Hochschule Leipzig forschten zum Problem der unterrichtlichen Kooperation und Kommunikation und die der Universität Leipzig zur allgemeindidaktischen Frage der Könnens-entwicklung.

3.2 Das kybernetisch-informationstheoretische Modell

Innerhalb der empirischen Erziehungswissenschaft haben sich etwa seit der Jahrhundertwende vom neunzehnten zum zwanzigsten Jahrhundert unterschiedliche Ansätze wie »Experimentelle Pädagogik«, »Pädagogische Tatsachenforschung«, »Deskriptive Pädagogik« und »Kritisch-rationale Er-ziehungswissenschaft« entwickelt (vgl. Krüger 1997, S. 37–56).

Das hier zu skizzierende kybernetisch-informationstheoretische Modell Felix von Cubes steht in der Linie des Kritischen Rationalismus (vgl. Cube [12]2006, S. 65). Charakteristisch für das wissenschaftstheoretische Erkenntnisprogramm der Vertreter dieser Richtung ist, dass sie – in Kri-tik zum Induktionsprinzip – davon ausgehen, dass sich generelle Aussa-gen nicht endgültig verifizieren lassen. Wohl aber seien sie falsifizierbar, d. h. Theorien und Gesetze gelten danach nur als vorläufig wahr, nämlich so lange sie bisherigen Widerlegungsversuchen standgehalten haben (vgl. Krüger 1997, S. 43). Bereits ein Gegenbeispiel genügte, um eine generell getroffene Aussage endgültig als falsch abzuweisen. Zudem erlaube die Unterscheidung zwischen »Werturteil«, »Wertbasis« und »Wertungen« im Kritischen Rationalismus seinen Vertretern »am Konzept einer wert-freien Wissenschaft festzuhalten« (ebd., S. 43f.). Die Forderung nach Wertfreiheit bezieht sich in diesem Wissenschaftsverständnis nur auf die

---

45 Vgl. für den Bereich der Allgemeinen Didaktik Eisenberger 1989 und Coriand 1989.

Werturteile, also auf »normative Aussagen auf der Ebene der Objektsprache der Wissenschaft (z. B. LehrerInnen sollen gerecht sein)« (ebd., S. 43). In das Postulat der Wertfreiheit ist nicht eingeschlossen die »Wertbasis der Wissenschaften«, wozu »metatheoretische Normen zur Festlegung von Auswahlkriterien, wissenschaftlichen Prüfverfahren usw. gehören«. Ebenfalls nicht betroffen sind »die Wertungen im Objektbereich einer Wissenschaft«; gemeint sind »empirische Aussagen über normative Sätze, z. B. 17 Prozent der Kirchensteuerzahler befolgen die Norm, man soll Sonntags in die Kirche gehen«. Solche Sätze seien deskriptiv und nicht normativ; diese könnten empirisch überprüft werden. Somit vertrage sich die »Aufstellung einer Norm auf der Ebene der Metatheorie und das Postulat der Wertfreiheit in der Objekttheorie« (vgl. ebd., S. 43f.).

Die Forderung nach Wertfreiheit auf der Ebene der Objektsprache befolgt Felix von Cube in der seinem didaktischen Modell zugrunde liegenden begrifflichen Kennzeichnung von »Erziehung« und »Ausbildung«. Er unterscheidet zwar zwischen beiden Begriffen, sieht jedoch in folgender Definition einen »gemeinsamen Kern« (Cube [12]2006, S. 59):

> »Erziehung und Ausbildung bezeichnen einen Prozeß, bei dem Adressaten unter ständiger Korrektur zu einem gegebenen Erziehungsziel oder Ausbildungsziel gesteuert werden. [...] Ein Erziehungs- oder Ausbildungsprozeß ist also ein Regelvorgang; er kann als Regelkreis dargestellt werden [...]. Gewiß handelt es sich bei Erziehung und Ausbildung um ein völlig anderes ›Regelobjekt‹ als in der Technik oder Biologie [...]. Dennoch kann er gezielt beeinflußt (gesteuert) werden, und nur darum geht es in Erziehung und Ausbildung.« (Ebd.)

Die Gesamtheit der Einflüsse auf den Lernenden bezeichnet von Cube als Sozialisation. In Anlehnung an kybernetische Steuerungsprozesse stellt er die aus seiner Sicht wesentlichen Elemente eines Erziehungs- und Ausbildungsprozesses in dem bekannten Regelkreismodell dar (Abb. 11, S. 119).

Wenn der Erziehungsbegriff wertfrei gefasst wird, so ist es wissenschaftstheoretisch konsequent, dass auch die Setzung von Erziehungszielen – hier verstanden als nicht objektiv überprüfbare Sollensforderungen – aus dem Bereich wissenschaftlicher Aussagemöglichkeiten ausgeschlossen wird. Von Cube betrachtet Lehr- und Erziehungsziele als subjektive Forderungen, denen kein Wahrheitswert zugeordnet werden kann; sie seien begründbar oder legitimierbar, aber in der Richtigkeit ihrer Aussagen nicht wissenschaftlich nachweisbar (vgl. ebd., S. 66). Symbolisiert wird diese metatheoretische Wertbasis mittels der durchgezogenen Trennungs-

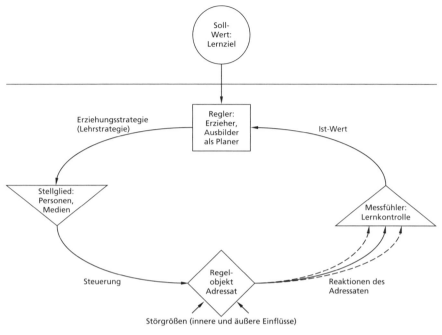

Abb. 11: Regelkreis (aus: Cube [12]2006, S. 60)

linie im Regelkreis. Damit würden die kritischen Rationalisten – so von Cube – die »Zielfrage dem einzelnen viel stärker überlassen« (Cube zit. n. Bastian/Blankertz [12]2006, S. 129) als diejenigen, die die Zielfrage für sich entschieden haben und damit »objektive Gültigkeit beanspruchen« (ebd.). Wohl wissend, dass der Einzelne zum großen Teil in Abhängigkeiten agiert, belebt das dennoch unstrittig die subjektive Reflexion über Lehre. Allerdings ist es naiv, zu glauben, Wissenschaftler bzw. kritische Rationalisten könnten sich in ihren Forschungen der Wertefrage völlig entziehen. Es gibt Situationen – solche können z. B. bei der Beantragung und Bewilligung von Forschungsfördergeldern entstehen –, die die postulierte wertfreie Forschung herausfordert, nämlich dann, wenn Wissenschaft und besonders Erziehungswissenschaft für die Durchsetzung (bildungs-)politischer Ziele in den Dienst genommen werden soll und damit dann doch eher als legitimierende statt belegende Forschung gefordert ist. Kurz: Wertfreiheit nach oben beschriebener Provenienz entbindet den Wissenschaftler als Person nicht von eigener »Wertereflexion«.

Im hier abgebildeten »Funktionsschema« (Cube [12]2006, S. 61) werden kybernetische Begriffe auf den Lehren-Lernen-Prozess, den Felix von

Cube nun umgangssprachlich mit Ausbildung gleichsetzt,[46] angewandt. Der Sollwert bestimmt sich aus den Lernzielen. Als Regler übernimmt der Ausbilder die Funktion, eine bestimmte Lehrstrategie bzw. »einen Verlaufsplan zur Erreichung eines gegebenen [...] Lehrziels« (ebd., S. 60) zu entwickeln. Stellglieder sind Vermittlungshilfen personaler Art oder in Gestalt von technischen Medien. Als Objekt der Regelung fungiert der »Adressat« der Belehrung, der verschiedenen Störgrößen (inneren und äußeren Einflüssen wie Anlagen oder Probleme im Elternhaus) ausgesetzt ist. Die Reaktionen der Adressaten auf das Ausbildungsangebot werden mit Hilfe von Lernkontrollen, den so genannten Messfühlern, festgestellt sowie ein Soll-Ist-Vergleich vorgenommen. Weichen Soll- und Ist-Wert voneinander ab, so ist ein neuer Regelungsprozess in Gang zu setzen.

Felix von Cube legt Wert darauf, kein Personen- oder Positionsschema vorgelegt zu haben, »sondern ausschließlich ein Funktionsschema« (ebd., S. 61). Das bedeute, dass ganz unterschiedliche Personen die im Regelkreis symbolisierten Funktionen übernehmen können. So gesehen können bei einem entsprechenden Ziel (z. B. lehrend Verantwortung lernen) primär Lehrende und primär Lernende auch ihre üblichen Rollen tauschen, wenngleich es natürlich immer der professionell Lehrende ist, der im Rahmen seiner Strategie diese Möglichkeit überhaupt erst schafft und verantwortet (vgl. dazu auch Cube in Bastian/Blankertz [12]2006, S. 124).

Vorausgesetzt, dass die Lehrziele in operationalisierter Form vorliegen, umfasst das Modell der kybernetisch-informationstheoretischen Didaktik drei Planungsschritte (vgl. Cube [12]2006, S. 64f.): Zuerst erfolgt die Entwicklung der Lehrstrategie; daran schließt sich die Planung eines adäquaten Medieneinsatzes an; im dritten Schritt geht es um die »Festlegung von Kontrollstationen auf dem Wege zum Lehrziel« (ebd., S. 65) im Interesse einer regelmäßigen Rückkopplung von Unterricht. Diese überlegten Stationen nennt er didaktische Stationen; sie erfüllen die Funktion einer Rückmeldung zum erreichten Lernstand, um gegebenenfalls vom festgestellten Ist-Stand aus nachsteuernd einzugreifen.

Seit der Neuauflage seines Buches »Kybernetische Grundlagen des Lernens und Lehrens« im Jahr 1982 hat sich Felix von Cube eigenen Aussagen zufolge nicht mehr mit der kybernetischen Didaktik befasst (vgl. Cube [12]2006, S. 73).

---

46 Dazu Felix von Cube ([12]2006, S. 59f.): »In Übereinstimmung mit der Umgangssprache wird man dann von Erziehung sprechen, wenn es sich beim Soll-Wert der Regelung um (affektive) Werthaltungen handelt, von Ausbildung dann, wenn es sich um kognitive oder pragmatische Ziele handelt.«

4 Ausgewählte Modelle der pragmatischen Didaktik

4.1 Bildungstheoretische Didaktik im Rahmen kritisch-konstruktiver Erziehungswissenschaft von Wolfgang Klafki

Wie schon aus dem Titel hervorgeht, wählt Wolfgang Klafki im Vergleich zu den beiden vorangestellten Modellen den Bildungsbegriff und nicht den Begriff der Erziehung zum zentralen Bezugspunkt seiner didaktischen Überlegungen. Er entwarf die »bildungstheoretische Didaktik« – quasi in einer ersten Fassung – gegen Ende der 1950er Jahre zunächst auf geisteswissenschaftlicher Grundlage, um sie dann ca. 30 Jahre später auf der Basis einer kritischen Wissenschaftstheorie zur »bildungstheoretischen Didaktik im Rahmen kritisch-konstruktiver Erziehungswissenschaft« weiterzuentwickeln.

Dem im Modellnamen angelegten Programm folgend, wird auf die drei miteinander verwobenen erkenntnisleitenden Hauptaspekte näher eingegangen: die bildungstheoretische Prämisse, die kritische Perspektive sowie den konstruktiven Zuschnitt.

Die *bildungstheoretische Grundlegung* umfasst insbesondere zwei Dimensionen (vgl. Klafki [6]2007, S. 96f.): Klafki legt Bildung einerseits im Sinne der Theorie der kategorialen Bildung sowie andererseits als Allgemeinbildung aus. Erstere entstand als Ergebnis seiner systematischen Auseinandersetzung mit historischen Bildungstheorien und deren Gruppierung in materiale und formale. Materiale Bildungstheorien fragen nach der gegenständlichen Seite des Bildungsprozesses; sie sind auf das Objekt der Aneignung gerichtet. Sie legen fest, welche Bildungsinhalte kulturbestimmend sind und deshalb von den Menschen übernommen werden sollen. Danach zeigt sich die Bildung eines Menschen in seiner Verfügbarkeit über die als wertvoll erachteten Wissensbestände. Formale Bildungstheorien hingegen thematisieren die subjektive Seite des sich bildenden Individuums, seine Bedürfnisse und zu entwickelnden Fähigkeiten, um an der Welt, in der es lebt, teilhaben zu können. Hier äußert sich Bildung in der Art und Weise, wie Menschen handelnd mit ihrer Umwelt umgehen. Klafki bringt formale und materiale Theorien im Begriff der kategorialen Bildung zusammen. Er definiert sie

> »als ein nach vorn hin stets offenzuhaltendes Vermittlungsverhältnis zwischen ›Subjekt‹ und ›Objekt‹, einen aktiven Aneignungsvorgang, in dem sich geschichtliche Wirklichkeit für den sich bildenden Menschen ›aufschließt‹, zugänglich, verstehbar, kritisierbar, veränderbar wird, und in dem gleichzeitig das Subjekt sich *für*

121

geschichtliche Wirklichkeit ›aufschließt‹, also Verständnis-, Handlungs-, Verantwortungsmöglichkeiten in sich entfaltet; beide Aspekte sind Momente eines einheitlichen Prozesses.« (Ebd., S. 96, Hervorh. i. Orig.)

Der Mensch arbeitet an der Erkennbarkeit der Welt bzw. erschließt sie sich kategorial, entwickelt sich in der aktiven Auseinandersetzung mit der Welt und vermag so, gestaltend in ihr zu leben. »Angesichts der unendlichen Fülle des Konkreten [...] ist solche ›wechselseitige Erschließung‹ von Subjekt und Wirklichkeit aber nur möglich, wenn es gelingt, jene Fülle des Konkreten auf Grundformen, -strukturen, -typen, -beziehungen, kurz: auf ein Gefüge von *Kategorien* zurückzuführen« (ebd., Hervorh. i. Orig.). Kategoriale Bildung soll nach Klafki pädagogisch ermöglicht und unterstützt werden, was seiner Ansicht nach eng mit der Auslegung von Bildung als Allgemeinbildung im Sinne eines humanen, demokratischen und klassische Bildungsverständnisses zu tun hat (vgl. ebd., S. 97). In dieser Ausdeutung bezieht sich »allgemein« erstens auf die Möglichkeit und den Anspruch *aller* Menschen auf Bildung. Zweitens zielt »allgemein« auf allumfassende Bildung des Menschen; es zielt auf »das Insgesamt der menschlichen Möglichkeiten, sofern sie mit Selbstbestimmung und der analogen Entwicklung aller anderen Menschen vereinbar sind« (ebd.). Schließlich meine die Bestimmung »allgemein« im Allgemeinbildungsbegriff drittens, dass »Bildung sich zentral *im Medium des Allgemeinen* vollzieht, d. h. in der Aneignung *von* und in der Auseinandersetzung *mit* dem die Menschen gemeinsam Angehenden« (ebd., Hervorh. i. Orig.). Unter diesem Gesichtspunkt äußert sich Bildung in selbstbestimmtem Begreifen und Gestalten der menschlichen Gegenwart und Zukunft.

Aus der skizzierten bildungstheoretischen Prämisse erwächst die *kritische Perspektive* des Klafkischen Modells. Bildung, als kategoriale Bildung gedacht, entspricht einem kritischen bis »potentiell gesellschaftskritische [n] Begriff« und erfüllt die Funktion eines zentralen, übergeordneten Orientierungs- und Beurteilungskriteriums zur kritischen Reflexion der Planung und Gestaltung pädagogisch-didaktischer Handlungssituationen (vgl. Klafki [12]2006, S. 14). Die wissenschaftstheoretische Basis präzisiert Klafki, indem er Selbstbestimmungs-, Mitbestimmungs- und Solidaritätsfähigkeit zur generellen Zielbestimmung des Unterrichts erklärt und dementsprechende unterrichtsmethodische Thesen seiner kritischen Didaktik vorstellt: Die Fähigkeit zur Selbstbestimmung betrifft die »je eigenen, persönlichen Lebensbeziehungen und Sinndeutungen zwischenmenschlicher, beruflicher, religiöser Art« (Klafki [6]2007, S. 97). Ebenso zentral sei die Mitbestimmungsfähigkeit, weil »jeder [...] Verantwortung für die Gestaltung unserer gemeinsamen gesellschaftlichen und politischen

Verhältnisse hat« (ebd., Hervorh. i. Orig.). Die Notwendigkeit der dritten Zielkomponente kategorialer Bildung – Solidaritätsfähigkeit – begründet Klafki schließlich damit, dass

> »der eigene Anspruch auf Selbst- und Mitbestimmung nur gerechtfertigt werden kann, wenn er nicht nur mit der Anerkennung, sondern mit dem Einsatz für diejenigen verbunden ist, denen eben solche Selbst- und Mitbestimmungsmöglichkeiten auf Grund gesellschaftlicher Verhältnisse, Unterprivilegierung, politischer Einschränkungen oder Unterdrückungen vorenthalten oder begrenzt werden.« (Ebd., S. 98)

Zu den daraus abgeleiteten unterrichtsmethodischen Wertmaßstäben gehört die allgemeine Forderung, den Zusammenhang von Lehren und Lernen als einen schülerorientierten Interaktionsprozess zu betrachten, in dem sich Lernende mit Unterstützung der Lehrenden »zunehmend selbständiger Erkenntnisse und Erkenntnisformen, Urteils-, Wertungs- und Handlungsfähigkeiten« (Klafki [12]2006, S. 15) aneignen sollen. So verstandenes Lernen müsse vordergründig »sinnhaftes, verstehendes und entdeckendes bzw. nachentdeckendes Lernen sein« (ebd.). Fundiert durch das Selbstbestimmungs-, Mitbestimmungs- und Solidaritätsprinzip, sind die Schülerinnen und Schüler zunehmend anspruchsvoller in die Planung von und die Kritik über Unterricht einzubeziehen.

Das *Konstruktive* der bildungstheoretischen Didaktik im Rahmen kritischer Erziehungswissenschaft spiegelt sich in dem vorläufigen Perspektivenschema zur Unterrichtsplanung (vgl. ebd., S. 18) wider, in dem Klafki sieben Fragedimensionen – verteilt auf vier Planungsschritte – eröffnet, die sich Unterrichtsplaner stellen sollten. Alle sieben Problemfelder bindet er an eine Bedingungsanalyse hinsichtlich der »konkreten soziokulturell vermittelten Ausgangsbedingungen einer Lerngruppe (Klasse), des bzw. der Lehrenden sowie der unterrichtsrelevanten [...] Bedingungen einschließlich möglicher oder wahrscheinlicher Schwierigkeiten bzw. Störungen« (ebd., S. 17). Damit verdeutlicht Klafki zugleich die Grenzen seines Vorschlags: Es kann sich hierbei nur um ein Gerüst in Gestalt eines allgemeinen Fragenkatalogs handeln, dessen Belebung von den konkreten fachlichen, pädagogischen, sozialen, institutionellen und gesellschaftlichen Rahmenbedingungen in der jeweiligen Zeit und vor Ort abhängt.

Seinem kritischen Ansatz trägt Klafki insbesondere im ersten Planungsschritt Rechnung, da er hier die Prüfung des Bildungspotentials des zu Vermittelnden anregt und zwar sowohl mit Blick auf das Subjekt als auch Objekt der Aneignung. Klafki stellt seine darauf bezogenen klassischen Fragen nach der Gegenwarts- und Zukunftsbedeutung sowie nach der exemplarischen Bedeutung der zu behandelnden Thematik. Im Fokus der

Gegenwartsbedeutung hat sich der Lehrende die Frage nach Sinnbeziehungen des betreffenden Vermittlungsgegenstands zur Alltagswelt der Kinder und Jugendlichen zu stellen. Welche Bedeutung hat er möglicherweise im gegenwärtigen Alltagsleben der Schülerinnen und Schüler – z. B. bezogen auf ihre Interessen und Ängste, Wertungen und Vorurteile, Vorstellungen und Erfahrungen von Glück und Sorge (vgl. ebd., S. 19). Die Lehrgangssequenz, Unterrichtseinheit oder das Projekt sollte ebenso eine Berechtigung für die Zukunft der Heranwachsenden haben, wobei zu berücksichtigen ist, dass nicht jedes Thema für alle Lerner gleichermaßen von Wichtigkeit werden wird; Klafki spricht relativierend von »vermuteter Zukunftsbedeutung« (ebd.). Ein thematischer Zusammenhang lässt sich aber nicht allein durch die Schülerperspektive in der Gestalt von Gegenwarts- und Zukunftsbedeutung rechtfertigen. Auch die Fachperspektive gilt es zu bedenken. Die Frage nach der exemplarischen Bedeutung berücksichtigt das gebündelt in der Frage: In welchen größeren allgemeinen Sinn- und Sprachzusammenhang kann das Thema oder der Stoff eingeordnet werden? Beispielsweise steht der Kugel-Ring-Versuch im Physikunterricht exemplarisch für den physikalischen Sachverhalt, dass sich Körper bei Erwärmung ausdehnen.

Nachdem die Auswahl der Lerngegenstände hinsichtlich ihrer pädagogischen wie fachlichen Potenzen begründet wurde, steht der Lehrende vor der Aufgabe, den Vermittlungsgegenstand zu strukturieren bzw. vor dem zweiten Planungsschritt, der die beiden Fragen nach der »[t]hematischen Strukturierung und Erweisbarkeit« (ebd., S. 25) umfasst. Nun gilt es, strukturierende Teilziele zu formulieren und Überlegungen anzustellen, an welchen Fähigkeiten, Fertigkeiten, Kenntnissen, Handlungen und Leistungen der Schülerinnen und Schüler erkennbar wird, ob die Teilziele erreicht wurden und der initiierte Lernprozess erfolgreich war.

Der dritte Planungsschritt besteht in der Bestimmung von Zugangs- und Darstellungsmöglichkeiten. Im Rahmen dieser sechsten Frage geht es Klafki um grobe methodische Zugänge zur Thematik: Kann diese mittels konkreter Handlungen, Spiele, Erkundungen, Rekonstruktionen und Konstruktionen zugänglich gemacht werden, oder ist die Hilfe von Medien zur Veranschaulichung angebracht?

Im vierten und letzten Schritt der Unterrichtsplanung spricht Klafki die methodische Feinplanung des Unterrichtsablaufes an. Dieser siebente, von ihm nicht näher ausgeführte Fragenkomplex, »richtet sich darauf, wie die durch die vorangegangenen Fragen ermittelten Momente in eine *sukzessive Abfolge eines Lehr-Lern-Prozesses* bzw. in *alternative Möglichkeiten solcher Abfolgen* übersetzt werden können. Die Frage richtet sich also auf die *methodische Strukturierung* bzw. die *Strukturierung des Lehr-Lern-Prozesses*« (ebd., S. 30, Hervorh. i. Orig.).

Zusammenfassend betrachtet gehört Klafkis große disziplinäre Aufmerksamkeit der Entwicklung einer didaktischen Zielperspektive, die er anspruchsvoll bildungstheoretisch begründet. Diese Konzentration ergibt sich aus seinem Wissenschaftsverständnis, das durch die kritische Richtung innerhalb der Erziehungswissenschaft geprägt ist. Das darauf basierende »Perspektivenschema zur Unterrichtsplanung« (ebd., S. 18) enthält in konstruktiver Absicht didaktisch relevante Fragenkomplexe zur Planung, aber auch Analyse von Lehr-Lern-Prozessen.

4.2 Konstruktivistische Ansätze

Der Konstruktivismus gehört zu den derzeit viel diskutierten und zitierten Ansätzen, wenn es um die Erforschung von Lernprozessen geht (vgl. Tulodziecki/Herzig/Blömeke 2004, S. 26). Er gewinnt erheblich an Beachtung für didaktische Theorieentwicklungen und belebt ihre Debatten (vgl. Reich [4]2008, S. 8; Siebert 2008, S. 7ff.; Terhart 2008, S. 20ff.).

Um die Relevanz des Konstruktivismus für die Didaktik zu verdeutlichen, erscheint es hilfreich, auf die Kennzeichnung des Unterrichts über die Zeitdimensionen nach Klaus Prange in seinem Beitrag »Zeit in Zeit. Über das Verhältnis von Unterrichtszeit und gelebter Zeit« (vgl. Prange 2012, S. 93–107) zurückzugreifen. Danach ermöglicht Unterricht reflektierte Zeitreisen zu Erkenntnissen, Werken und Erfahrungen der Vergangenheit im Kleinen wie im Großen zum Zweck der Weiterentwicklung von Individuen und Kulturen. Prange bemerkt dazu Folgendes:

> »Der Unterricht erschließt die sedimentierte und selektiv aufbereitete Erfahrung der Gattung, gewissermaßen eine kontingenzbereinigte Geschichte, um sie in einem Schnelldurchlauf zugänglich und verfügbar zu machen. Darin ist zugleich die Möglichkeit enthalten, all das wegzulassen und zu überspringen, was abwegig war und was den leeren Zeiten der Geschichte angehört. Verdichtung und Konzentration auf wiederholbare Ergebnisse: dazu ist Unterricht da.« (Ebd., S. 93)

Die Zeit, in der konkret erfahren, erkannt, erzählt, komponiert oder gemalt wird, ist einmalig und vergänglich; es ist die »Ereigniszeit« (ebd., S. 94). Gegenläufig zur Ereigniszeit existiert die »Reflexionszeit« (vgl. ebd., S. 104), in der gedanklich beliebig oft in die Vergangenheit zurückgekehrt werden kann, um Erkanntes oder Erfahrenes in die Gegenwart zu bringen, damit es an Bedeutung gewinnt oder verliert. Offenkundig wird diese Gegenläufigkeit im Unterricht, indem (vergangene) Ereigniszeit(en) zu Lern-

125

zwecken – Reflexionen eingeschlossen – wiederholt inszeniert werden: »Unterricht als ein ausgezeichneter Modus von Erziehung ist die Kombination von Ereigniszeit und Reflexions- oder ›Kopf‹zeit, von Realerfahrung und der Deutung dieser Erfahrung.«[47] (Ebd., S. 100) Der Satz des Thales und der seines Schülers Pythagoras sind längst gefunden, mehrfach bewiesen und überliefert; die sich ereigneten Findungsprozesse gehören unumkehrbar der Vergangenheit an. Doch im Unterricht können die Entdeckungen immer wieder rekonstruiert werden. Das Lehren geht somit rückwärts und bringt den Lernenden von einem Anfang voran; »während das Lernen vorwärts geht, um in der Besinnung auf sich zurückzukommen« (ebd., S. 104). Lehre »ist vom Ende, von dem gewünschten Ende her konzipiert, von den Ergebnissen und Antworten, die für die Lernenden noch im Dunkel ihrer künftigen Gegenwart liegen, nicht aber für den Erzieher, [...] wenn er unterrichtet. Er sollte können und wissen, was er lehrt und will« (ebd.). Prange verdeutlicht »die Unterschiede im Verhältnis zur Zeit« abschließend durch den Vergleich von Forschung und Unterricht: »Am Ende oft langjähriger Forschung stehen oft genug Ergebnisse, die sich, einmal gewonnen, in kurzer Zeit, eben in der Unterrichtszeit vermitteln lassen« (vgl. ebd., S. 106).

Um zu dem, was wir wissen und für wissenswert halten oder möglicherweise nur glauben zu wissen, im Unterricht erneut gelangen zu können, d. h. um lernende Auseinandersetzung mit der natürlichen und sozialen Welt bewusst anregen, unterstützen und begleiten zu können, sollte der Lehrende selbst eine belastbare Vorstellung darüber besitzen, wie die Menschen zu Ergebnissen und den ihnen innewohnenden Erkenntnissen gelangt sind. Aber genau darin liegt aus Sicht des (radikalen) Konstruktivismus das unlösbare Problem der Didaktik.

Der Konstruktivismus als Erkenntnistheorie besitzt eine lange Tradition in der Philosophie, und seine vielfältigen Ansätze speisen sich inzwischen aus den Forschungen der Neurowissenschaften, Psychologie, Linguistik und Soziologie (vgl. Siebert [6]2009, S. 33; vgl. auch Peterßen [6]2001, S. 102–110). Konstruktivistisches Denken befasst sich mit der Erkenntnis von Wirklichkeit und verwirft mit der Frage »Wie wissen wir was?« (Peterßen [6]2001, S. 97) bisherige Vorstellungen über Art und Zustandekommen menschlichen Wissens dergestalt, dass der Mensch in der Lage sei, die Welt als objektiv gegebene Wirklichkeit erkennen zu können. Eine zentra-

---

47 Diese Definition von Unterricht bereichert die von Wolfgang Sünkel, die diesem »Umriss« der Allgemeinen Didaktik zugrunde liegt.

le These konstruktivistischer Ansätze lautet, dass Erkenntnis grundsätzlich Konstruktion und beobachterabhängig ist, da »Beobachter und Wirklichkeit in einem unauflösbaren rekursiven Zusammenhang stehen« (ebd., S. 106). Im Verständnis der Vertreter des Konstruktivismus ist die so genannte Wirklichkeit nur ein Resultat menschlicher Konstruktionen und nicht das unabhängige Objekt von Erforschtem oder Erkanntem. Danach mag es Wahrheit zwar geben, »doch ist menschlichem Erkennen nicht möglich, sie aufzudecken« (ebd.). Was der Mensch als Wirklichkeit ausgibt, sei danach »durch ihn selber zuallererst hergestellt, von ihm konstruiert. Erkenntnis bedeutet demnach nicht mehr Abbildung einer vorfindbaren und vom Menschen unabhängigen Wirklichkeit, sondern erhält die neue Bedeutung: *Erkennen ist Konstruktion einer Wirklichkeit!*« (ebd., S. 99f., Hervorh. i. Orig.). Wilhelm Peterßen sieht im »philosophisch-radikalen Ansatz des Konstruktivismus«[18] die Kernthesen des systemischen und konstruktivistischen Verständnisses und Denkens am deutlichsten herausgearbeitet und fasst sie wie folgt zusammen (ebd., S. 107):

- »Mensch und Wirklichkeit stehen in einem unauflösbaren rekursiven Zusammenhang;
- Erkenntnisse über die Wirklichkeit sind stets Konstruktionen jener, die sich darum bemühen;
- ein Bewertungsmaßstab für Wissen kann bloß relationaler Art sein, allenfalls seine Viabilität oder operative Tauglichkeit.«

Angewandt auf Unterricht und Didaktik bliebe die radikale Folgerung: »Eine Übertragung von Wissen zwischen Lernenden und Lehrenden ist ausgeschlossen. Alles Wissen ist eine perspektivische Eigenkonstruktion« (Rustemeyer zit. n. ebd., S. 110).

Wenn das tatsächlich so stimmen würde, dann könnten wir die Positionen des radikalen Konstruktivismus getrost beiseite legen und einfach unseren eigenen folgen. Beansprucht dieser jedoch für seine Aussagen Gültigkeit, dann repräsentiert er – gemäß der eigenen Erkenntnistheorie – einen Widerspruch in sich.

Wie dem auch sei: Durchgesetzt hat sich die »Erkenntnis« von der absoluten Unvereinbarkeit von Lehren und Lernen jedenfalls nicht, wovon die

---

48 Peterßen grenzt diesen von neuropsychologischen, systemtheoretischen, soziologischen und psychologischen Ansätzen ab, die er ebenfalls behandelt (vgl. Peterßen [6]2001, S. 102–110).

Existenz einer Reihe konstruktivistischer didaktischer Modelle ebenso zeugt wie die Existenz von Unterricht in allen nur denkbaren Erscheinungsformen. Horst Siebert, Vertreter einer konstruktivistischen Didaktik der Erwachsenenbildung, schätzt ein, dass die interne Diskussion des Konstruktivismus »in den vergangenen zwei Jahrzehnten differenzierter und selbstreflexiver geworden« sei. »Die Übertreibungen und Zuspitzungen des ›radikalen Konstruktivismus‹ [...] sind selten geworden, Schlüsselbegriffe wie ›Autopoiese‹ und ›Selbstreferenz‹ werden differenzierter zur Kenntnis genommen, der ursprünglich dominierende individualistische Blick wird durch eine sozialkonstruktivistische Perspektive ergänzt« (Siebert 2008, S. 8). Er sieht im Konstruktivismus insbesondere eine »Selbstbeobachtungstheorie« (vgl. ebd., S. 9). Lehrende und Lernende »beobachten ihre eigenen Wirklichkeitskonstruktionen. Durch diese reflexive Perspektive werden sie auch für die Selbst- und Weltbilder anderer sensibilisiert« (vgl. ebd.).

Sieberts Deutung des Konstruktivismus als (Selbst-)Beobachtungstheorie erscheint übrigens besonders plausibel im erzieherischen Umgang von Eltern mit ihren Kindern. Beobachten wir nur einmal Kleinkinder in ihrer ständigen schöpferischen Zweckentfremdung alltäglicher Dinge und die Reaktion der Eltern darauf: Da ist z. B. der kleine Junge, der mit seiner Mutter vom Spielplatz nach Hause kommt und von ihr sanft ins Bad geschoben wird, damit er beginnt, sich die schmutzigen Sachen auszuziehen. Abgelenkt durch andere Dinge kommt die Mutter erst etwas später hinzu, auch etwas verwundert darüber, dass es im Bad so merkwürdig leise zugeht. Ziemlich verdutzt sieht sie, wie ihr Sohn die schmutzigen Sachen in die Toilette stopft; dieser wiederum bemerkt gleich am recht entsetzten Gesichtsausdruck seiner Mutter, dass etwas nicht stimmt, und macht mit entwaffnendem Lächeln unmissverständlich klar: »Max helft, Max wascht!«. Natürlich leuchtet der Mutter sofort ein, dass diese Szene dem augenblicklichen »Weltbild« von Max entspricht: Die Höhe der Toilette, das darin befindliche Wasser, seine Erfahrung, dass Mutter oder Vater vielleicht etwas im von ihm unerreichbaren Waschbecken oder der Badewanne ausgewaschen haben, und sein Wunsch, der Mutter eine Freude zu bereiten; er ist ja schließlich schon groß. Vielleicht ist sie ja sogar für einen Moment stolz, auch wenn alles ihrem Erkenntnisstand völlig widerspricht. Auf jeden Fall wird sie es nicht bei dieser Deutung der Wirklichkeit durch ihren Sohn belassen. Sie wird in der ihr eigenen Form erzieherisch bzw. belehrend reagieren und mit hoher Wahrscheinlichkeit einen Lernerfolg bei ihrem Sohn erzielen.

Horst Siebert vertritt im Bereich der Erwachsenenbildung u. a. folgende konstruktivistisch geprägte didaktischen Positionen (vgl. Siebert ⁶2009, S. 30ff.):

- Der Konstruktivismus bestätige die Subjektorientierung der Bildungsarbeit. Lernen sei nicht machbar, auch nicht zu erzwingen, aber anregbar.
- Lernen sei ein selbstreferenzieller Prozess, d. h. Erfahrung baut auf frühere Erfahrungen auf; Wissen entspringt aus vorhandenem Wissen. Das Lernen Erwachsener sei grundsätzlich »Anschlusslernen«. Sie lernen weniger das, was ihnen gesagt wird, als vielmehr das, was ihnen als relevant und integrierbar erscheint.
- Lehre determiniere nicht und instruiere nicht Lernen, sondern Lehrsystem und Lernsystem seien strukturell gekoppelt. »Der Lernende geht mit dem gelehrten Stoff – aufgrund seiner Lernbiographie – höchst eigenständig um, und auch seine Lernverweigerungen sind oft lebensgeschichtlich begründet und viabel« (ebd., S. 30).
- »Auch die Lehrenden verfügen nicht über Wahrheiten, sondern vermitteln ihre Konstrukte, ihre ›Ansichten‹ (die allerdings informierter sein sollten als die der Teilnehmer/innen. Die Bedeutsamkeit und Viabilität einer Information kann jedoch nicht vorgeschrieben werden« (ebd.). Damit sei einer normativen Pädagogik die erkenntnistheoretische Grundlage entzogen.
- In der Erwachsenenbildung gehe es nicht nur um Deutungen und Wirklichkeitskonstruktionen, »sondern auch um intersubjektiv nachprüfbare Qualifikationen, z. B. in einem EDV-Kurs, im Fremdsprachenunterricht, in einem Seminar über Aquarellmalen« (ebd., S. 31). In solchen Veranstaltungen werden die konstruktivistischen Erkenntnisse z. B. von behavioristischen Mechanismen und fachdidaktischen Gesichtspunkten flankiert.

An dieser Auswahl von Thesen wird ein gemäßigter Konstruktivismus erkennbar, der sich vom Grundanliegen her weg von einer »Belehrungsdidaktik« hin zu einer »Ermöglichungsdidaktik« (vgl. ebd., S. 32) bewegen will.

Für den Schulunterricht hat m. E. Kersten Reich eine ausgereifte, in sich stimmige und überlegenswerte konstruktivistische Didaktik vorgelegt, in die hier ebenfalls nur ein sehr begrenzter Einblick gegeben werden soll. In seinem konstruktivistischen Ansatz folgt er einem Verständnis von Lehren und Lernen, »das die aktive Seite des Lernprozesses betont, das einen Begriff des Wissens benutzt, der stets auf die Vermittlung mit Handlung verweist, der eine grundsätzliche Spannung zwischen Subjekt und Umwelt annimmt, ohne ein dualistisches Weltbild einer Abbildung von ›draußen‹ nach ›drinnen‹ aufzubauen« (Reich ⁴2008, S. 73). Dabei schließt er insbesondere an drei Ansätzen zum Lernen kritisch an: John Dewey, Jean Piaget und Lev S. Wygotski (vgl. ebd., S. 71ff.). Der von ihm vertretene Konstruktivismus ist angesichts der Tatsache, »dass Lernen immer in einem kulturellen Kontext geschieht, ein notwendig kulturell orientierter« (ebd., S. 76). Was den schwierigen und hochkomplexen Umgang mit Wahrheit und Wissen anbelangt, sieht er sich insbesondere in sozialen und kulturellen Bereichen mit der »Multiperspektivität von Wirklichkeitsauffassungen« konfrontiert, die nach Reich nicht ohne Folgen für die Didaktik bleiben sollte, will sie Lernern zu Orientierungen in ihrem Lernen verhelfen (vgl. ebd.). Er formuliert und begründet u. a. vier Grundversprechen, auf deren Basis er seine Didaktik entwickeln möchte:

• Die konstruktivistische Didaktik will Kersten Reich als Beziehungsdidaktik konstruieren, d. h. Inhaltsentscheidungen sind nachgeordnet (vgl. ebd., S. 82f.). Die kommunikative Seite des Lehrens und Lernens werde grundsätzlich betont, aber ohne die Inhalte aus den Augen zu verlieren (vgl. ebd., S. 94).
• »Die konstruktivistische Didaktik ist praxisorientiert« (ebd., S. 83).
• Sie ist interdisziplinär ausgerichtet (vgl. ebd., S. 83f.).
• »Die konstruktivistische Didaktik verzichtet von vornherein auf den Anspruch, möglichst leicht, schnell verständlich und rezepthaft sein zu wollen, um gute Marktchancen zu erzielen« (ebd., S. 84).

Neben der erkenntnistheoretischen Grundlegung in den Dimensionen »Konstruktivität«, »Methodizität« und »Praktizität« (vgl. ebd., S. 119) wählt Reich einen bildungstheoretischen Zugang zur Begründung der Didaktik als Wissenschaft (vgl. ebd., S. 94).

Das didaktische Handeln im Unterricht folgt den von ihm bestimmten didaktischen Grundaufgaben der Konstruktion, Rekonstruktion und Dekonstruktion (vgl. ebd., S. 138): Die Aufgabe der *Konstruktion* fasst er zum Motto »Wir sind die Erfinder unserer Wirklichkeit« (ebd.) zusammen. Das Erfinden ist ein lebensnotwendiger menschlicher Wesenszug und Ausdruck unserer Bedürfnisse. Nützliche (z. B. Waschmaschinen, Brot) wie gefährliche (z. B. Atombombe, genmanipulierter Mais) Erfindungen bestimmen unser Leben, deshalb sollen Schüler im Unterricht – selbstverständlich im pädagogisch verantwortbaren und damit eben doch gelenkten Rahmen – »[s]elbst erfahren, ausprobieren, untersuchen, experimentieren« (ebd.). Diese Tätigkeiten sind immer in »eigene Konstruktionen ideeller oder materieller Art« zu überführen und »in den Bedeutungen für die individuellen Interessen-, Motivations- und Gefühlslagen« zu thematisieren.

In unserem Leben wenden wir uns jedoch nicht nur Neuem zu; wir erfinden nicht fortlaufend alles neu, sondern wollen und müssen die bis zu diesem Zeitpunkt konstruierte Welt im individuell wie sozial sinnvollen Maß zu ergründen und zu verstehen versuchen, um in der Lage zu sein, gegebenenfalls anzuschließen. Entsprechend lautet die These der *Rekonstruktion:* »Wir sind die Entdecker unserer Wirklichkeit« (ebd., S. 139). Nachentdecken lassen und in Beobachterposition versetzen einschließlich der damit zu entwickelnden Fragehaltung sind dazugehörige didaktische Aufgaben.

Schließlich soll Unterricht *Dekonstruktion* unterstützen. Reich formuliert: »Es könnte auch noch anders sein! Wir sind die Enttarner unserer Wirklichkeit!« (ebd., S. 141). Jetzt geht es vor allem um die kritische Perspektive. Konstruktionen und Rekonstruktionen sind aus unerwarteten Perspektiven zu prüfen, um Einseitigkeiten oder Defizite im Überlieferten, aber auch im eigenen Denken und Handeln aufzudecken. Die geniale Erfindung der Glühbirne z. B. erweist sich inzwischen als unverhältnismäßiger Stromverbraucher; die deshalb neu entwickelte Sparlampe wiederum enthält Quecksilber, das austreten kann. Zur didaktischen Konsequenz gehört in dem Zusammenhang die Initiation von Reflexionsprozessen.

Konstruktion, Rekonstruktion und Dekonstruktion unterliegen einer Zielperspektive, die Reich mit den Kategorien »Selbstbestimmung« (ebd., S. 138), »Selbstwert« (ebd., S. 139), »Selbsttätigkeit« (ebd., S. 140) und »Verantwortung« (ebd., S. 141) belegt.

Eine Übersicht über weitere didaktische Modelle des Konstruktivismus bieten Peterßen ([6]2008, S. 114–131) und Jank/Meyer ([10]2008, S. 293–303).

Die vielfach anzutreffende Abgrenzungs-Rhetorik von Befürwortern einer konstruktivistischen Didaktik erscheint pauschal vorgetragen wenig sinnvoll. Der postulierte Paradigmenwechsel muss sich angesichts der offenkundigen Überschneidungen Relativierungen gefallen lassen. Beispielsweise ist eine Reihe von didaktischen Überlegungen konstruktivistischer Didaktiker im Modell von Wolfgang Klafki angelegt. Man denke an die von ihm unternommene didaktische »Übersetzung« seiner Bildungstheorie, die u. a. die methodische Forderung nach Ermöglichung von entdeckendem und nachentdeckendem Lernen enthält, auf Mitbestimmung der Schülerinnen bei der Unterrichtsplanung setzt und generell die Subjektposition der Unterrichtsakteure herausarbeitet. Auch die veränderte Sicht auf die Lerner-Rolle dergestalt, dass nicht nur Lehrende, sondern Lerner ebenfalls Didaktiker sind (vgl. Reich [4]2008, S. 29), findet sich längst in früheren didaktischen Modellen ausgeführt – nämlich bei Lothar Klingberg: In dessen dialektischer Didaktik stellt die »didaktische Kompetenz der Lernenden« (Klingberg 1987, S. 56 bzw. 1990, S. 65) eine zentrale Kategorie dar.

Selbstverständlich ist auch Horst Siebert zuzustimmen, wenn er am konstruktivistischen Denken den Beitrag »zu einer reflexiven Pädagogik« schätzt, die sich ihrer Grenzen und Paradoxien bewusst ist (vgl. Siebert 2008, S. 9), und feststellt, dass system-konstruktivistisch gesehen die Pädagogik »notwendig, aber ›wirkungsunsicher‹« (ebd.) sei. Aber zu dieser Erkenntnis gelangte eben schon Herbart in seinen ersten Vorlesungen über Pädagogik (vgl. Herbart 1802/[2]1982) und führte in dem Zusammenhang den »pädagogischen Takt« ein.

Solche Übereinstimmungen stellen keineswegs die Originalität klassischer und moderner didaktischer Theorien infrage. Sie belegen m. E. Annäherungen, die – so man sich gegenseitig genauer zur Kenntnis nehmen will – konstruktive Anschlussmöglichkeiten eröffnen oder zur Schärfung der eigenen Positionen beitragen. Statt sich permanent das paradigmatisch Neue gegenseitig vorzuhalten oder abzusprechen, böte sich z. B. im Konstruktivismus bzw. in der Auseinandersetzung mit ihm die Chance – um einmal konkret zu werden –, die Aufwertung der Herbartschen Kategorie des Pädagogischen Takts für moderne universitäre Lehrerbildungskonzeptionen zu überlegen angesichts der nun auch vom Konstruktivismus bestätigten Differenz zwischen pädagogischer Theorie und Praxis. Für Erziehungswissenschaftler der Universität Salzburg ist das übrigens ein lohnendes Projekt. Sie arbeiten an der Entwicklung einer differenzierten Theorie des Pädagogischen Takts, die den Takt als Vermittlungsgröße zwischen Theorie und Praxis empirisch erforschbar machen soll (vgl. hierzu Patry/Präauer 2014).

VI

Didaktische Prinzipien

1 Einführung

Wie es auf dem Gebiet der Erziehungswissenschaft gegenstandsbedingt nicht zu vermeiden ist, so gibt es auch hier nicht *die* Definition des Begriffs »didaktische Prinzipien«:

- *Beyer* (2014, S. 7):
  »[A]ls ›didaktisches Prinzip‹ [lässt sich, R.C.] eine Erwartung an die Ausgestaltung von Unterricht definieren, die bestimmte didaktische Konsequenzen verlangt. [...] In didaktischen Prinzipien werden demnach Normen formuliert, die sich auf die Realisierung einer bestimmten Qualität von Unterricht beziehen. Ihre Grundlage bilden Werturteile, durch die diese Qualität als besonders erstrebenswert beurteilt wird. Somit enthalten didaktische Prinzipien immer drei Komponenten: eine Sachkomponente (die Benennung einer bestimmten Qualität des Unterrichts, zum Beispiel der Offenheit des Unterrichts), eine Wertungskomponente (offener Unterricht wird als wertvoll gekennzeichnet) und eine normative Komponente (die Offenheit des Unterrichts soll angestrebt werden).«

- *Meyer* ([5]2011, S. 181):
  »Didaktische Prinzipien sind normative Grundsätze zur Ziel- und Themenauswahl und zur Gestaltung des Unterrichts. Sie bestehen zumeist aus einem einzigen Begriff (›Exemplarisches Prinzip‹, ›Kategoriale Bildung‹, ›Erfahrungsbezug‹) oder einem Doppelbegriff (›Führung und Selbsttätigkeit‹, ›Fordern und Fördern‹).«

- *Jank/Meyer* ([10]2008, S. 306f.):
  »In der Allgemeinen Didaktik wird von Prinzipien immer dann gesprochen, wenn es um theoretisch geklärte Regulative und Gesetzmäßigkeiten des Lernens und Lehrens geht [...]. Solche allgemeindidaktischen Prinzipien bestimmen das Lehren und Lernen strukturell und unabhängig davon, ob sich alle Handelnden dessen bewusst sind oder nicht.«

- *Plöger/Anhalt* (1996, S. 617, Hervorh. i. Orig.):
  »Man kann (didaktisch-methodische) Prinzipien als *Extrakt von bildungs-, handlungs-, erkenntnistheoretischen, anthropologischen, lern- und entwicklungspsychologischen Grundannahmen* bezeichnen: Sie focussieren die vorausgegangene theoretische Legitimation [...] auf einige zentrale Aspekte. *Im Hinblick auf die Theorie bilden diese Prinzipien den Schlußstein, im Hinblick auf die zu entwerfende und zu realisierende Praxis dagegen den Anfang (lat. Principium = Anfang, Ursprung, Grundstoff)*, weil alle Entscheidungen in der Praxis in dem Sinne auf diesen Prinzipien ›basieren‹, als sie ihrer Intention nicht zuwiderlaufen dürfen.«

- *Klingberg* ([5]1982, S. 209):
  »Didaktische Prinzipien sind allgemeine Grundsätze der inhaltlichen und organisatorisch-methodischen Gestaltung des Unterrichts, die aus Zielen und den objektiv wirkenden Gesetzmäßigkeiten des Unterrichts abgeleitet sind.«

Zum didaktischen Allgemeingut gehören inzwischen solche didaktischen Prinzipien wie das der Anschaulichkeit, der Dialektik von Führung und Selbsttätigkeit, der Sachgemäßheit bzw. Wissenschaftsorientierung, der Fasslichkeit bzw. Schülergemäßheit sowie der didaktischen Differenzierung. Allerdings ist das nur eine sehr kleine Auswahl; einschlägige Publikationen zählen deutlich mehr auf und bieten unterschiedliche Klassifikationsversuche an (vgl. z. B. Reusser 2008, S. 231; Jank/Meyer [10]2008, S. 308; Wiater 2011a und 2011b).

Eine bemerkenswert durchdachte, schlüssige und leserfreundliche Prinzipienlehre hat Klaus Beyer in seinem Handbuch »Didaktische Prinzipien: Eckpfeiler guten Unterrichts« (2014) entworfen. Er führt dialektisch in die Prinzipienlehre ein und behandelt systematisch strukturiert 30 Hauptprinzipien ausführlich. Ein abschließendes Prinzipienregister ermöglicht dem Nutzer, sich schnell einen Überblick über Bezüge, wechselseitige Bedingtheiten und Ausschlüsse zwischen den einzelnen Hauptprinzipien und 32 weiteren Prinzipien zu verschaffen. Aufgrund dieser besonderen Anlage des Buches eröffnet es tatsächlich die Möglichkeit, sich ein »subjektives Netz« geprüfter didaktischer Prinzipien zu knüpfen oder sein bereits vorhandenes »zu prüfen und erforderlichenfalls zu elaborieren« (vgl. ebd., S. 5).

Vorzugsweise in Anlehnung an Beyer (2014) und mit Blick auf die Struktur des hier vorgelegten »Umrisses« wird deutlich, dass didaktische Prinzipien eine besondere Theorieform darstellen, die sowohl separat auf allen drei didaktischen Theorieebenen formuliert als auch – bildlich gesprochen – zu allen drei Ebenen im Sinne einer konsensualen Verbindung quer liegen können. Dem folgend werden zusammenfassend (allgemein-)didaktische Prinzipien als allgemeine, wesentliche Grundsätze der Unterrichtsführung mit Aufforderungscharakter und relativer Verbindlichkeit definiert:

- *Allgemein* sind sie insofern, als dass sie auf alle Unterrichtsgebiete, sei es in der Erwachsenenbildung oder im Fächerspektrum des Schulunterrichts, bezogen werden können. So lässt sich z. B. das Prinzip der Anschaulichkeit in jedem Unterricht berücksichtigen.
- *Wesentlich* sind sie, da didaktische Prinzipien Charakteristika der Unterrichtsauffassung ihrer Vertreter oder Erforscher in knappen Formeln zusammenfassen. Das Prinzip des jahrgangsübergreifenden Unterrichts beispielsweise ist charakteristisch für den Unterricht nach dem Jena-Plan.
- Didaktische Prinzipien tragen *Aufforderungscharakter*, weil sie in prägnanter Form Handlungsanweisungen ausdrücken, die dem professionellen Praktiker aufgrund seiner Erfahrungen, Übereinkunft mit Kollegen oder als Ergebnis seiner Auseinandersetzung mit wissenschaftlichen Befunden plausibel erscheinen – wie: »Unterrichte fasslich!«; oder: »Gehe auf die Unterschiede Deiner Schüler und Schülerinnen lernfördernd ein!«.
- Schließlich kommt didaktischen Prinzipien eine *relative Verbindlichkeit* zu, da sie einerseits als eine Art Essenz aus wissenschaftlichen oder praktischen Theorien verstanden und somit als pädagogisches Allgemeingut akzeptiert werden können. Andererseits entscheidet der Lehrende entsprechend der vorgefundenen Rahmenbedingungen, die ihn selbst, die Lerner sowie die institutionellen und gesellschaftlichen Voraussetzungen betreffen, über die situationsgerechte Umsetzung bis Unterlassung. So leuchtet es einem Referendar aus unterschiedlichsten Gründen zwar ein, dem Prinzip des erfahrungsbezogenen Lernens im Unterricht Rechnung zu tragen; er wird diesem Grundsatz jedoch z. B.

135

dann nicht oder nur mit Einschränkungen folgen, wenn der Erfahrungsbezug die Gesundheit seiner Schüler gefährdet.

2 Exemplarisch: Das Prinzip der didaktischen Differenzierung

2.1 Lehrende können nicht *nicht* differenzieren!

Differenzierung bzw. der Umgang mit Heterogenität im Unterricht begeg-
net uns in der Fachliteratur sowie in Gesprächen mit Studierenden und
pädagogischen Praktikern als *die* vordringlichste Unterrichtsanforderung
unserer Zeit schlechthin, aber zugleich auch als ein scheinbar nicht zu
lösendes Problem. Zudem wächst der Druck insbesondere auf die Lehrerinnen und Lehrer, denn das Recht auf individuelle Förderung ist inzwischen
in den bildungspolitischen Planungsdokumenten für den Schulunterricht
der Bundesrepublik verankert. Und: Psychologische wie erziehungswissenschaftliche Studien erhöhen den Druck durch permanente Zustandsbe-
schreibungen einer diesbezüglich in hohem Maße defizitären Praxis.

Matthias Trautmann und Beate Wischer haben in dem Zusammenhang
eine kritische Diskursanalyse zum »Konzept der Inneren Differenzierung«
(Trautmann/Wischer 2008, S. 159) vorgenommen, die belegt, dass weder
sich die wissenschaftlichen Debatten trotz unterschiedlicher forschungs-
methodischer Zugänge inhaltlich weiterentwickelt, noch die Forschungsergebnisse die Qualität der Unterrichtspraxis beeinflusst hätten. Beide analy-
sierten Zeiträume – innere Differenzierung im Diskurs der 1970er Jahre
(vgl. ebd., S. 161ff.) und im aktuellen Heterogenitätsdiskurs (vgl. ebd.,
S. 165ff.) – stimmen vor allem in ihrem wenig konstruktiven »Reflexions-
modus« (ebd., S. 168) überein, den Trautmann und Wischer als »Grund-
muster reformerischer Rhetorik« (ebd.) dergestalt identifizieren, »dass das
›geforderte Neue‹ gegen das ›bestehende Alte‹ ausgespielt und dass dabei
das Neue idealisiert wird« (ebd.). So fungiere innere Differenzierung nach
wie vor als ein »*Gegenkonzept*: Auf der Organisationsebene richtet es sich
gegen eine äußere Differenzierung und als didaktisches Prinzip wird es *ge-*
gen frontal organisierte Instruktionsprozesse gewendet« (ebd., Hervorh. i.
Orig.).

Die angesprochene vergleichende Analyse der Diskussionen um einen
differenzierenden Unterricht bietet eine theoretisch anregende, themenge-

bundene Draufsicht auf Entwicklungen in Theorie und Praxis. Der von Trautmann und Wischer möglich gemachte zusammenfassende Blick auf die Debatten zeigt, dass Differenzierung vor allem als ein *Unterrichtskonzept* behandelt wurde und wird (vgl. auch Wischer/Trautmann 2010). Das heißt, hier geht es – in handlungsorientierender Absicht – um eine weitgehend in sich geschlossene, wissenschaftlich reflektierte und in der Praxis erprobte Vorstellung von Unterricht, die sich in ihren wesentlichen Merkmalen[49] von anderen Gesamtkonzepten (z. B. dem Jena-Plan) so klar unterscheiden sollte, dass dieses Konzept einen Wiedererkennungswert bzw. Alleinstellungsmerkmale aufweist. Das in der Heterogenitätsdiskussion ausgemachte Merkmal des Konkurrenzdenkens ist ebenfalls typisch für Vertreter solcher praktischen Unterrichtstheorien, denn diese pädagogischen Theorien zweiten Grades entspringen in der Regel einer Reformabsicht. Allerdings besteht das Widersprüchliche des Ansatzes, Differenzierung als Konzept zu sehen, darin, dass sich der Lehrende sehr wohl z. B. aufgrund seines Berufsethos gegen die Montessori-Pädagogik einschließlich der ihr innewohnenden Didaktik oder gegen das Blended Learning entscheiden kann, aber nicht wirklich gegen das vermeintliche Konzept »Differenzierung«, denn die heterogene Schülerschaft ist eine anthropologische Tatsache, die zu jeder Unterrichtszeit und *in jedem Konzept* – übrigens auch in solchen, die vom viel kritisierten und didaktisch unterschätzten Frontalunterricht dominiert werden – pädagogische Reaktionen auslöst: Man denke an das ermutigende Wort, den ermunternden Blick für zurückhaltende, evtl. wenig selbstbewusste Schülerinnen oder an den kritischen in Richtung derer, die voreilig und munter dazwischenrufen. Auch dass der Lehrende im Unterrichtsgespräch nicht einfach ungeduldig einen anderen Schüler auffordert, nur weil der erste nicht schnell genug antwortete, sondern berücksichtigt, dass der betreffende Lerner noch einen Moment benötigt, um seine Gedanken zu ordnen, und durch Warten oder das Geben eines Impulses darauf eingeht, gehört zum differenzierten Unterrichten. Ebenso werden Unterschiede bedacht, indem Lehrende darauf achten, dass nicht immer die gleichen wenigen Schülerinnen und Schüler zu Wort kommen. Oder während der selbständigen Erarbeitung wendet man sich einem einzelnen Schüler zu und hilft; bei einer anderen Schülerin genügt ein kurzer Fingerzeig auf einen offensichtlichen Fehler im Rechenweg, oder man

---

49 Nämlich: zugrunde liegendes Erziehungs- und/oder Bildungsverständnis als kritische Prämisse (1) sowohl für besondere Inhaltsentscheidungen (2) als auch schul- bzw. institutionsorganisatorische und unterrichtsmethodische Elemente (3).

bittet den Nachbarn zu helfen. Schon diese kleinen Möglichkeiten individuellen Eingehens zeigen: *Lehrende können nicht nicht differenzieren!*

Den nun folgenden Ausführungen liegt eine andere Theoriebasis zugrunde. Ähnlich wie beispielsweise bei Reusser (vgl. 2008, S. 231), Wiater (vgl. 2011b, S. 104ff.) oder Beyer (vgl. 2014, S. 378–396) wird hier Differenzierung als ein *didaktisches Prinzip* verstanden, das seine Legitimation auf dem pädagogischen Anliegen begründet, der Heterogenität der primär Lernenden entwicklungsfördernd im und durch Unterricht gerecht zu werden. Das geschieht aus der Perspektive unterschiedlicher Entscheidungsträger. Demgemäß unterscheidet die Erziehungswissenschaft bekanntermaßen in innere und äußere Differenzierung: Innere Differenzierung liegt im unmittelbaren Verantwortungsbereich des gerade Unterrichtenden bzw. des einzelnen Lehrers, d. h. innere Differenzierung findet innerhalb einer konkreten Klasse oder Seminargruppe statt. Ist eine ausreichende individuelle Unterstützung durch den speziellen Lernverband nicht mehr gewährleistet oder nicht ausreichend möglich oder wenig sinnvoll, dann greift alternativ oder ergänzend die Ebene der äußeren Differenzierung. Es werden Angebote zur Bildung neuer Lerngruppen gemacht, entweder innerhalb der jeweiligen Institution – damit sind die Lehrteams befasst (z. B. bei der Arbeit am Schul- oder Universitätsprofil) –, oder äußere Differenzierung geschieht institutionenübergreifend – wie die Implementierung ganzer Bildungssysteme. Das fällt in die Befugnis von Schulbehörden oder Ministerien. Im hiesigen Kapitel geht es um die *innere Differenzierung.*

Lerner unterscheiden sich in ihren Interessen und Neigungen, in Alter, Leistungen und Leistungsfähigkeit, Kultur- und Werteerfahrungen, Gesundheit und vielem mehr. Wenngleich solche komplexen und in sich verwobenen Unterschiede das Lernen der Individuen positiv wie negativ beeinflussen, so sind sie keine Besonderheiten des Unterrichts, sondern Normalität menschlichen Daseins. Diese Akzeptanz verlangt eine dialektische Betrachtungsweise, die in der unterrichtsmethodischen Forderung aufgeht, individuell anregende *und* sozial integrierende Lernerfahrungen zu organisieren. Didaktische Differenzierung allein auf das Postulat der individuellen Förderung zu reduzieren, überfordert nicht nur jede Lehrperson, die in üblichen Klassen- oder Kursstärken agiert, sondern übersieht, dass menschliche Kulturen – in denen die Bildungseinrichtungen eine Schlüsselrolle für Tradierung und Fortentwicklung einnehmen – das Produkt *kooperierender* Menschen sind, die mittels ihrer *Einzigartigkeit* für eine Art »kulturellen Wagenhebereffekt« (Tomasello 2010, S. 11) sorgen bzw. individuelle Defizite im Interesse der Weiterentwicklung aller auszugleichen verstehen.

2.2 Differenzierung als unterrichtsmethodischer Möglichkeitsansatz

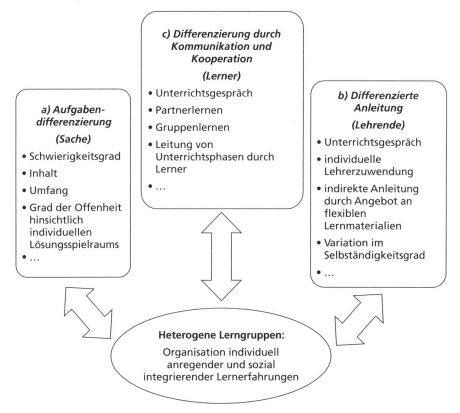

Abb. 12: Unterrichtsmethodischer Möglichkeitsansatz differenzierten Arbeitens

Die Möglichkeiten, Individuen im und durch Unterricht zu stärken und zugleich ihre Besonderheiten als wertvoll für andere gewahr werden zu lassen, sind unübersehbar vielfältig. Systematische Ordnungsversuche können eine erste Orientierung in der Mannigfaltigkeit bieten sowie die begründete und situationsgerechte Auswahl unterstützen. Die hier vorgeschlagene »Navigationshilfe« (Abb. 12) folgt in ihrer Logik den konstituierenden Elementen von Unterricht (didaktisches Dreieck), d. h. die Methoden differenzierten Arbeitens werden danach gruppiert, ob die angestrebte Förderung vordergründig[50] durch den Umgang mit der *Sache*, mittels des betont gemeinsa-

---

50 Systematiken – und ebenso diese Klassifikation – haben ihre Grenzen u. a. darin, dass das, was hier theoretisch zum besseren Verständnis unterschieden wird, sich

men Lernens mit anderen *Lernern* oder durch die unmittelbaren Hilfen der *Lehrenden* bewirkt werden soll.

Die sich nun anschließende beispielhafte Erläuterung der abstrakten Systematisierung unterrichtsmethodischer Möglichkeiten beabsichtigt zu zeigen, wie unspektakulär alltäglich Differenzierung geschehen kann und mit hoher Wahrscheinlichkeit auch geschieht. Damit ist nicht gemeint, dass differenziertes Arbeiten ein leichtes Unterfangen wäre, aber es ist eben auch nicht unmöglich. Eine Basis besteht unstrittig darin – ohne einem trivialen Machbarkeitsoptimismus das Wort reden zu wollen –, sich der Möglichkeiten (strukturiert) bewusst zu werden. Selbst wenn manches der kleinen Beispielsammlung im Feld der sich auftuenden unendlichen Möglichkeiten und Kombinationen defizitär oder gar banal erscheint, so findet vielleicht der eine oder andere im Gewahrwerden dessen seinen persönlichen Zugang zum Weiterdenken und Versuchen.

Aufgabendifferenzierung

Die Aufgabe steht hier im weitesten Sinne für den Aneignungsgegenstand bzw. für das »Dritte«, das zwischen den Lehrenden und Lernenden zum Zwecke des Unterrichtens »in die Mitte gestellt« wird (vgl. Herbart 1814/ ^{2}1982, S. 262); sie symbolisiert die Sache als Differenzierungsmittel. Ohne Anspruch auf Vollständigkeit zu erheben, durchaus aber mit der Ambition, die wesentlichen Aspekte erfasst zu haben, sind im Fokus der Differenzierung die Variationsmöglichkeiten von Aufgabenkonstruktionen unter den Aspekten »Schwierigkeitsgrad«, »Inhalt«, »Umfang/Zeit« sowie dem »Grad der Offenheit« gebündelt, um auf diese Weise u. a. unterschiedliche individuelle Leistungsniveaus, Interessenlagen, Kultur- und Werteerfahrungen ansprechen zu können.

Beim Einsatz von *Aufgaben mit steigendem Schwierigkeitsgrad* geht es in erster Linie um Leistungsförderung; die Nutzung eines solchen Aufgabentyps lässt sich mindestens auf dreierlei Weise organisieren. Betrachten wir beispielsweise eine zehnminütige tägliche Übung im Mathematikunterricht, bestehend aus einer Aufgabenfolge mit steigendem Anforderungsniveau:

---

in der Realität nicht sauber trennen lässt, sondern in kombinatorischer Form auftritt.

Wandle in einen gemeinen Bruch oder in eine gemischte Zahl um!

$$2\frac{1}{2} =$$

$$\frac{7}{2} =$$

$$1\frac{4}{5} =$$

Berechne!

$$\frac{12}{6} - \frac{5}{6} =$$

$$1\frac{3}{4} - \frac{5}{4} =$$

Berechne!

$$\frac{1}{2} + \frac{1}{4} + 1\frac{1}{2} =$$

$$\frac{8}{3} - (2\frac{1}{2} + \frac{4}{5}) =$$

Setze die Klammern so, dass das Ergebnis richtig ist! Begründe!

$$5 - 2 - 1\frac{5}{6} = 4\frac{5}{6}$$

$$\frac{7}{8} - \frac{1}{4} - \frac{2}{6} = \frac{7}{24}$$

Tägliche Übungen betreffen in der Regel länger zurückliegenden Stoff, um diesen aufzufrischen und verfügbar zu halten. So wäre erstens denkbar, dass *alle* Schülerinnen und Schüler leicht beginnen und aufsteigend testen, ob ihre Fähigkeiten – z. B. im Bruchrechnen – ausreichen, alle Aufgaben in der vorgegebenen Zeit zu lösen. Eine zweite Vorgehensweise könnte darin bestehen, die Aufgabengruppen (leicht, mittelschwer und schwer) bestimmten Schülern einfach zuzuweisen, weil ganz bewusst Über- oder Unterforderung vermieden werden soll bzw. weil der Lehrende einem adressatenbezogenen Übungsbedarf Rechnung tragen will. Schließlich bleibt die dritte Möglichkeit, die Schüler wählen zu lassen, welchem Schwierigkeitsgrad sie sich in den vorgegebenen zehn Minuten zuwenden möchten, denn Schüler müssen lernen, ihr Leistungsvermögen einzuschätzen. Dabei sollte die Ermutigung, sich etwas zuzutrauen, ebenfalls eine Rolle spielen sowie das Lernen von Verantwortung gegenüber dem eigenen Lernfortschritt.

Natürlich sind sich die Lehrenden der Risiken bewusst, die die jeweilige Form mit sich bringt: Der erste Differenzierungsansatz »steigender

Schwierigkeitsgrad für alle kombiniert mit einem Zeitlimit« kann durchaus denjenigen demotivieren, der schnell feststellt, dass er nur wenige Aufgaben lösen kann. Das zweite Vorgehen der Zuordnung – z. B. als Resultat von Leistungsermittlungsverfahren – birgt die Gefahr der Stigmatisierung. Die Wahloption als dritte Möglichkeit wiederum kann zur Folge haben, dass sich einige Lerner – vielleicht aus Bequemlichkeit – nur den einfachen Aufgaben zuwenden. Es gilt also immer, von neuem abzuwägen, denn im pädagogischen Handeln gibt es nun mal keine Gewissheiten, selbst wenn sie noch so empirisch abgesichert erscheinen. Aufgrund dessen sollte den Schülern und Schülerinnen zumindest, im Sinne der Stärkung des Verantwortungsbewusstseins gegenüber dem eigenen Lernerfolg, das jeweilige Vorgehen begründet transparent gemacht werden.

Durch *Inhaltsvariationen* lassen sich besonders Interessen, Kultur- und Werteerfahrungen sowie die Kreativität ansprechen, was natürlich immer auch in engem Bezug zur Leistung steht. Das geschieht klassischerweise bei der Vergabe von Vortragsthemen. Oder: In der Vorbereitung auf komplexe Leistungsüberprüfungen müssen nicht alle alles üben und wiederholen, sondern kann sich bewusst den Vorbereitungsaufgaben (aus Geometrie oder Arithmetik) zugewandt werden, die den jeweiligen Defiziten am ehesten entsprechen. Oder die Mathematiklehrerin erstellt für eine Anwendungsphase zur graphischen Darstellung mittels Linien-, Säulen- und Kreisdiagrammen ein umfangreiches Arbeitsblatt (s. u.) unter dem Titel »Zahlen zum Anschauen, Irritieren, Informieren und Argumentieren«. Hier finden sich, nach frei wählbaren Lebensbereichen – wie »Neue Medien & Internet«, »Reisen«, »Finanzen«, »Politik«, »Sport« u. ä. – sortiert, Umfrage- oder Nutzerstatistiken, deren Ergebnisse z. T. bewusst ungeordnet und damit auf dem ersten Blick wenig aussagekräftig gelistet werden und somit zum Ordnen herausfordern.

Arbeitsblatt – Zahlen zum Anschauen, Irritieren, Informieren und Argumentieren
Aufgabe: Sie finden hier Zahlensammlungen aus verschiedenen Lebensbereichen vor. Entscheiden Sie sich für einen Bereich und aus diesem Bereich für ein Beispiel! Bereiten Sie die gewählte Zahlensammlung mit Hilfe einer Darstellungsform (z. B. Kreis-, Linien-, oder Säulendiagramm) so auf, dass bestimmte Informationen oder Ihnen wichtige Argumente übersichtlich veranschaulicht werden! Formulieren Sie abschließend eine aussagekräftige Überschrift!

Zusatz: Entwickeln Sie eine Poster-Idee zu Ihrem Ergebnis z. B. für eine Dokumentation oder Werbeaktion!

I. Neue Medien & Internet

1. Wenn Sie anderen über ihr Handy bzw. Smartphone Nachrichten schicken: Schicken Sie dann in der Regel eine SMS, oder nutzen Sie dafür WhatsApp oder einen anderen Nachrichtendienst? [Umfrage: Allensbacher Kurzbericht – 17. Januar 2014]

	16–29 Jahre	30–44 Jahre	54–59 Jahre	60 Jahre und älter
SMS	36 %	49 %	65 %	67 %
WhatsApp	37 %	27 %	15 %	8 %

V. Sport

1. Die Lieblings-Bundesliga der Fans (Abstimmung unter 20.000 Fans) [Sportbild Nr. 6, 5. Februar 2014]:

1860 München (8.459), 1. FC Köln (15.844), Bayern München (15.579), Borrusia Dortmund (18.140), Eintracht Frankfurt (15.098), SC Freiburg (10.612), Hamburger SV (16.071), Hannover 96 (13.500), Hertha BSC (14.992), K'lautern (12.843), Bayer Leverkusen (13.142), Mainz 05 (11.036), M'Gladbach (18.209), 1. FC Nürnberg (12.458), Schalke 04 (16.855), St. Pauli (9.187), VfB Stuttgart (16.013), Werder Bremen (16.274)

Eine weitere Möglichkeit der Aufgabendifferenzierung besteht in der *Modifikation des Umfangs.* Typisch hierfür ist die Nutzung von Zusatzaufgaben wie auf dem gerade beschriebenen Arbeitsblatt. Ebenfalls in diesen Bereich fällt das erste Beispiel der hier skizzierten täglichen Übung (s. o.), bei der alle Lerner mit den einfachen Grundaufgaben zu beginnen hatten, denn aufgrund der Zeitbegrenzung von zehn Minuten in Kombination mit dem Schwierigkeitsgrad werden entsprechend des Leistungsvermögens unterschiedlich viele Aufgaben bewältigt.

Schließlich bleibt noch die Handhabe, den *Grad der Offenheit von Aufgaben* für einen differenzierenden Unterricht zu nutzen. Vor allem die

Aufgaben mit individuellem Lösungsspielraum erlauben hinsichtlich der eingangs genannten groben Differenzierungskriterien sehr komplexe Fördermöglichkeiten. Aufgaben mit individuellem Lösungsspielraum sind Konstruktionen, die bei gleicher Aufgabenstellung für alle unterschiedliche Lösungen erwarten lassen. Dazu gehört die Zusatzaufgabe des oben erwähnten Arbeitsblattes ebenso wie die dort formulierte Aufforderung, eine aussagekräftige Überschrift zum veranschaulichten Datenmaterial zu finden. Die Lerner sollen in diesem Beispiel lernen, mit Schlagzeilen umgehen zu können, für die eigenen Ideen zu argumentieren bzw. ihre Argumente auf den Punkt zu bringen. Des Weiteren kann man im Deutsch- oder Fremdsprachunterricht den Anfang einer Geschichte vorgeben, die von den Schülerinnen und Schülern weitererzählt wird. Das Standbild-bauen oder Rollenspiele zur Veranschaulichung sozialer Konflikte aus dem Alltag sind ebenfalls Methoden dieses Aufgabentyps.

Differenzierte Anleitung

Die differenzierte Anleitung gilt in erster Linie dem Zweck der Leistungsunterstützung, denn bei Anleitung geht es darum, dass Anforderungen gut bewältigt werden, und zwar zunächst unabhängig davon, ob Interessen oder unterschiedliche Kultur- und Werteerfahrungen angesprochen werden. Alltägliche Formen differenzierten Anleitens sind das Geben von Impulsen oder Zwischenfragen während des *Unterrichtsgesprächs* sowie die unmittelbare Hilfe in Gestalt der *persönlichen Zuwendung* zu einer Schülerin oder einer Schülergruppe während der selbständigen Arbeit aller. Die Lehrende kann sich aber auch deutlich zurücknehmen und indirekt durch bewusst ausgewähltes, im Klassenraum oder in einer virtuellen Lernumgebung zugängliches *Angebot an flexiblem Lernmaterial* führen. Außerdem gibt es die Möglichkeit, im *Selbständigkeitsgrad* beim Lösen von Aufgaben zu variieren. Das Prinzip solcher Aufgaben besteht darin, dass man eine komplexe Aufgabenstellung formuliert und diese zum einen so komplex für eine leistungsstarke Adressatengruppe belässt. Zum anderen können durch die Formulierung einer unterschiedlichen Anzahl von Unteraufgaben Hilfen gegeben werden, die Schritt für Schritt zum Ergebnis führen.

Differenzierung durch Kommunikation und Kooperation

Gerade mit Blick auf die sozial integrierenden Lernerfahrungen im Umgang mit Heterogenität bzw. hinsichtlich des Erlebens, dass Unterschiedlichkeit kein Störfaktor des Unterrichts und des Zusammenlebens darstellt, sondern von Wert für alle Beteiligten ist, sind die vielfältigen Bereiche der gegenseitigen Hilfen und Angebote durch die Lernenden selbst ein potentielles pädagogisches Handlungsfeld. Das geschieht bereits im *Plenumsgespräch* nur allein schon dadurch, dass mit Hilfe einer geeigneten Sitzordnung[51] der Blickkontakt zwischen den Lernern hergestellt wird. So erhalten Schülerantworten und mit ihnen die Schüler selbst ein anderes Gewicht für das Unterrichtsgeschehen; die Antworten richten sich nicht ausschließlich an den Lehrenden. Vielmehr sorgt der Blickkontakt dafür, dass Lernende das Gesagte ihrer Mitschüler oder Kommilitoninnen besser hören und sich das so genannte Lehrerecho in Grenzen halten kann. Schüler antworten für Schüler und werden als Kommunikationspartner mit ihren unterschiedlichen Erfahrungen, dem Wissen und Können anerkannt, und sie erfahren, dass es im Unterricht nicht nur auf das Gesagte der Lehrerin ankommt.

Über verschiedene Formen des *Partner- und Gruppenlernens* ist ausgesprochen viel geschrieben worden und wird viel geschrieben. Deshalb soll hier auf eine exemplarische Kommentierung im Fokus der Differenzierung zugunsten des pädagogisch weniger populären Frontalunterrichts verzichtet werden. Die darauf bezogenen nachfolgenden Betrachtungen über die *Leitung von Unterrichtsphasen durch Lerner* gehen auf eine frühe empirische Untersuchung der Verfasserin zurück (vgl. Coriand 1989), die angeregt wurde durch Lothar Klingbergs »Konzept des lehrenden *und* lernenden Lehrers und des lernenden *und* (auch) lehrenden Schülers« (1987[52], S. 21, Hervorh. i. Orig.; vgl. auch Coriand 2014, S. 9–13).

Die alte Weisheit, dass man am besten durch Lehren lerne, gelte nicht nur für Lehrer; auch Schüler lernten manches besser, wenn sie in eine partielle Lehrfunktion träten – so Klingberg 1987 (S. 21 bzw. 1990, S. 43). Doch er beließ es nicht bei der rein methodischen Erwägung, sondern antizipierte einen Unterricht, in dem sich die Schülerinnen und Schüler als einander bereichernd erleben sollten. Dementsprechend – und zugleich das viel zitierte didaktische Postulat, die Lerner mögen im Unterricht vor allem das Lernen lernen, relativierend – entwirft er eine allgemeindidaktische Theorie, die durch die weitreichendere Zielperspektive, nämlich den primär Lernenden im und durch Unterricht das Lehren mittels Planungs-, Gestaltungs- und Reflexionsbeteiligung zu lehren, gekennzeichnet ist.

---

51 Vgl. hierzu ausführlich die erhellenden Befunde und differenzierten Anregungen, die Gisela Steins, Kristin Bitan und Anna Haep in ihrem Kapitel »Sitzordnung« (2014, S. 125–130) ausführen.

52 Diese Publikation veröffentlichte Klingberg 1990 leicht überarbeitet unter dem Titel »Lehrende & Lernende im Unterricht« (vgl. Klingberg 1990) erneut.

Zweifellos ist jeder einzelne Mensch zuerst einmal lernbedürftig (vgl. Brezinka [3]1995, S. 86ff.); er muss lernen, damit er leben, sich entwickeln und individuelle Lebenspläne verfolgen kann. Aber darüber hinaus dient das Lernen einem kulturell bestimmten Zweck: Der Mensch lernt im weitesten Sinne, um nachfolgende Generationen in die bestehende Kultur einzuführen, d. h. er lernt – bei genauer Betrachtung – auch zum Zweck des Lehrens. Beim unterrichtlichen Lernen durch Lehren wird die individuelle Zielperspektive des durch solche Attribute wie »selbstbestimmt«, »selbstreguliert« oder »selbstgesteuert« pädagogisch und psychologisch legitimierten Lernens um die sozial folgenschwerere erweitert. Von besonderem Wert dabei ist, dass sich der Blick des lehrenden Lerners vom eigenen Lernen auf das der Mitschüler weitet, denn es geht nicht vordergründig darum, eigene Ergebnisse oder die Ergebnisse der Gruppe zu präsentieren, um dem Lehrer gegenüber eine bestimmte Leistung oder Leistungsfähigkeit nachzuweisen, sondern vor allem darum, die Ergebnisse für die übrigen so aufzubereiten, dass sie für sie von Wert werden. Der Perspektivenwechsel ermöglicht, Verantwortung zu übernehmen. Oder im Fokus des doppelten Anliegens differenzierenden Unterrichts formuliert: Es wird eine *individuelle* fachliche Leistungssteigerung antizipiert, die aus dem respektvollen, uneigennützigen sowie lernförderlichen *Umgang mit anderen* hervorgeht. Pädagogisch riskant dabei ist jedoch, dass die Qualität der Lerner-Beteiligung vom Vermögen der Lernenden, sich im eigenen Interesse und im Interesse des Lernfortschritts der anderen einbringen zu können, abhängt und die antizipierte Mitverantwortung durchaus zu Lasten des Lernfortschritts anderer Lerner gehen kann.

Bei aller Unsicherheit, die dem pädagogischen Handeln grundsätzlich innewohnt, gehört es zur Verantwortung des professionell Lehrenden, die Qualität der Beteiligung nicht dem bloßen Zufall des augenblicklichen Vorhandenseins bestimmter Fähigkeiten und Persönlichkeitseigenschaften der Lernenden zu überlassen. Soll eine Lehr-Lern-Kultur entstehen, die von gegenseitiger, inhaltlich gebundener Aufmerksamkeit getragen wird und von ihr profitiert, dann bedarf selbst- und mitbestimmtes Lernen der didaktischen Qualifizierung. Die Anerkennung und Förderung der »didaktische[n] Kompetenz der Lernenden« (Klingberg 1987, S. 56 bzw. 1990, S. 68) – in genauer Unterscheidung zur didaktischen Kompetenz professionell Lehrender – stellt eine wesentliche Gelingensbedingung differenzierten Unterrichts dieses Zuschnitts dar. Felder für solche didaktisch zu qualifizierende fachübergreifende Kompetenzbereiche, die das lehrende Lernen bzw. die Leitung von Unterrichtsphasen durch primär Lernende betreffen, erstrecken sich über die Befähigung zum Erarbeiten und Halten von Vorträgen, zur Führung kleiner Gesprächsphasen, zum Geben von Feedbacks im Rahmen der Beteiligung an Reflexionen zu Einzelleistungen und zum Unterricht insgesamt (vgl. z. B. Friedrich/Witt 2010) bis hin zur Befähigung adressatenbezogener Gestaltung von Postern und Präsentationen unterschiedlichster Art.

2.3 Bildungsstandards versus Differenzierung?

Die Unterrichtskritik, die in der Heterogenitätsdebatte immer wieder aufscheint, lässt sich bündeln in der Ablehnung einer Orientierung am fiktiven Durchschnittslerner, die den Blick auf die individuellen Besonderheiten verstelle sowie ein Lernen im Gleichschritt begünstige. Angesichts solcher Kritik steht natürlich die Frage im Raum, wie sich die Forderung nach *individueller Förderung* im gemeinsamen Unterrichtszusammenhang mit der Fokussierung des deutschen Bildungssystems auf Output-Steuerung mittels Bildungs*standards* und der daran gekoppelten Testkultur verträgt.

Der eher für Objekte als für Subjekte eingeführte Terminus des Standards steht ganz klar für Vereinheitlichung, d. h. auf staatliche Bildungsinstitutionen angewandt bleibt der fiktive Durchschnittslerner offenbar weiterhin bestimmend. Denn unter Bildungsstandards werden im deutschsprachigen Diskurs üblicherweise Leistungsstandards verstanden, die nach dem Niveau der Zielerreichung in »Minimalstandards«, »Regelstandards« und »Maximal- oder Exzellenzstandards« unterschieden werden können (vgl. Criblez/Huber 2011, S. 18). Damit einhergehende Testverfahren ermitteln, »wie gut« Lerner diese Ziele erreichen (vgl. ebd.). Die Kultusministerkonferenz in Deutschland hat sich für die Einführung von Regelstandards auf der Basis von Kompetenzmodellen entschieden, um einerseits die »Defizitorientierung« durch Maximalstandards zu vermeiden sowie andererseits der Schwierigkeit im Umgang mit Minimalstandards zu entgehen, dass es unmöglich ist, wirklich für alle Lerner erreichbare Ergebnisse festzulegen (vgl. ebd., S. 24). Regelstandards hingegen gingen »implizit davon aus, dass die Kompetenzen bei Schülerinnen und Schüler normal verteilt sind« (ebd., S. 25), und bezögen sich auf ein immer wieder neu empirisch zu erhebendes *Mittelmaß* (vgl. ebd.).

Auch didaktische Differenzierung muss sich – dialektisch betrachtet – unter besonderer Berücksichtigung des Kriteriums Leistung dem Problem der Egalisierung stellen und zwar nicht nur einseitig als abzulehnendes Anliegen, sondern gleichzeitig als pädagogisch legitimiertes Ziel. Das Anvisieren von mehr Chancengleichheit und weniger Benachteiligung im gesellschaftlichen Leben hat vor allem mit dem Erwerb grundlegender Fähigkeiten und Fertigkeiten zu tun. Hier macht individuelles Eingehen im Unterricht mit Blick auf Kompensation von Schwächen hinsichtlich zu bestimmender Grundanforderungen, also der Versuch, alle an ein bestimmtes Mindestlevel[53] heranzuführen, Sinn. Regelstandards sollten – bei allem Für und Wider – solche Grundanforderungen im Blick haben und könnten hier für mehr Förderverbindlichkeiten sorgen, wenn die mit ihnen verbundenen Tests tatsächlich »als diagnostisches Instrument verwendet werden, um das Erreichen von Leistungsstandards zu überprüfen und um diejenigen Schülerinnen und Schüler zu identifizieren, die besondere Unterstützung benötigen, weil sie die Leistungsziele (Minimal- und Regelstandards) nicht erreichen« (ebd., S. 23).

Dennoch – wie oben dargestellt – beschäftigt sich didaktische Differenzierung nicht nur mit dem Aspekt der Leistung, und vor allem nicht nur mit dem messbaren Teil von Leistung. Individuelle Lern- und Entwicklungsmöglichkeiten zu unterstützen bedeutet, den Menschen in seiner gesamten Persönlichkeit zu betrachten. Zudem ist begründete Angleichung nur eine Seite im Umgang mit Heterogenität; auf die Unterschiede kommt es an. Hinsichtlich der Verschiedenheit wäre jeder Lehrende damit überfordert, alles mittels Diagnose und Förderplänen unter Kontrolle bekommen zu wollen. Vielmehr entspricht es dem Anliegen von Differenzierung, dass die Lerner Raum erhalten, ihre Fähigkeiten und Talente, Interessen und Lebensvorstellungen herauszufinden – ganz gleich, ob in den Feldern der Mathematik, im Handwerk, in der Musik, der Malerei, der Literatur oder im Sport. Hierin liegt das pädagogische Hauptaugenmerk, nämlich in der Befähigung zur Selbstbestimmung im Rahmen gesellschaftlicher Teilhabe. Deshalb sind im Beitrag Methoden angesprochen worden, denen nicht ständig Diagnoseverfahren vorausgehen müssen, sondern die durch ihre Offenheit eine natürliche, zunehmend selbstbestimmte Förderung in Gang setzen und den Lernenden wie Lehrenden Spielräume lassen.

Dass Lehrende durch ihre ganz persönliche Art differenzierenden Unterrichtens mehr oder weniger daran mitwirken, dass Lerner ihren Weg finden und Wertschätzung erleben, entzieht sich den Standards. Es sei denn, man erhebt Differenzierung selbst zum Standard und schaut auf das *Handeln* der Adressaten im (sozialen) Test des Zusammenlebens. Aber für solche Standards gibt es in der Erziehungswissenschaft einen Fachbegriff: Didaktische Prinzipien.

---

53 Wohl wissend, dass das – insbesondere bei inklusiven Unterricht – nur bedingt möglich ist.

Schlussgedanken: Didaktik und das Technologieproblem der Erziehung

Pädagogisch-didaktische Theorien werden in der Absicht aufgestellt, folgenreich für die Praxis zu sein bzw. diese vor allem professionalisierend zu beeinflussen. Umgekehrt richtet sich aus der Praxis heraus an die Theorien die berechtigte Erwartung, dass diese in einem aufklärerisch-konstruktiven Anwendungsbezug zur Praxis stehen. Insofern soll der erziehungstheoretische Umriss der Allgemeinen Didaktik beschlossen werden mit einigen – zu wenigen – Gedanken zum besonderen Verhältnis von pädagogischer Theorie und Praxis, nach Winfried Böhm (vgl. [2]1995, S. 9) dem eigentlichen Grundproblem der pädagogischen Wissenschaft, weswegen deren Klärung in erster Instanz ihr zukommt.

Aktuell erhalten im (schul-)unterrichtsbezogenen Theorienwettbewerb sowohl auf der wissenschaftlichen wie praktischen Ebene die Theorien eine besondere Aufmerksamkeit, von denen ihre Vertreter vorgeben, dass die Theorien das Resultat von Lernwirksamkeitsanalysen darstellen. Wie schon an anderer Stelle betont, liegt die Schwierigkeit dabei nicht an der empirischen Ausrichtung pädagogischer Forschungen, sondern daran, dass der empirische Zugang derzeit als hartes Kriterium für Praxisrelevanz gilt und damit der Eindruck vermittelt wird, dass es recht unproblematisch sei, Unterrichtspraxis auf hohem Niveau unter Anwendung der z. T. gleich mitgelieferten Handlungsanweisungen[54] zu bewältigen. Aber auch diejenigen, die so genannte »empirisch basierte Effizienzmodelle« (Blömeke/Müller 2008, S. 240) entwickeln, stehen grundsätzlich vor dem Problem, dass Erziehung und Unterricht Prozesse mit unbestimmtem Ausgang darstellen und deshalb nicht in kausalanalytischen Erklärungsmodellen zu fassen sind. Pädagogische Theorie und pädagogische Praxis sind zwei schwer in Einklang zu bringende Sachverhalte.

Einen Klassiker unter den Positionen zum Verhältnis von pädagogischer Theorie und Praxis bilden Herbarts erste Vorlesungen über Pädagogik (Herbart 1802/²1982). Herbart nimmt gleich zu Beginn seinen Hörern die Illusion, ihnen »eine vollkommen durchgeführte« Erziehungstheorie präsentieren zu können, die es – ähnlich dem Ursache-Wirkungs-Prinzip der Naturwissenschaften – ermöglicht, »bei strenger Konsequenz und in völliger Besonnenheit an die Regel« den individuellen Fall »ganz und gerade zu treffen« (vgl. ebd., S. 126). Vielmehr kennzeichnet er die Differenz zwischen den antizipierten, theoretisch vorgedachten und den tatsächlichen Wirkungen erzieherischen Handelns und problematisiert das Phänomen, das später die Soziologen Luhmann und Schorr als »Technologiedefizit der Erziehung« identifizieren (vgl. Prange 2007, S. 125; Luhmann/Schorr 1982). Vielfalt, Spontaneität und Komplexität pädagogischer Situationen gepaart mit der Verantwortung für die Bildung junger Menschen lässt sich in keinem Regelwerk abbilden, das den Erziehungserfolg vorausschauend durch direkte Anwendung sichert.

Ein Grund für das Theorie-Praxis-Problem in der Pädagogik besteht bekanntermaßen darin, dass Kinder oder Jugendliche – wie psychische Systeme (Luhmann) generell – auf Anregungen von außen immer auch mit Selbstreferenz reagieren: Sie entwickeln mehr oder weniger schnell eine Meinung zum erhaltenen Input und können je nach momentaner Befindlichkeit oder in Abhängigkeit vom gerade oder früher Erlebten auf das gleiche Angebot das eine Mal so, das andere Mal anders reagieren. »Sie reagieren in diesem Sinne typisch selbstbestimmt und unzuverlässig« (Luhmann 1985/2004, S. 15). Analysiert man zudem im Fokus der Wir-

---

54 So gibt es z. B. »Hattie für gestresste Lehrer« (Zierer 2014) – ein Buch, das auf wenigen Seiten die »Kernbotschaften« aus John Hatties Konzept »Visible Learning« zur Verfügung stellt und mit »Handlungsempfehlungen für die Praxis« in Gestalt von »zehn Haltungen«, die Lehrer einnehmen sollten, abschließt (vgl. ebd., S. 108).

kungs(-ohn-)mächtigkeit von Erziehungssystemen das pädagogisch-professionelle Handlungsfeld »Schulunterricht«, so ist zunächst ein Systemwechsel zu vollziehen (vgl. ebd., S. 17). Luhmann beschreibt die »Schulklassen«, in denen der Schulunterricht seine Realisierung findet, als selbstreferentielle soziale »Systeme der Interaktion unter Anwesenden« (Luhmann 2002, S. 102) und hebt als besonderes Merkmal der Interaktion unter Anwesenden, das im Erziehungssystem Ungewissheit erzeugt, »das Reflexivwerden des bewußten (also rein psychischen) Wahrnehmens« (ebd.) hervor. Dass Teilnehmer wahrnehmen, »dass sie wahrgenommen werden« (ebd.), sorge für einen »Überschuß an Beobachtungsmöglichkeiten psychischer Systeme« (ebd., S. 104), die unvorhersehbare, nicht zu kontrollierende Reaktionen auslösen; es kommt zur unübersichtlichen Überlagerung der Systeme. Pädagogisch-didaktisch relevant daran ist zunächst, dass diese systemimmanente Ungewissheit die Erwartungen an die Umsetzbarkeit einer sorgfältigen und systematischen Unterrichtsvorbereitung relativiert. Außerdem lässt sich kaum verallgemeinernd erklären, warum eine Unterrichtsstunde gut oder schlecht verlaufen ist (vgl. ebd., S. 104f.).

Trotz dieser Unbestimmtheit räumt Luhmann strukturell Bestimmtes ein, das Routinen nach sich zieht, »die der *Ausweitung* der Leistungsfähigkeit auf dem Gebiete der Erziehung dienen« (ebd., S. 106, Hervorh. i. Orig.). Dazu gehört u. a., dass Ort und Zeitpunkt der Zusammenkünfte feststehen, dass die Interaktion in Räumen unter Ausschluss der Öffentlichkeit stattfindet und dass bekannt ist, dass Leistungen Wertschätzungen erfahren. »Die wohl auffälligste Eigenart des Interaktionssystems Schulunterricht ist die komplementäre, aber asymmetrische Rollenstruktur Lehrer/ Schüler, die Autorität, Situationskontrolle und Redezeit massiv zugunsten des Lehrers disbalanciert« (ebd., S. 108). Sie verhilft ihm zu einer »*strukturell* garantierte[n] Überlegenheit« (ebd., Hervorh. i. Orig.), die es jedoch wiederum mit sich bringt, dass der Schüler darauf sozialisiert reagiert: »[E]r lernt es, mit den entsprechenden Tatsachen und Wahrscheinlichkeiten zu rechnen und ihnen über konformes und über abweichendes Verhalten Rechnung zu tragen« (Luhmann 1985/2004, S. 21). Dennoch lasse die Form des Interaktionssystems Unterricht – Form heißt nach Luhmann (vgl. 2002, S. 109), dass Bestimmtes zur Routine wird, an die weiteres Verhalten anschließen kann – in der Interaktion selbst »durchaus einen Spielraum für Unterschiede des Fachwissens und des pädagogischen Geschicks« (ebd.). Allerdings erwartet er vom Rückgriff auf die Pädagogik wenig: »Sie [die pädagogische Aufgabe, R. C.] konfrontiert den Lehrer mit einem Paradox – eben der Einheit von Routine und Zufall, und läßt ihn ohne Anweisung, wie er dieses Paradox auflösen soll« (ebd.). Wozu auch – nach der

Luhmannschen Theorie würden solche Anweisungen ja nur zufällige Erfolge zeitigen, was seine Vermutung an anderer Stelle stützt: »Vielleicht ist es [...] nicht ganz verkehrt, das Verhalten des Lehrers primär als einen Zufallsgenerator anzusehen oder als einen Mechanismus, der auftretende Zufälle in Strukturgewinn umsetzen kann« (Luhmann 1985/2004, S. 22).

Auch wenn kaum jemand bestreiten kann, dass es keinen linearen Zusammenhang zwischen Erziehungsabsicht, Erziehung und Erziehungserfolg gibt bzw. dass wir diesbezügliche Zusammenhänge nicht annähernd durchschauen, so kann doch zumindest angenommen werden, dass es mit hoher Wahrscheinlichkeit einen qualitativen Unterschied ausmacht, ob sich die Mehrzahl der Lehrenden ausschließlich auf ihre augenblickliche Intuition verlassend oder stärker theoriegeleitet – also denkend prüfend – der Ungewissheit der individuellen Umstände des konkreten Unterrichtsgeschehens stellen.

Im besagten klassischen Text differenziert Herbart immerhin in vier auch heute noch vorstellbare Varianten, das Verhältnis von pädagogischer Theorie und Praxis für das eigene individuelle Lehrhandeln aufzulösen. Herbart verweist im ersten Fall auf die Praktiker, denen die pädagogische Wissenschaft zu unkonkret ist, weswegen sie sich ausschließlich auf ihre Erfahrungen verlassen. Im Urteil Herbarts kann »bloße Praxis« (1802/²1982, S. 125) »eigentlich nur Schlendrian« sein, die eine höchst beschränkte Erfahrung darstelle. Der Erzieher »erfährt nur sich, nur *sein* Verhältnis zu den Menschen, nur das Mißlingen *seiner* Pläne ohne Aufdeckung der Grundfehler, nur das Gelingen seiner Methode, ohne Vergleichung mit den [...] Fortschritten besserer Methoden« (ebd., Hervorh. i. Orig.). Eine fortgeschrittenere Art des Nachdenkens über Erziehung, die der Beliebigkeit der bloßen Praxis immerhin schon erste Grenzen setzt, beschreibt Herbart in der Situation, in der die Erzieher beginnen, ihre Tätigkeit mit anderen zu vergleichen: So habe jede Nation ihren Nationalkreis, »jedes Zeitalter seinen Zeitkreis« (ebd.), in welchem die jeweiligen Erfahrungen eingeschlossen sind. Aber schon die Feststellung, dass andere Zeiten etwas anderes erfahren, »weil sie etwas anderes tun« (ebd.), führt über den eigenen Denk- und Erfahrungshorizont hinaus. Daran anknüpfend sucht Herbart weiter nach einer Möglichkeit, das Verhältnis von pädagogischer Theorie und Praxis konstruktiv auszudeuten. Was dem Vergleich fehlt, sind Theorien zur Beurteilung der Erfahrung – ähnlich den »Erfahrungswissenschaften« (Herbart 1806/²1982, S. 19). Der Blick zur Physik oder Chemie zeige jedoch, dass die Erziehungswissenschaft auch mit deren Verfahren nicht zu verlässlicher Erkenntnis und sicherem Urteil gelangen kann: Dort könne man sich erkundigen,

»was alles dazu gehört, um nur *einen einzigen Lehrsatz* im Felde der Empirie soweit festzustellen, wie es in diesem Felde möglich ist! *Erfahren* würden [wir] da, daß man aus *einer* Erfahrung nichts lernt und aus zerstreuten Beobachtungen ebensowenig; daß man vielmehr denselben Versuch mit zwanzig Abstufungen zwanzigmal wiederholen muß, ehe er ein Resultat gibt [...]. Erfahren würden [wir] da, daß man nicht eher von Erfahrung reden darf, bis der Versuch *geendigt* ist, bis man vor allen Dingen die *Rückstände* genau geprüft, genau gewogen hat. *Der Rückstand der pädagogischen Experimente sind die Fehler des Zöglings im Mannesalter.* Der Zeitraum für ein einziges dieser Experimente ist also aufs wenigste ein halbes Menschenleben!« (Ebd., S. 20, Hervorh. i. Orig.)

Herbart konstatiert schließlich die Kluft zwischen pädagogischer Theorie und Praxis und skizziert sein Modell des pädagogischen Takts.

Gelingende pädagogische Praxis hängt für ihn von der bildbaren Persönlichkeitseigenschaft des lehrenden Erziehers ab, die er in den Begriff des »pädagogischen Takts« (Herbart 1802/²1982, S. 131) fasst: »Nun schiebt sich aber bei jedem noch so guten Theoretiker, wenn er seine Theorie ausübt [...], zwischen die Theorie und die Praxis ganz unwillkürlich ein Mittelglied, ein gewisser Takt nämlich, eine schnelle Beurteilung und Entscheidung« (ebd., S. 126). Der pädagogische Takt sei eine »mehr zur Art und Sitte gewordene als durch deutlich gedachte Regeln bestimmte Entscheidungs- und Beurteilungsweise, [...] deren gerade auch der Erzieher bedarf, um auf der Stelle zu wissen, was zu tun sei, um es recht und mit Nachdruck zu vollbringen« (ebd., S. 131). Herbart beschreibt damit die einer »pädagogische[n] Sinnesart« (ebd., S. 129) entsprechende Fähigkeit, in den weder genau vorhersehbaren noch wiederholbaren Erziehungssituationen mit einer relativen, auch vom guten Gefühl für die Lernenden, getragenen Sicherheit ständig neu und sofort, nämlich unter dem Diktat der Zeit, urteilen und handeln zu können. Takt ist für ihn aber nicht einfach nur eine Geschicklichkeit, die man zur Sache mitbringt, sondern er »bildet sich erst während der Praxis« (ebd., S. 126). Aber selbst im pädagogischen Handeln erlangt nur derjenige Takt und lernt die »Kunst der Erziehung« (ebd., S. 124), »welcher vorher im Denken die Wissenschaft gelernt, sie sich zu eigen gemacht, sich durch sie gestimmt und die künftigen Eindrücke, welche die Erfahrung auf ihn machen sollte, vorbestimmt hatte« (ebd., S. 127). Durch die pädagogische Wissenschaft wird im Verständnis Herbarts nicht das Handeln unmittelbar vorbereitet, sondern durch sie soll sich der Erzieher mit der pädagogischen Arbeit systematisch auseinandersetzen, sich als Person auf sie einstellen bzw. ein berufliches Ethos entwickeln sowie Reflexionsvermögen erlangen, damit die eigenen Erfahrungen belehrend wirken können.[55]

Die ersten Vorlesungen Herbarts über Pädagogik bereiten mit der Einführung der Kategorie des pädagogischen Taktes die zwei wesentlichen Säulen der universitären Lehrerbildung vor, die von seinen wissenschaftlichen Schülern entsprechend ihrer Leitidee der Pädagogischen Bildung in den pädagogischen Universitätsseminaren mit angeschlossenen Übungs- und Forschungsschulen realisiert wurden: a) die pädagogische Wissenschaft als Reflexionsinstanz sowie b) kontinuierliche, systematisch reflektierte pädagogische Praxis. Die Herbartianer reagierten also trotz ihres Wissens um die »Opposition von Theorie und Praxis« (Prange 2007, S. 129), die natürlich auch hinsichtlich der Absicht einer »kontrollierten« Anbahnung des pädagogischen Takts existent ist (vgl. ebd.), mit einem institutionalisierten Verfahren.

Klaus Prange schärft den Handlungsbezug der pädagogischen Wissenschaft aus der erziehungswissenschaftlichen Perspektive, indem er das besagte Technologiedefizit vor allem mit Blick auf die Didaktik abschwächt, ohne es zu bagatellisieren. Er charakterisiert menschliches Handeln und damit auch das Handeln Lehrender zumindest als »kausal orientiert« (ebd.); Menschen verhielten sich durchaus technologisch. Denn Technologie sei »kein Privileg des auf die exakten Wissenschaften gestützten Machens. Sie ist vielmehr überall da anzutreffen, wo wir nicht nur etwas erleiden und geschehen lassen, sondern eingreifen, etwas verändern und dadurch auch etwas bewirken, unabhängig davon, ob genau das eintritt, was wir wollen, oder aber nicht« (ebd.). Unterrichtspraxis basiert auf der Einkalkulierung von Wahrscheinlichkeiten und rechnet mit einer gewissen Annäherung an ein gewünschtes Ergebnis, die vielfältige Abstufungen enthält. Bewertungspraxen beispielsweise sind ein Spiegel dafür, dass von vornherein nicht mit einer 100-prozentigen Lernerfolgsquote gerechnet wird. Aber immer wieder wird an eine mögliche Verbesserung gedacht und sie von neuem, mit gleichen oder anderen Methoden versucht. Das begünstigt u. a. die strukturell bestimmte Form der Unterrichtsstunde; der Faden kann immer wieder aufgenommen werden. Nicht zu vergessen –

---

55 Herbart 1802/²1982, S. 127: »Durch Überlegung, durch Nachdenken, Nachforschung, durch Wissenschaft soll der Erzieher vorbereiten – nicht sowohl seine künftigen Handlungen in den einzelnen Fällen als vielmehr sich selbst, sein Gemüt, seinen Kopf und sein Herz zum richtigen Aufnehmen, Auffassen, Empfinden und Beurteilen der Erscheinungen, die seiner warten, und der Lage, in die er geraten wird.«

die »miterziehende Welt«, die durchaus am Erfolg beteiligt sein kann: »Welt und Natur tun im ganzen sehr viel mehr für den Zögling, als im Durchschnitt die Erziehung zu tun sich rühmen darf« (Herbart 1802/ ²1982). »Sozialtechnologie« – wie Prange es nennt (vgl. 2007, S. 130) – impliziert einerseits, dass man über Möglichkeiten verfügt, »deren Kausalität versuchsweise vorausgesetzt wird, um sich so dem gewünschten Ergebnis anzunähern«. Sie entlastet andererseits aber auch insofern, als dass nicht jeder Misserfolg immer einfach auf schlechte Lehre schließen lässt.

Auf der Grundlage dieser Gedanken zum Verhältnis von pädagogischer Theorie und Praxis eröffnet die Allgemeine Didaktik einen kritischen Zugang zu einer »soft technology« des Erziehens (vgl. Prange 2005, S. 51f.). Kritik meint in dem Zusammenhang die Unternehmung von Überlegungen, die auf »Beschreibung, Prüfung und Auseinanderlegung von Vorstellungen [zielen], welche den Sachverhalt der Pädagogik bestimmen, wie ihn vorrangig die Begriffe Erziehung, Unterricht und Bildung thematisieren«, um »diese Phänomene, ihre Probleme und Wirklichkeiten besser« zu verstehen (vgl. Winkler 2006, S. 9).

Literatur

Anhang (1995): Interview [mit Lothar Klingberg, R. C.] zur wissenschaftlichen Biographie. In: Klingberg, Lothar: Lehren und Lernen, Inhalt und Methode. Zur Systematik und Problemgeschichte didaktischer Kategorien. Oldenburg, S. 197–217.

Arnold, Patricia/Kilian, Lars/Thillosen, Anne/Zimmer, Gerd (2011): Handbuch E-Learning. Lehren und Lernen mit digitalen Medien. Bielefeld.

Bastian, Johannes/Blankertz, Herwig (^{12}2006): Abschlussdiskussion. In: Gudjons, Herbert/Winkel, Rainer (Hrsg.): Didaktische Theorien. Hamburg, S. 113–131.

Bauer, Walter/Marotzki, Winfried (^{2}1996): Erziehungswissenschaft und ihre Nachbardisziplinen. In: Krüger, Heinz-Hermann/Helsper, Werner (Hrsg.): Einführung in Grundbegriffe und Grundfragen der Erziehungswissenschaft. Opladen, S. 277–301.

Benner, Dietrich (^{4}2001): Allgemeine Pädagogik. Eine systematisch-problemgeschichtliche Einführung in die Grundstruktur pädagogischen Denkens und Handelns. Weinheim und München.

Bernhard, Armin (2011): Allgemeine Pädagogik auf praxisphilosophischer Grundlage. Baltmannsweiler.

Beyer, Otto Wilhelm (1899): Ziller, Tuiskon. In: Rein, Wilhelm (Hrsg.): Encyklopädisches Handbuch der Pädagogik. Bd. 7. Langensalza, S. 789–837.

Beyer, Klaus (2014): Didaktische Prinzipien: Eckpfeiler guten Unterrichts. Ein theoriebasiertes und praxisorientiertes Handbuch in Tabellen für den Unterricht auf der Sekundarstufe II. Baltmannsweiler.

Blaß, Josef Leonhard (1969): Herbarts pädagogische Denkform oder Allgemeine Pädagogik und Topik. Wuppertal/Ratingen/Düsseldorf.

Blömeke, Sigrid/Müller, Christiane (2008): Zum Zusammenhang von Allgemeiner Didaktik und Lehr-Lernforschung im Unterrichtsgeschehen. In: Meyer, Meinert A./Prenzel, M./Hellekamps, S. (Hrsg.): Perspektiven der Didaktik. Sonderheft 9 der Zeitschrift für Erziehungswissenschaft. Wiesbaden, S. 239–258.

Böhm, Winfried (^{2}1995): Theorie und Praxis. Eine Einführung in das pädagogische Grundproblem. Würzburg.

Böhm, Winfried (2002): Der pädagogische Placebo-Effekt. In: Böhm, Winfried (Hrsg.): Pädagogik – wozu und für wen? Stuttgart, S. 100–120.

Bönsch, Manfred (2006): Allgemeine Didaktik. Ein Handbuch zur Wissenschaft vom Unterricht. Stuttgart.

Brandt, Peter (2011): Stichwort: »Stiefkind Fachdidaktik«. In: DIE Zeitschrift für Erwachsenenbildung. Jg. 18, S. 20–21.

Brezinka, Wolfgang (^{3}1995): Erziehungsziele, Erziehungsmittel, Erziehungserfolg. München Basel.

Brezinka, Wolfgang (2000): Pädagogik in Österreich. Die Geschichte des Faches an den Universitäten vom 18. bis Ende des 20. Jahrhunderts. Bd. 1: Einleitung: Schulwesen, Universitäten und Pädagogik im Habsburger-Reich und in der Republik. Pädagogik an der Universität Wien. Wien.

Brezinka, Wolfgang (2003a): Erwartungen der Erzieher und die Unvollkommenheit der Pädagogik. In: Brezinka, Wolfgang: Erziehung und Pädagogik im Kulturwandel. München, S. 146–159.

Brezinka, Wolfgang (2003b): Pädagogik in Österreich. Die Geschichte des Faches an den Universitäten vom 18. bis Ende des 20. Jahrhunderts. Bd. 2: Pädagogik an den Universitäten Prag, Graz und Innsbruck. Wien.

Coriand, Rotraud (1989): Erhöhung der Effektivität des Unterrichts durch Übertragung von Mitverantwortung an Schüler für kollektive Lernerfolge – untersucht im Mathematikunterricht der Klassen 6 und 9. Friedrich-Schiller-Universität Jena, Diss. (A).

Coriand, Rotraud (2000): Karl Volkmar Stoy und die Idee der Pädagogischen Bildung. Würzburg.

Coriand, Rotraud (2006): Johann Friedrich Herbart und die Entwicklung »einheimischer Begriffe«. In: Coriand, Rotraud (Hrsg.): Johann Friedrich Herbart: Genauere Entwickelung der Hauptbegriffe, welche in die Bestimmung des pädagogischen Zwecks eingehn. Jena, S. 7–16.

Coriand, Rotraud (2009): Jena als Ort der Lehrer*bildung*. In: Koerrenz, Ralf (Hrsg.): Laboratorium Bildungsreform. Jena als Zentrum pädagogischer Innovationen. München, S. 99–109.

Coriand, Rotraud (2010): Erhard Weigels Theorie und Praxis der »richtigen Lehr-Art« – Ein pädagogischer Schluss aus der Mathematik. In: Koerrenz, Ralf (Hrsg.): Bildung und Kultur – zwischen Tradition und Innovation. Jena, S. 75–92.

Coriand, Rotraud (2011): »Subjektposition der Schüler« – die schulbildenden Wirkungen Lothar Klingbergs. In: Kirchhöfer, Dieter/Uhlig, Christa (Hrsg.): »Verordnete« Einheit versus realisierte Vielfalt. Wissenschaftliche Schulenbildung in der Pädagogik der DDR. Frankfurt a. M., S. 231–240.

Coriand, Rotraud (2013): Grundlagen Allgemeiner Didaktik. Die Modelle Herbarts, Stoys und Willmanns. Jena.

Coriand, Rotraud (2014): Erziehung durch Unterricht – eine Kulturaufgabe. E-Book. Wiesbaden.

Coriand, Rotraud/Koerrenz, Ralf (2009): Jena als Ort der Allgemeinen Pädagogik. In: Koerrenz, Ralf (Hrsg.): Laboratorium Bildungsreform. Jena als Zentrum pädagogischer Innovationen. München, S. 63–82.

Criblez, Lucien/Huber, Christina (2011): 1.1 Bildungsstandards und Kompetenzorientierung: Möglichkeiten und Grenzen neuer Steuerungskonzepte für Schule und Unterricht. In: Kiel, Ewald/Zierer, Klaus (Hrsg.): Unterrichtsgestaltung als Gegenstand der Wissenschaft. Baltmannsweiler, S. 15–30.

Cube, Felix von ([12]2006): Die kybernetisch-informationstheoretische Didaktik. In: Gudjons, Herbert/Winkel, Rainer (Hrsg.): Didaktische Theorien. Hamburg, S. 57–74.

Dollase, Rainer (2012): Classroom Management. Theorie und Praxis des Umgangs mit Heterogenität. Schulmanagement Handbuch. München.

Eikenbusch, Gerhard (2009): Classroom Management – für Lehrer und Schüler. Wege zur gemeinsamen Verantwortung für den Unterricht. In: PÄDAGOGIK. Themenheft »Classroom Management«. Jg. 61. Heft 2, S. 6–10.

Eisenberger, Ralf (1989): Mitverantwortung der Schüler für erfolgreiches und verantwortungsbewußtes Lernen im Unterricht. Friedrich-Schiller-Universität Jena, Diss. (B).

Emmer, Edmund T./Evertson, Carolyn M./Worsham, Murray E. (^{3}2002): Classroom management for secondary teachers. Boston.

Evertson, Carolyn M./Weinstein, Carol S. (Hrsg.) (2006): Handbook of classroom management. Mahwah/NJ.

Faulstich, Werner (1997): Das Medium als Kult. Bd.1: Die Geschichte der Medien. Göttingen.

Faulstich, Werner (2004): Medienwissenschaft. Paderborn.

Fauser, Peter (2001): Ein Plan ist ein Plan. Was haben wir eigentlich von der Jena-Plan-Schule? Eine reformtheoretische Skizze. In: Koerrenz, Ralf/Lütgert, Will (Hrsg.): Jena-Plan. Über die Schulpädagogik hinaus. Weinheim und Basel, S. 111–125.

Flitner, Wilhelm (1950/^{15}1997): Allgemeine Pädagogik. Stuttgart.

Friedrich, Ditmar/Witt, Katja (2010): Sich über das Lernen verständigen. Möglichkeiten von Schülerfeedbacks und »Ich-kann-Checklisten«. In: PÄDAGOGIK Jg. 62. Heft 12, S. 21–25.

Gieseke, Michael (1992): Sinnenwandel – Sprachwandel – Kulturwandel. Studien zur Vorgeschichte der Informationsgesellschaft. Frankfurt a. M.

Gold, Bernadette/Holodynsky, Manfred (2011): 1.9 Klassenführung. In: Kiel, Ewald/Zierer, Klaus (Hrsg.): Unterrichtsgestaltung als Gegenstand der Praxis. Baltmannsweiler, S. 133–151.

Heimann, Paul (1962/1976): Didaktik als Theorie und Lehre (1962a). In: Reich, Kersten/Thomas, Helga (1976): Paul Heimann. Didaktik als Unterrichtswissenschaft. Stuttgart, S. 142–167.

Helmke, Andreas (^{6}2007): Unterrichtsqualität erfassen, bewerten, verbessern. Seelze.

Helsper, Werner/Keuffer, Josef ^{2}1996: Unterricht. In: Krüger, Heinz-Hermann/Helsper, Werner (Hrsg.): Einführung in Grundbegriffe und Grundfragen der Erziehungswissenschaft. Opladen, S. 81–91.

Herbart, Johann Friedrich (1802/^{2}1982): Die ersten Vorlesungen über Pädagogik. In: Asmus, Walter (Hrsg.): Johann Friedrich Herbart. Pädagogische Schriften. Bd. 1. Stuttgart, S. 121–131.

Herbart, Johann Friedrich (1802–1803/^{3}1913): Diktate zur Pädagogik. In: Willmann, Otto/Fritsch, Theodor (Hrsg.): Johann Friedrich Herbarts pädagogische Schriften. Bd. 1. Osterwieck/Harz und Leipzig, S. 129–175.

Herbart, Johann Friedrich (1804/^{3}1884): Über die ästhetische Darstellung der Welt, als das Hauptgeschäft der Erziehung. In: Bartholomäi, Friedrich: Joh. Friedr. Herbarts Pädagogische Schriften. Bd. 1. Langensalza, S. 183–200.

Herbart, Johann Friedrich (1806a/^{2}1982): Allgemeine Pädagogik aus dem Zweck der Erziehung abgeleitet. In: Asmus, Walter (Hrsg.): Johann Friedrich Herbart. Pädagogische Schriften. Bd. 2. Stuttgart, S. 9–155.

Herbart, Johann Friedrich (1806b/^{2}1982): Selbstanzeige der »Allgemeinen Pädagogik«. In: Asmus, Walter (Hrsg.): Johann Friedrich Herbart. Pädagogische Schriften. Bd. 2. Stuttgart, S. 257–260.

Herbart, Johann Friedrich ([2]1808/[2]1989): Hauptpunkte der Metaphysik. In: Kehrbach, Karl/Flügel, Otto (Hrsg.): Johann Friedrich Herbart. Sämtliche Werke in chronologischer Reihenfolge. Bd. 2. Aalen, S. 175–226.

Herbart, Johann Friedrich (1813/[2]1989): Lehrbuch zur Einleitung in die Philosophie. In: Kehrbach, Karl/Flügel, Otto (Hrsg.): Johann Friedrich Herbart. Sämtliche Werke in chronologischer Reihenfolge. Bd. 4. Aalen, S. 1–294.

Herbart, Johann Friedrich (1814/[2]1982): Replik auf Jachmanns' Rezension der »Allgemeinen Pädagogik«. In: Asmus, Walter (Hrsg.): Johann Friedrich Herbart. Pädagogische Schriften. Bd. 2. Stuttgart, S. 260–266.

Herbart, Johann Friedrich (1835/2003): Umriß pädagogischer Vorlesungen. In: Matthes, Eva/Heinze, Carsten: Johann Friedrich Herbart: Umriß pädagogischer Vorlesungen. Darmstadt, S. 9–103.

Hettinger, Jochen (2008): E-Learning in der Schule. Grundlagen, Modelle, Perspektiven. München.

Hopfner, Johanna (2011): Ernst Christian Trapp: Versuch einer Pädagogik. In: Böhm, Winfried/Fuchs, Birgitta/Seichter, Sabine (Hrsg.): Hauptwerke der Pädagogik. Paderborn, S. 461–463.

Hoyer, Timo/Mundt, Fabian (2014): e:t:p:M – ein Blended-Learning-Konzept für Großveranstaltungen. In: Rummler, Klaus (Hrsg.): Lernräume gestalten – Bildungskontexte vielfältig denken. Münster u. New York, S. 249–259.

Jank, Werner/Meyer, Hilbert ([10]2008): Didaktische Modelle. Berlin.

Keim, Wolfgang (1990): Peter Petersen und sein Jena-Plan – wenig geeignet zur Demokratisierung von Schule und Erziehung. In: Pädagogik und Schulalltag Jg. 45, S. 928–936.

Kerres, Michael ([4]2013): Mediendidaktik. Konzeption und Entwicklung mediengestützter Lernangebote. München.

Kerres, Michael/Jechle, Thomas (1999): Hybride Lernarrangements: Personale Dienstleistungen in multi- und telemedialen Lernumgebungen. Jahrbuch Arbeit – Bildung – Kultur. Jg. 17, S. 21–39.

Kehrbach, Karl/Flügel, Otto (1887–1912/1989): Johann Friedrich Herbart. Sämtliche Werke in chronologischer Reihenfolge. 19 Bde. Aalen.

Key, Ellen (1900/1992): Das Jahrhundert des Kindes. Neu hrsg. mit einem Nachwort von Ulrich Herrmann. Weinheim [u. a.].

Kiper, Hanna (2001): Einführung in die Schulpädagogik. Weinheim und Basel.

Koerrenz, Ralf (2004): Peter Petersens Jena-Plan zwischen Regionalität und Internationalität. In: Coriand, Rotraud/Koerrenz, Ralf (Hrsg.): Salzmann, Stoy, Petersen und andere Reformen. Jena, S. 79–90.

Koerrenz, Ralf (2010): Aufklärung durch Erziehung. Über die pädagogischen Paradigmen der europäischen Kultur. In: Fröhlich, Manuel/Kenklies, Karsten/Koerrenz, Ralf/Schneider, Käthe/Winkler, Michael (Hrsg.): Bildung und Kultur – Illustrationen. Jena, S. 21–53.

Koerrenz, Ralf (2012): Schulmodell: Jena-Plan. Grundlagen eines reformpädagogischen Programms. Paderborn.

Koerrenz, Ralf (2014): Reformpädagogik. Eine Einführung. Paderborn.

Klafki, Wolfgang (²1997): II. Schule: Regelschulen, Reformschulen, Privatschulen. In: Krüger, Heinz-Hermann/Rauschenbach, Thomas (Hrsg.): Einführung in die Arbeitsfelder der Erziehungswissenschaft. Opladen.

Klafki, Wolfgang (¹²2006): Die bildungstheoretische Didaktik im Rahmen kritisch-konstruktiver Erziehungswissenschaft. In: Gudjons, Herbert/Winkel, Rainer (Hrsg.): Didaktische Theorien. Hamburg, S. 13–34.

Klafki, Wolfgang (⁶2007): Neue Studien zur Bildungstheorie und Didaktik. Zeitgemäße Allgemeinbildung und kritisch-konstruktive Didaktik. Weinheim und Basel.

Klingberg, Lothar (⁵1982): Einführung in die Allgemeine Didaktik. Vorlesungen. Berlin.

Klingberg, Lothar (²1984): Unterrichtsprozeß und didaktische Fragestellung. Berlin.

Klingberg, Lothar (1987): Überlegungen zur Dialektik von Lehrer- und Schülertätigkeit im Unterricht der sozialistischen Schule. Potsdamer Forschungen. Wissenschaftliche Schriftenreihe der PH Potsdam. Reihe C, Heft 74. Potsdam.

Klingberg, Lothar (1990): Lehrende und Lernende im Unterricht. Zu didaktischen Aspekten ihrer Positionen im Unterrichtsprozeß. Berlin.

Kounin, Jakob S. (1976/2006): Techniken der Klassenführung. Stuttgart.

Kron, Friedrich W. (⁵2008): Grundwissen Didaktik. München.

Krüger, Heinz-Hermann (1997): Einführung in Theorien und Methoden der Erziehungswissenschaft. Opladen.

Luhmann, Niklas (1985/2004): Erziehender Unterricht als Interaktionssystem. In: Lenzen, Dieter (Hrsg.): Niklas Luhmann. Schriften zur Pädagogik. Frankfurt a. M., S. 11–22.

Luhmann, Niklas (2002): Das Erziehungssystem der Gesellschaft. Hrsg. von Lenzen, Dieter. Frankfurt a. M.

Luhmann, Niklas/Schorr, Karl E. (1982): Das Technologiedefizit der Erziehung und der Pädagogik. In: Luhmann, Niklas/Schorr, Karl E. (Hrsg.): Zwischen Technologie und Selbstreferenz. Fragen an die Pädagogik. Frankfurt a. M., S. 11–40.

Mandl, Heinz/Kopp, Birgitta (2006): Blended Learning: Forschungsfragen und Perspektiven (Forschungsbericht Nr. 182). München. Ludwig-Maximilians-Universität.

Mägdefrau, Werner (1958): Erhard Weigels Wirken in Jena (1653–1699) und seine Bedeutung für die deutsche und europäische Geistesgeschichte. In: Steinmetz, Max u. a. (Hrsg.): Geschichte der Universität Jena. 1548–1958. Jena.

Mayr, Kerstin/Resinger, Paul/Schratz, Michael (2009): E-Learning im Schulalltag. Bad Heilbrunn.

Medienpädagogischer Forschungsverbund Südwest (2014): JIM-Studie 2014. Jugend, Information, (Multi-)Media. Stuttgart.

Memmert, Wolfgang (⁵1995): Didaktik in Grafiken und Tabellen. Bad Heilbrunn/Obb.

Meyer, Hilbert (1996): Grußwort zum Ehrenkolloquium für Lothar Klingberg. In: LLF-Berichte der Universität Potsdam, Zentrum für Lehrerbildung. Nr. 14, Internetausgabe unter: http://opus.kobv.de/ubp/volltexte/2005/479; Zugriff: 04.02.2015.

Meyer, Hilbert (2002): Unterrichtsmethoden. In: Kieper, Hanna/Meyer, Hilbert/Topsch, Wilhelm (Hrsg.): Einführung in die Schulpädagogik. Berlin, S. 109–121.

Meyer, Hilbert (⁵2011): Leitfaden Unterrichtsvorbereitung. Der neue Leitfaden. Berlin.

Meyer, Hilbert (¹⁴2011): Unterrichtsmethoden. I: Theorieband. Berlin.

Meyer, Meinert A. (1996): Pädagogische Führung und Selbsttätigkeit. In: LLF-Berichte der Universität Potsdam, Zentrum für Lehrerbildung. Nr. 14, Internetausgabe unter: http://opus.kobv.de/ubp/volltexte/2005/480; Zugriff: 04.02.2015.

Müßener, Gerhard (1986): J. F. Herbarts »Pädagogik der Mitte«. Sieben Analysen zu Inhalt und Form. Darmstadt.

Niemeyer, Christian (2001): Über die sozialphilosophischen Grundlagen der Jena-Plan-Pädagogik oder: Nietsche und Petersen. In: Koerrenz, Ralf/Lütgert, Will (Hrsg.): Jena-Plan. Über die Schulpädagogik hinaus. Weinheim und Basel, S. 97–110.

Pachner, Anita (2009): Entwicklung und Förderung von selbst gesteuertem Lernen in Blended-Learning-Umgebungen. Münster.

Patry, Jean-Luc/Präauer, Viktoria (2014): Eine differenzierte theoretische Analyse zum Pädagogischen Takt. In: Coriand, Rotraud/Schotte, Alexandra (Hrsg.): »Einheimische Begriffe« und Disziplinentwicklung. Jena, S. 201–226.

Petersen, Peter (1924): Allgemeine Erziehungswissenschaft. Berlin.

Petersen, Peter (1924/1925): Die »Erziehungswissenschaftliche Anstalt der Thüringischen Landesuniversität«. In: Petersen, Peter: Innere Schulreform und Neue Erziehung. Gesammelte Reden und Aufsätze. Weimar, S. 55–73.

Petersen, Peter (1925): Einführende Mitteilungen und Betrachtungen. Teil 1. In: Petersen, Peter/Wolff, Hans (Hrsg.): Eine Grundschule nach den Grundsätzen der Arbeits- und Lebensgemeinschaftsschule. Weimar, S. 1–20.

Petersen, Peter (1927/[13/14]1946): Der Kleine Jena-Plan. Langensalza.

Petersen, Peter (1932/1973): Pädagogik der Gegenwart. Reprint der 2. Auflage 1937. Weinheim und Basel.

Petersen, Peter (1937/[6]1959): Führungslehre des Unterrichts. Braunschweig.

Petersen, Peter/Petersen, Else (1965): Die Pädagogische Tatsachenforschung. Besorgt von Theodor Rutt. Paderborn.

Petersen, Uwe-Karsten (1991): Der Jena-Plan. Die integrative Schulwirklichkeit im Bilde von Briefen und Dokumenten aus dem Nachlaß Peter Petersens. Frankfurt a. M.

Peterßen, Wilhelm H. ([6]2001): Lehrbuch Allgemeine Didaktik. München.

Petko, Dominik (2010) (Hrsg.): Lernplattformen in Schulen. Ansätze für E-Learning und Blended Learning in Präsenzklassen. Wiesbaden.

Plöger, Wilfried/Anhalt, Elmar (1996): Prinzip und Methode. Ein terminologischer Vorschlag. In: Pädagogische Rundschau. Jg. 50, S. 611–624.

Prange, Klaus (2005): Die Zeigestruktur der Erziehung. Grundriss der Operativen Pädagogik. Paderborn.

Prange, Klaus (2007): Die Funktion des pädagogischen Takts im Lichte des Technologieproblems der Erziehung. In: Fuchs, Birgitta/Schönherr, Christian (Hrsg.): Urteilskraft und Pädagogik. Beiträge zu einer pädagogischen Handlungstheorie. Würzburg, S. 125–132.

Prange, Klaus (2012): Erziehung als Handwerk. Studien zur Zeigestruktur der Erziehung. Paderborn.

Reich, Kersten ([4]2008): Konstruktivistische Didaktik. Lehr- und Studienbuch mit Methodenpool. Weinheim und Basel.

Rein, Wilhelm (1898): Pädagogisches Universitätsseminar. In: Rein, Wilhelm (Hrsg.): Encyklopädisches Handbuch der Pädagogik. Bd. 5. Langensalza, S. 207–221.

Rein, Wilhelm (1902–1906): Pädagogik in systematischer Darstellung. 2 Bde. Langensalza.

Rein, Wilhelm (1913): Meine Beziehungen zu Professor Willmann. In: Zeitschrift für christliche Erziehungswissenschaft, Jg. 7, S. 5–13.

Rein, Wilhelm (2006): Theorie der Didaktik. Neu hrsg. von Ralf Korrenz. Jena.

Rein, Wilhelm/Pickel, A./Scheller, Eduard (1878–1885): Theorie und Praxis des Volksschulunterrichts nach Herbartianischen Grundsätzen. 8 Bde. Leipzig.

Rein, Wilhelm/Pickel, A./Scheller, Eduard ([7]1903): Theorie und Praxis des Volksschulunterrichts nach Herbartianischen Grundsätzen. Das erste Schuljahr. Leipzig.

Reusser, Kurt (2008): Empirisch fundierte Didaktik – didaktisch fundierte Unterrichtsforschung. Eine Perspektive zur Neuorientierung der Allgemeinen Didaktik. In: Meyer, Meinert A./Prenzel, M./Hellekamps, S. (Hrsg.): Perspektiven der Didaktik. Sonderheft 9 der Zeitschrift für Erziehungswissenschaft. Wiesbaden, S. 219–237.

Rothland, Martin (2008): Allgemeine Didaktik – disziplinäre Bestimmungen zwischen Willkür und Pragmatismus, Theorie und Praxis. In: Meyer, Meinert A./Prenzel, M./Hellekamps, S. (Hrsg.): Perspektiven der Didaktik. Sonderheft 9 der Zeitschrift für Erziehungswissenschaft. Wiesbaden, S. 173–185.

Saalfrank, Wolf Torsten (2011): 1.4 Unterrichtsmethoden. In: Kiel, Ewald/Zierer, Klaus (Hrsg.): Unterrichtsgestaltung als Gegenstand der Praxis. Baltmannsweiler, S. 61–74.

Schiefner-Rohs, Mandy (2011): E-Learning in der Lehrerinnen- und Lehrerbildung – Veränderte Rahmenbedingungen und deren Auswirkungen. Beiträge zur Lehrerbildung. Jg. 29, S. 260–281.

Schulkonzept Staatliche Jena-Plan-Schule Jena. Jena 2012. Abrufbar unter: http://www.jenaplanschule.jena.de/joomla1/images/downloads/Schulkonzept_Mai_2012.pdf; Zugriff am 13.11.2014.

Schulz, Wolfgang ([12]2006): Die lehrtheoretische Didaktik. Oder: Didaktisches Handeln im Schulfeld. Modellskizze einer professionellen Tätigkeit. In: Gudjons, Herbert/Winkel, Rainer (Hrsg.): Didaktische Theorien. Hamburg, S. 35–56.

Seel, Norbert M./Hanke, Ulrike (2015): Erziehungswissenschaft. Lehrbuch für Bachelor-, Master- und Lehramtsstudierende. Berlin Heidelberg.

Siebert, Horst (2008): Konstruktivistisch lehren und lernen. Augsburg.

Siebert, Horst ([6]2009): Didaktisches Handeln in der Erwachsenenbildung. Didaktik aus konstruktivistischer Sicht. Augsburg.

Sonnenleiter, K./Jurtschitsch, E. (1994): Nie wieder Schule. In: Fokus Nr. 4, S. 102–107.

Staker, Heather/Horn, Michael B. (2012): Classifying K-12 Blended Learning. San Mateo.

Steins, Gisela/Bitan, Kristin/Haep, Anna (2014): Sozialpsychologie des Schulalltags. Im Klassenzimmer. Bd. 2. Lengerich.

Stoy, Karl Volkmar (1847): Die Noth der Schule. Pädagogische Bekenntnisse drittes Stück. Jena.

Stoy, Karl Volkmar (1861/²1878): Encyklopädie, Methodologie und Literatur der Pädagogik. Leipzig.

Stoy, Karl Volkmar (1862): zit. n. Universitätsarchiv Jena, Bestand S/Abteilung I, Nr. 27: Acta pädagogica – Protokollbuch April 1856–1862. Erste Versammlung, Mittwoch, den 29. Oktober 62, S. 240–242.

Stoy, Karl Volkmar (1872): Zeitstimmen über das Gymnasialwesen. In: Allgemeine Schul-Zeitung. Jg. 49, S. 49–51, 57–59, 65–67, 73–75, 105–107, 121–123, 129–131, 137–139.

Stoy, Karl Volkmar (1873) zitiert aus dem Protokoll der Generalversammlung des Vereins für wissenschaftliche Pädagogik in Weimar – veröffentlicht in: Vereinszeitung des Vereins für wissenschaftliche Pädagogik. In: Allgemeine Schul-Zeitung. Jg. 50, S. 300–304.

Stoy, Karl Volkmar (1876): Die pädagogische Bildung für das höhere Lehramt. Vierundzwanzig Thesen. In: Allgemeine Schul-Zeitung. Jg. 53, S. 199–201.

Stoy, Karl Volkmar (1882): zit. n. Protokoll über das Mittwoch d. 26. April 82 im Auditorium I abgehaltene Paedagogikum. Nr. 2127. Universitätsarchiv Jena, Bestand S, Abt. I, Nr. 30: Protokollbuch über die vom 15. XII. 1881 ab stattgefundenen Pädagogika des pädagogischen Seminars zu Jena bis 1884.

Stoy, Karl Volkmar (1929): Diktate über Gymnasialpädagogik. Hrsg. von Wagner, G. E. Beiträge zur historischen Pädagogik. Frauenstein i. Erzgeb.

Striewe, Michael/Goedicke, Michael/Balz, Moritz (2008): Computer Aided Assessments and Programming Exercises with JACK. Technical report 28, ICB, Universität Duisburg-Essen.

Sünkel, Wolfgang (²2002): Phänomenologie des Unterrichts. Grundriss einer theoretischen Didaktik. Weinheim und München.

Sünkel, Wolfgang (2007): Die Reflexion der Erziehungswissenschaft auf ihre eigene Wissenschaftlichkeit – Theoriegeschichtliche Anmerkungen zu Comenius, Schleiermacher und Aloys Fischer. In: Kraft, Volker (Hrsg.): Zwischen Reflexion, Funktion und Leistung: Facetten der Erziehungswissenschaft. Bad Heilbrunn, S. 13–19.

Sünkel, Wolfgang (2011): Erziehungsbegriff und Erziehungsverhältnis. Allgemeine Theorie der Erziehung. Bd. 1. Weinheim & München.

Terhart, Ewald (2008): Allgemeine Didaktik: Traditionen, Neuanfänge, Herausforderungen. In: Meyer, Meinert A./Prenzel, Manfred/Hellekamps, Stephanie (Hrsg.): Perspektiven der Didaktik. Zeitschrift für Erziehungswissenschaft. Sonderheft 9. Wiesbaden, S. 13–34.

Themenheft »Unterrichtsführung und Subjektposition der Schüler – Forschungsbeiträge aus didaktischer und fachmethodischer Sicht« (1987). Wissenschaftliche Beiträge der Friedrich-Schiller-Universität Jena. Jena.

Themenheft »Der Schüler als Subjekt in einem aktivierenden Unterricht – Positionen und Untersuchungsergebnisse des Wissenschaftsbereichs Didaktik« (1989a). Jenaer Erziehungsforschung. Jg. 16, Nr. 3.

Themenheft »Subjektposition des Schülers und Differenzierung im Unterricht. Interdisziplinäre Forschungsgemeinschaft Didaktik-Methodik – Ergebnisse aus der Arbeit an der Forschungsschule ›Clara Zetkin‹« (1989b). Jenaer Erziehungsforschung. Jg. 16. Nr. 4.

Toischer, W. (1915): Ratichius, Wolfgang. In: Lexikon der Pädagogik. Mit besonderer Mitwirkung von Otto Willmann hrsg. von Ernst M. Roloff. 4. Bd. Freiburg im Breisgau, S. 179–190.

Tomasello, Michael (2010): Warum wir kooperieren. Berlin.

Trapp, Ernst Christian (1780/³1993): Versuch einer Pädagogik. Auszug aus: Reble, Albert: Geschichte der Pädagogik. Dokumentationsband. Stuttgart, S. 217–222.

Trautmann, Matthias/Wischer, Beate (2008): Das Konzept der Inneren Differenzierung – eine vergleichende Analyse der Diskussionen der 1970er Jahre mit dem aktuellen Heterogenitätsdiskurs. In: Meyer, Meinert A./Prenzel, Manfred/Hellekamps, Stephanie (Hrsg.): Perspektiven der Didaktik. Zeitschrift für Erziehungswissenschaft 10, Sonderheft 9, S. 159–172.

Tulodziecki, Gerhard/Herzig, Bardo/Blömeke, Sigrid (2004): Gestaltung von Unterricht. Eine Einführung in die Didaktik. Bad Heilbrunn.

Universität Duisburg-Essen (2014): E-Learning-Strategie. Beschluss durch das Rektorat am 30.7.2014. Essen. Abrufbar unter: https://www.uni-due.de/imperia/md/content/e-learning/strategie/e-learning-strategie.pdf; Zugriff: 15.12.2014.

Vogel, Peter (1999): Der Theorie-Praxis-Konflikt in der Pädagogik als Deutungsmuster im Studienalltag – oder: Was lernt man eigentlich im erziehungswissenschaftlichen Studium? In: Pädagogischer Blick. Jg. 7. Heft 1, S. 34–40.

Vollbrecht, Ralf (2001): Einführung in die Medienpädagogik. Weinheim und Basel.

Wenge, Christel/Wenge, Horst (1988): Wie kann die aktive Position des Schülers zum Lernen im und durch Unterricht herausgebildet werden? Konzeptionelle Ansätze einer Langzeituntersuchung an Schulen im Kreis Eisenberg. In: Themenheft »Erziehungswirksame Führung des Lernens im Unterricht aus didaktischer Sicht«. Jenaer Erziehungsforschung. Jg. 15. Nr. 1, S. 92–103.

Wenge, Horst (1986a): Lernstimulierende didaktische Führung als Mittel zur Entwicklung der geistigen Aktivität und Lernbereitschaft der Schüler im Unterricht – Versuch einer Bilanz und Synthese der Forschungsergebnisse des WB Didaktik in den Jahren 1981–1985. In: Jenaer Erziehungsforschung. Jg. 13. Nr. 2, S. 2–14.

Wenge, Horst (1986b): Untersuchungen zu effektiven Wegen lernstimulierender didaktischer Führung als Beitrag zur Erhöhung der Erziehungswirksamkeit des Unterrichts – konzeptionelle Positionen zur Forschung des WB Didaktik für die Jahre 1986 bis 1990. In: Jenaer Erziehungsforschung. Jg. 13. Nr. 2, S. 61–72.

Wenge, Horst (1987): Die Ausprägung der Subjektposition der Schüler als Bedingung und Mittel ergebnisorientierter und erziehungswirksamer Unterrichtsgestaltung. In: Themenheft »Unterrichtsführung und Subjektposition der Schüler. Forschungsbeiträge aus didaktischer und fachmethodischer Sicht«. Wissenschaftliche Beiträge der Friedrich-Schiller-Universität Jena. Jena, S. 7–20.

Weniger, Erich (1929/1990): Theorie und Praxis in der Erziehung. In: Ders.: Ausgewählte Schriften zur geisteswissenschaftlichen Pädagogik. Weinheim und Basel, S. 29–44.

Wiater, Werner (2011a): 1.6 Fundierende Unterrichtsprinzipien. In: Kiel, Ewald/Zierer, Klaus (Hrsg.): Unterrichtsgestaltung als Gegenstand der Praxis. Baltmannsweiler, S. 87–94.

Wiater, Werner (2011b): 1.7 Regulierende Unterrichtsprinzipien. In: Kiel, Ewald/Zierer, Klaus (Hrsg.): Unterrichtsgestaltung als Gegenstand der Praxis. Baltmannsweiler, S. 95–117.

Willmann, Otto (1872/1969): Pädagogische Seminare an den Universitäten. Motive zu dem Entwurf einer Ministerialverordnung zur Ausführung von § 42 des Reichsvolksschulgesetzes. In: Otto Willmann: Sämtliche Werke hrsg. von Bitterlich-Willmann, Heinrich. Bd. 2. Aalen, S. 502–508.

Willmann, Otto (1873): Ueber die Dunkelheit der ›allgemeinen Pädagogik‹ Herbart's. In: Jahrbuch des Vereins für wissenschaftliche Pädagogik, Jg. 5, S. 124–150.

Willmann, Otto (1874/1971): Vorlesung »Enzyklopädie der Erziehungswissenschaft«. In: Otto Willmann. Sämtliche Werke. Hrsg. von Bitterlich-Willmann, Heinrich. Bd. 3. Aalen, S. 446–511.

Willmann, Otto (1876/1980): Vorlesung »Enzyklopädie der Pädagogik«. In: Otto Willmann. Sämtliche Werke. Hrsg. von Bitterlich-Willmann, Heinrich. Bd. 4. Aalen, S. 209–294.

Willmann, Otto (1881/1980): Die Vorbildung für das höhere Lehramt in Deutschland und Österreich. In: Otto Willmann: Sämtliche Werke hrsg. von Bitterlich-Willmann, Heinrich. Bd. 4. Aalen, S. 614–630.

Willmann, Otto (1882/²1894): Didaktik als Bildungslehre nach ihren Beziehungen zur Sozialforschung und zur Geschichte der Bildung dargestellt. Bd. 1: Einleitung. – Die geschichtlichen Typen des Bildungswesens. Braunschweig.

Willmann, Otto (1889/²1895): Didaktik als Bildungslehre nach ihren Beziehungen zur Socialforschung und zur Geschichte der Bildung dargestellt. Bd. 2: Die Bildungszwecke. Der Bildungsinhalt. Die Bildungsarbeit. Das Bildungswesen. Braunschweig.

Willmann, Otto (²1906): Lehrern und Lernen. In: Rein, Wilhelm (Hrsg.): Encyklopädisches Handbuch der Pädagogik. Bd. 5. Langensalza, S. 411–415.

Willmann, Otto (1913): Der Anspruch der Pädagogik auf akademisches Bürgerrecht. In: Zeitschrift für christliche Erziehungswissenschaft. Jg. 7, S. 5–13.

Winkel, Rainer (¹²2006): Die kritisch-kommunikative Didaktik. In: Gudjons, Herbert/Winkel, Rainer (Hrsg.): Didaktische Theorien. Hamburg, S. 93–112.

Winkler, Michael (²1996): Erziehung. In: Krüger, Heinz-Hermann/Helsper, Werner (Hrsg.): Einführung in die Grundbegriffe und Grundfragen der Erziehungswissenschaft. Opladen, S. 53–69.

Winkler, Michael (2003): Erziehung und Bildung in der Gesellschaft von heute: Hat Pädagogik noch eine Chance? In: Prölß, Reiner (Hrsg.): Bildung ist mehr! Die Bedeutung der verschiedenen Lernorte. Nürnberg, S. 39–53.

Winkler, Michael (2006): Kritik der Pädagogik. Der Sinn der Erziehung. Stuttgart.

Wischer, Beate/Trautmann, Matthias (2010): »Ich tue es nicht, also bin ich ein schlechter Lehrer«? Zu Problemen und Fallstricken von innerer Differenzierung. In: PÄDAGOGIK. Jg. 62. Heft 11, S. 32–34.

Yoskida, Niriakira (2005): Klingberg Kyojugaku no Kozo to Hatten ni kansuru Ichikosatsu (Die Struktur und Entwicklung der Klingberg-Didaktik). In: Chugoku Shikoku Kyoiku Gakkai (Hrsg.): Kyoikugaku Kenkyu. Nr. 50, S. 54–59.

Yoshida, Niriakira (2011): Doitu Toitu to Kyojugaku no Saihen – Higashi Doitu Kyojugaku no Rekishiteki Hyoka (Die Wiedervereinigung und die Rekonstruktion der

Didaktik – eine historische und kritische Analyse der DDR-Didaktik). Hiroshima 2011.

Yoshida, Niriakira (2014): Die Herbartrezeption in der DDR-Didaktik – eine japanische Perspektive. In: Coriand, Rotraud/Schotte, Alexandra (Hrsg.): »Einheimische Begriffe« und Disziplinentwicklung. Jena, S. 137–148.

Zierer, Klaus (2014): Hattie für gestresste Lehrer. Kernbotschaften und Handlungsempfehlungen aus John Hatties »Visible Learning« und »Visible Learning for Teachers«. Baltmannsweiler.

Ziller, Tuiskon (1865/²1884): Grundlegung zur Lehre vom erziehenden Unterricht. Mit Benutzung des handschriftlichen Nachlasses des Verfassers herausgegeben von Theodor Vogt. Leipzig.

Ziller, Tuiskon (1873) zitiert aus dem Protokoll der Generalversammlung des Vereins für wissenschaftliche Pädagogik in Weimar – veröffentlicht in: Vereinszeitung des Vereins für wissenschaftliche Pädagogik. In: Allgemeine Schul-Zeitung. Jg. 50, S. 246–248.

Ziller, Tuiskon (1874/³1886): Materialien zur speziellen Pädagogik des »Leipziger Seminarbuches«. Hrsg. von Max Bergner. Dresden.

Ziller, Tuiskon (1876): Vorlesungen über Allgemeine Pädagogik. Leipzig.

Sachregister

Personenregister

Andreas Gruschka

Lehren

2014. 176 Seiten. Kart.
€ 19,90
ISBN 978-3-17-022471-1

Pädagogische Praktiken

Die emphatische Vorstellung, dass ein Pädagoge in erster Linie ein Lehrender ist, der eine Lehre vertritt (ein Habitus des Denkens und Urteilens u.ä.) und selbst gelehrt sein sollte, damit er das Lehren überhaupt vollziehen kann, hat sich heutzutage verflüchtigt. Der Lehr-Lern-Forschung geht es in erster Linie um ein Wissen, wie beliebige Inhalte Schülern zu vermitteln sind. Die Inhalte dienen letztlich nur der Illustration. Kernanliegen dieses Buches ist dagegen eine bildungstheoretische und bildungspraktische Rehabilitation des Lehrens und der Lehre. Das wird veranschaulicht an verschiedenen Modellen unterschiedlicher Lehrpraxen (aus verschiedenen Epochen).

Dr. Andreas Gruschka ist Professor für Erziehungswissenschaft am Institut für Schulpädagogik der Universität Frankfurt am Main.

Leseproben und weitere Informationen unter www.kohlhammer.de

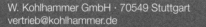

W. Kohlhammer GmbH · 70549 Stuttgart
vertrieb@kohlhammer.de

Ulrich Heimlich
Joachim Kahlert (Hrsg.)

Inklusion in Schule und Unterricht

Wege zur Bildung für alle

2. Auflage 2015
207 Seiten. Kart.
€ 29,99
ISBN 978-3-17-025725-2

Praxis Heilpädagogik,
Handlungsfelder

Mit dem Inkrafttreten der UN-Konvention über die Rechte von Menschen mit Behinderung ist das inklusive Bildungssystem zum Leitbild der Bildungspolitik geworden. Nicht nur die Heil- und Sonderpädagogik, auch die Schulpädagogik sowie Fachdidaktiken müssen sich auf das gemeinsame Lernen in der Schule für alle Kinder einstellen. Die Zielsetzung der Inklusion wirkt sich sowohl im Rückblick auf die bisherige Geschichte der heil- und sonderpädagogischen Institutionen als auch bezogen auf die Analyse des gegenwärtigen Entwicklungsstandes der schulischen Organisationsformen individueller Förderung verändernd aus. Ebenso wie die Schulorganisation bedarf unter inklusiver Perspektive auch der Unterricht der Innovation. Zu jedem dieser Aspekte werden die derzeit gesicherten wissenschaftlichen Erkenntnisse konsequent mit Praxisbeispielen im Sinne von „best practice" verbunden. Der Band richtet sich sowohl an Studierende, Referendare und Lehrende aller heil- und sonderpädagogischen Studiengänge als auch an Studierende und Lehrende aller anderen Lehrämter.

Prof. Dr. Ulrich Heimlich hat den Lehrstuhl für Lernbehindertenpädagogik an der Ludwig-Maximilians-Universität München. **Professor Dr. Joachim Kahlert** hat dort den Lehrstuhl für Grundschulpädagogik und Grundschuldidaktik.

Leseproben und weitere Informationen unter www.kohlhammer.de

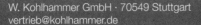

W. Kohlhammer GmbH · 70549 Stuttgart
vertrieb@kohlhammer.de